Yale Language Series

العربيّة للمستوى المتوسّط

منذر يونس

INTERMEDIATE ARABIC
An Integrated Approach

Munther A. Younes

Illustrations by Micah Garen

Yale University Press New Haven and London

Cover photograph by Robert Harding Associates.
Photograph of King Hussein, page 212, courtesy of the Embassy of the Kingdom of Jordan, Washington, D.C.

Printed in the United States of America.

LIBRARY OF CONGRESS CATALOGING-IN-PUBLICATION DATA
Younes, Munther Abdullatif, 1952–
Intermediate Arabic : an integrated approach / Munther A. Younes ; illustrations by Micah Garen = al-ʻArabiyah lil-mustawī al -mutawassit / Mundhir Yūnus.
p. cm.
English and Arabic.
ISBN: 978-0-300-07240-2 (cl. : alk. paper)
1. Arabic language—Textbooks for foreign speakers—English.
I. Title.
PJ6307 . Y59 1999
492.7'82421—dc21
97-46722
CIP

A catalogue record for this book is available from the British Library.

The paper in this book meets the guidelines for permanence and durability of the Committee on Production Guidelines for Book Longevity of the Council on Library Resources.

10 9 8 7 6 5 4 3

ثمّ متى يدرك الناس أنّ اللغة وُجدت لخدمتهم، ولم يوجدوا لخدمة اللغة؛ وانّ ليس على وجه الأرض لغة كاملة بتركيبها، كافية لتأدية كلّ انفعالات النفس وتماوجات العواطف والأفكار؛ وانّ لا نفع من أيّة قاعدة لغوية إلاّ بقدر ما ترفع من الالتباس وتساعد في دقّة التعبير فيه؟ أمّا القاعدة التي لا ترفع التباساً ولا تساعد في دقّة التعبير فهي قيد من حديد.

(ميخائيل نعيمة، **مذكّرات الأرقش**، الطبعة الثالثة، ص. ٤٤)

محتويات الكتاب

Contents

Acknowledgments

I would like to express my gratitude to Professor Dilworth Parkinson of Brigham Young University for reading an earlier draft of this book and to my wife, Rebecca, for reading the grammar notes and the word study sections. They both made many valuable comments and suggestions, which I was able to incorporate in the final draft.

I am also grateful to Cynthia Wells and Joyce Ippolito of Yale University Press, to Cynthia for her support of the project since its inception, and to Joyce for a thorough editing job.

The book would not have been completed without the generous financial support of the Consortium for Language Teaching and Learning. I am grateful to the Consortium and in particular to Peter Patrikis, its director, and to the Cornell Consortium committee, headed by Gunhild Lischke, for its continued interest and support.

Finally, over a number of years my Intermediate Arabic students at Cornell University have given me the opportunity to try different versions of this book in the classroom. Their comments, suggestions, and reactions to the book have contributed significantly to its improvement.

مقدّمة

الى المعلّم:

يمثّل هذا الكتاب استمراراً للطريقة المتبعة في كتاب "العربية للمبتدئين" *Elementary Arabic: An Integrated Approach* للمؤلّف، والذي نشرته مطبعة جامعة "ييل" (Yale University Press) سنة ١٩٩٥، من حيث تقديم العربية للمتعلّم بوجهيها المكتوب والمنطوق في نفس الوقت: المكتوب، ويعني الفصحى، للنشاطات التي تتعلّق بالكتابة والقراءة، والمنطوق، ويعني العامّية، للنشاطات التي تعكس التفاهم الشفهي اليومي بين العرب. وقد شرحت في مقدّمة ذلك الكتاب أسباب اختيار هذه الطريقة، ولا أريد تكرارها هنا. وكما في كتاب المبتدئين، يستعمل هذا الكتاب لهجة بلاد الشام في النشاطات التي تتعلّق بالتفاهم الشفهي لأسباب ناقشتها في مقدّمة ذلك الكتاب أيضاً.

وبسبب التطابق في الطريقة والفلسفة بين كتاب المبتدئين وهذا الكتاب فإن ما ينطبق على الأوّل ينطبق على هذا أيضاً، من حيث أسلوب تقديم المواد، والتركيز على تطوير المهارات اللغوية (الاستماع، التكلّم، القراءة، والكتابة)، وتجنّب الشروح المفصّلة للقواعد اللغوية وخاصة النحوية منها. وفيما يلي بعض الاقتراحات التي أراها ضرورية لمن يريد استعمال هذا الكتاب والتي قد لا توجد في مقدّمة كتاب المبتدئين. وأرجو أن يُنظر الى هذه على أنّها اقتراحات فقط ناتجة عن تجربتي الشخصيّة في تدريس مواد هذا الكتاب، ولكل معلّم طريقته طبعاً.

اقتراحات لاستعمال الكتاب

يحتوي الكتاب على ٣٢ درساً، صُمّمت لتغطية ما بين ١٢٠ و ١٥٠ ساعة تدريسية، وتشمل نشاطات أساسية ونشاطات إضافيّة. النشاطات الأساسية، وهي متشابهة النوعية والترتيب في كل الدروس، هي: **اسمع**، **حوار**، و **اقرأ**. والنشاطات الإضافية تتكون من الإملاء، ملء الفراغات، دراسة الكلمات، الترجمة، الكلمات المتقاطعة، العكس والمترادفات، الأغاني، تمارين القراءة الإضافية، الكتابة وحفظ بعض المقطوعات الشعرية وسورة من القرآن الكريم.

يرافق الكتاب مجموعة من أشرطة الكاسيت سُجّلت عليها نصوص الاستماع ونصوص القراءة والحوارات والأغاني.

النشاطات الأساسية

اسمع

إن الهدف من نصوص الاستماع هو مساعدة الطالب على تنمية قدراته في فهم العربية عند سماعها. وتحتوي كل النصوص على عناصر لغوية لم يسمعها المتعلّم سابقاً أو سمعها ونسيها. ولا يُتوقع منه أن يفهم كل ما يرد في نصّ من النصوص، ولكن يشجّع على محاولة فهم المعنى العامّ من خلال العناصر التي يعرفها في النص ومن خلال أسئلة الاستيعاب المكتوبة بالانجليزية. وللمساعدة على فهم تلك النصوص وُضعت قوائم للكلمات الجديدة مع كل نصّ. ولكن أودّ التركيز هنا على أنّ الهدف هو تنمية مهارة الفهم وليس حفظ قوائم من الكلمات بدون سياق لغوي. إن الكتاب يهدف الى إعداد الطالب لمواقف لغوية حقيقية، وفي مثل تلك المواقف من المستبعد أن يفهم الطالب في هذه المرحلة كل كلمة يسمعها.

كما ذكرت أعلاه فإنّ نصوص الاستماع مسجّلة على أشرطة الكاسيت التي ترافق الكتاب، ويمكن للطالب أن يستمع لها أيّ عدد يريد من المرّات. والنصوص كذلك موجودة في ملحق الكتاب للرجوع لها في حالة الضرورة فقط. وأودّ التركيز على أنه يجب تجنّب تحويل هذه النصوص الى نصوص للقراءة.

الهدف من أسئلة الاستيعاب المكتوبة بالإنجليزية هو تيسير فهم النصوص على الطالب عندما يستمع لها بنفسه. ولكن عند مناقشة النص في الصف أقترح أن تُسأل أسئلة الاستيعاب وأن يُجاب عليها بالعربية. ومن النشاطات التي وجدتها ممتعة ومفيدة عند تقديم ومناقشة نصوص الاستماع هي أن يعيد الطلاب رواية القصة الواردة في النص باللغة العربية مستعملين ما يعرفون من كلمات وتعابير حتى ولو كانت محدودة أو شملت بعض الأخطاء. كذلك يمكن تحويل القصّة الى مسرحية قصيرة توزّع أدوارها على الطلاب (والمعلّم اذا أراد) وتمثل في الصف أو خارجه، كما هو مقترح لعدد من هذه القصص في الكتاب.

الحوار

الهدف من هذا النشاط هو تنمية قدرة الطالب على فهم واستعمال لغة التخاطب. هناك ما مجموعه ١٦ حواراً، أي حوار واحد لكل درسين. أقترح أن يُدرَس الحوار ويُدرّس ويُمَثّل كوحدة واحدة رغم طوله، اذ أنّ تجزئته ستُفقد قصّته معناها وترابطها.

يستمع الطالب للحوار مرة أو أكثر حتى يفهمه، ولا أعني أن يحفظه عن ظهر قلب. وفي الصفّ يمكن مناقشة الحوار ومساعدة الطالب على فهم التفاصيل التي لم يفهمها بنفسه، ثم تمثيل الحوار نفسه أو حوار مشابه يدور

حول نفس الموضوع يبتكره الطالب مع زملائه.

وكما هو الحال في نصوص الاستماع فإن الحوارات مسجّلة على أشرطة الكاسيت، ونصوصها موجودة في ملحق الكتاب. وكما هو الحال في نصوص الاستماع أيضاً، فإنه يجب استعمال نصوص الحوار الموجودة في الملحق كمرجع فقط وليس كنصوص للقراءة.

يصحب كلاً من نصوص الاستماع والحوارات تمارين شفهية. تركّز هذه التمارين على أهمّ التراكيب النحوية والتعابير اللغوية في تلك المواد، والهدف هو تمكين الطالب من إتقانها بحيث يصبح استعمالها سهلاً وتلقائياً. وقد يجدها المعلّم والطالب مصطنعة بسبب انعدام السياق اللغوي أو الوظيفة الاتصالية، لذلك يجب استعمالها فقط في المواقف التي يشعر المعلّم بفائدة واضحة للمتعلمين. أما اذا نتج عن استعمالها شعور بالملل أو التصنّع الزائد فمن الأفضل تجنّبها والتركيز على نشاطات أكثر متعة وفائدة.

إقرأ

إن الهدف من نصوص القراءة هو تنمية قدرة الطالب على القراءة الصامتة. ولا أتوقّع من الطالب أن يفهم كل كلمة يقرؤها؛ ففهم الفكرة الرئيسية يكفي. هناك أسئلة باللغة العربية لمساعدة الطالب على فهم ما يقرأ، وكذلك لتكون نقطة انطلاق لمناقشة النص بالعربية. ويتوقّع من الطالب أن يقرأ نصوص القراءة قبل المجيء الى الصف حتى يمكنه المشاركة في مناقشتها وفهمها بشكل أفضل.

ورغم التركيز على القراءة الصامتة بهدف الاستيعاب، فليس هناك ضرر في استعمال بعض النصوص أو أجزاء منها، وخصوصاً النصوص الشعرية، لتنمية مهارة القراءة الجهرية. فهذا يساعد في تحسين نطق المتعلّم وفي تذكّر معاني الكلمات والتعابير وخاصة الشائعة والضرورية منها. ولكن يجب تجنّب تصحيح كل خطأ نحوي يقع فيه الطالب لأن ذلك سيسبب له الإحباط.

النشاطات الإضافية

الهدف الرئيسي من هذه التمارين هو إغناء حصيلة الطلاب من المفردات، واستعمالها كوسيلة لتعزيز ما تعلّموا في نشاطات الدرس الأساسية. يجب النظر الى هذه النشاطات على أنها مصدر للتعلّم والمتعة، يدرسها الطالب خارج الصفّ ويقضي في سماعها أو قراءتها أو كتابتها ما يحتاج من الوقت وفي جوّ بعيد عن الضغط النفسي والتنافس والخوف من نقد الآخرين. وسيلاحظ مَن يستعمل الكتاب أن معظم الكلمات الموجودة في هذه النشاطات قد ظهرت في النشاطات الأساسية، لذلك فإن وجودها في

النشاطات الإضافية يعطي الطالب فرصة أخرى لرؤيتها في سياق جديد مما سيسهّل استيعابها وتذكّرها. ويمكن تقسيم النشاطات الإضافيّة الى قسمين، القسم الأوّل ويشمل تمارين الإملاء وملء الفراغات، والقسم الثاني ويشمل النشاطات المتبقّية.

الإملاء وملء الفراغات

يتطلّب هذان النوعان من التمارين تدخّلاً مباشراً من المدرّس. ففي تمارين الإملاء يقرأ المدرّس جمل الإملاء ويكتبها الطلاب بعد سماعها منه، وفي تمارين ملء الفراغات يقوم المدرّس أيضاً بقراءة النص الذي يُطلب من الطلاب ملء فراغاته.

من أهداف تمارين الإملاء تحسين مقدرة الطالب على فهم ما يسمعه وإغناء حصيلته من المفردات بالتركيز على بعض المفردات الهامّة المتكرّرة وتحسين مقدرته الكتابيّة. ولتحقيق كل هذه الفوائد، أقترح على المعلّم أن يطلب من الطلاب تحضير فقرة الإملاء قبل المجيء الى الصف، ثم إملائها عليهم، عبارة عبارة، أو جملة جملة، وتجنّب إملائها كلمة كلمة لأن ذلك يفقدها معناها وطريقة نطقها الطبيعية.

كذلك يُطلَب من الطلاب تحضير نص ملء الفراغات قبل المجيء الى الصفّ، ثم يُقرأ النصّ بطريقة طبيعية، بينما يكتب الطلاب الكلمات التي أخرجت منه. اذا وجد الطلاب صعوبة في كتابة بعض الكلمات، أو اذا لم يكن الوقت كافياً، يمكن للمعلّم قراءة النصّ مرة ثانية. ولكن يجب تجنب القراءة البطيئة المصطنعة لأن ذلك يفقد النصّ معناه.

دراسة الكلمات، الترجمة، الكلمات المتقاطعة، العكس والمترادفات، الأغاني، إقرأ، اكتب، احفظ

يمكن للطالب دراسة هذه التمارين وتحضيرها بنفسه وبدون الرجوع للمدرس، ويمكن أن ينحصر دور المدرّس هنا بالإجابة على أسئلة الطلاب والتحقق من صحة إجاباتهم والاستماع لترجماتهم أو النصوص التي كتبوها أو حفظوها. لا أرى حاجة لمزيد من التفصيل عن تمارين الكلمات المتقاطعة والعكس والمترادفات وتمارين الحفظ أكثر مما ذكرت أعلاه ومما هو مذكور عند تقديم تلك التمارين في الكتاب، ولكن سأتطرق ببعض من التفصيل عن النشاطات الأخرى.

دراسة الكلمات

من وسائل إغناء حصيلة الطلاب من المفردات دراسة طرق اشتقاق

الكلمات ورؤية العلاقات التي تربط بعضها ببعض، وهذا هو الهدف من هذه التمارين. فمثلاً عندما يرى الطالب كلمة "توصيل" لأوّل مرّة ويعرف أنّها مصدر "وصّل" المشتقّة بدورها من "وصل"، يمكنه أن يخمّن معناها العامّ بناء على ما يعرفه من معنى كلمة "وصل".

الترجمة

هناك نوعان من الترجمة، ترجمة من العربية الى الإنجليزية وأخرى، وهي الأصعب، من الانجليزية الى العربية. وكما هو الحال في تمارين الإملاء، فإن تمارين الترجمة تركّز على أهم المفردات والتراكيب في نصوص القراءة. ومن أهداف هذه التمارين: تسهيل استيعاب المفردات والتراكيب وتحسين مهارة الكتابة وتهجئة الكلمات.

إقرأ

تتكوّن نصوص القراءة الإضافية من مواد مأخوذة مباشرة من جرائد ومجلات وكتب عربية. وقد تم اختيار هذه النصوص لعلاقتها بالمواضيع المطروحة في النشاطات الأساسيّة من أجل لتعزيز ما تعلّمه الطلاب في تلك النشاطات، ولإعطائهم فرصة تذوّق نصوص العربية على طبيعتها. يدرس الطلاب هذه النصوص خارج الصف بمساعدة الأسئلة المرافقة لها بالانجليزية وبمساعدة قوائم الكلمات الجديدة في أكثرها.

اكتب

أكثر هذه التمارين موجود في النصف الثاني من الكتاب حيث تأخذ مكان الإملاء والترجمة. المطلوب من الطلاب في هذه التمارين هو كتابة مواضيع إنشائية حول ما درسوه في نصوص القراءة، مما سيسهّل مهمّتهم، ويساعدهم في تعلّم وتذكّر الكلمات والتراكيب الواردة في نصوص القراءة.

ستلاحظ أن الكتابة من أصعب المهارات اللغوية على الطالب، وقد تكون أصعبها في حالة اللغة العربية، وخاصة في صفّ تُستعمل فيه لغة الكتابة (الفصحى) ولغة الحديث (العامية) جنباً الى جنب. إن موقفي في هذه الحالة واضح وبسيط وهو تشجيع الطلاب على الكتابة حتى وإن احتوت كتاباتهم على بعض الأخطاء. وكلما تحسّنت حصيلة الطلاب اللغوية من خلال القراءة والاستماع والكتابة، كلما ارتفع مستوى كتاباتهم وقلّت أخطاؤهم. إن كتابة المواضيع الخالية من الأخطاء أمر ضروري ويجب أن يكون الهدف البعيد، ولكن لا يمكن تجنّب الأخطاء تماماً، وأرى أن من الأفضل تشجيع الطالب على الكتابة والتركيز على الفكرة التي يريد نقلها كتابياً وليس على طريقة نقلها. وهذا في نظري أفضل من تقييد الطالب وإجباره على كتابة الموادّ المحدودة الكلمات

والتعابير من أجل تجنّب الأخطاء. ويجب أن نتذكّر إنّ فوائد الكتابة لا تنحصر في كتابة بعض الجمل الصحيحة من الناحية النحوية والكلمات التي تخلو من أخطاء التهجئة.

الأغاني

تم اختيار الأغاني الموجودة في الكتاب لسهولتها اللغوية ولشيوعها في العالم العربي. الهدف الأول من وضعها في الكتاب هو إعطاء المعلّم فرصة لتنويع المواد والنشاطات الصفّيّة. وقد وضعت في مواضعها في الكتاب لمناسبتها لمواضيع الدروس أو بعض النشاطات في تلك الدروس. فأغنية "بساط الريح" لفريد الأطرش، والتي يطير فيها بساط الريح الى بغداد، وضعت في الدرس الذي يناقش نص القراءة فيه مدينة بغداد، وأغنية "يا جبل اللي بعيد" لفيروز وضعت في الدرس الذي يحكي نص الاستماع فيه قصّة سندباد الذي يأخذه الطائر الى جبل بعيد، وهكذا. يمكن استعمال الأغاني كوسيلة لتحضير الطلاب لدراسة المواد الأساسية أو لتعزيزها بعد دراستها، حسب ما يراه المدرس مناسباً. مثلاً، يمكن أن يطلب المدرس من الطلاب أن يستمعوا لأغنية "ابن آدم" قبل أن يبدأ بتقديم نص الاستماع عن ابن آدم مباشرة، أو خلال دراستهم له أو بعد ذلك مباشرة، وقبل الانتقال الى النشاطات الأخرى.

سيجد المعلّم أن الطلاب سيحفظون كثيراً من الكلمات والتعابير، وحتى الأبيات، التي يسمعونها في هذه الأغاني بدون جهد وعناء كبيرين.

يمكن للطلاب أن يستمعوا للأغاني في بيوتهم أو في الصف، وما على المعلّم الا أن يساعدهم في فهم بعض التعابير اللغوية الصعبة أو التي لها مدلول ثقافي خاص. واذا رأى أن هناك أغانٍ أكثر مناسبة لصفه من الأغاني الموجودة في الكتاب، فلا بأس من استعمالها بدل هذه الأغاني أو بالإضافة اليها.

ملاحظة عن القواعد

يركّز هذا الكتاب، كما هو الحال في كتاب المبتدئين، على استعمال اللغة للاستماع والتكلّم والقراءة والكتابة أكثر من التركيز على دراسة وتحليل التراكيب اللغوية. في رأيي أن إتقان أكثر تلك التراكيب يجري بشكل تلقائي عند سماع اللغة وقراءتها واستعمالها، دون الحاجة الى شروح مسهبة للقواعد. إن التركيز على المهارات اللغوية الضرورية للتفاهم في هذه المرحلة هو في رأيي أنفع للمتعلم من شرح تفاصيل قواعد العربية التي قد يجد الطالب صعوبة في فهمها وتذكرها، ليس لقصر فيه، ولكن لأنه قد لا يرى لها فائدة عملية مباشرة تساعده في استعمال اللغة. ولا أدعو هنا الى تجنب

القواعد تماماً، فقد يجد المدرّس أن شرح قاعدة بسيطة قد يسهّل على الطالب فهم الكثير مما يسمع ويقرأ، وينمّي قدراته اللغوية بشكل ملحوظ. كذلك اذا سأل الطالب أسئلة تتعلق بالتراكيب اللغوية فلا أرى ضرراً من الإجابة عليها، شريطة أن لا يتحوّل الدرس الى محاضرة في نحو اللغة أو تاريخها.

يتضمّن الكتاب ملحقاً فيه ملخّص لأهم المواضيع النحوية العربية التي قد يحتاجها المتعلّم في هذه المرحلة. أقترح على المعلّم والطالب أن يستعملا هذا الملحق كمرجع فقط للمساعدة في فهم موادّ الكتاب الأخرى.

Introduction

To the Student

This book builds on *Elementary Arabic: An Integrated Approach* by the same author (Yale University Press, 1995). It follows the same philosophy of integrating spoken Levantine Arabic with Modern Standard Arabic to reflect the use of the language by native speakers.

The book consists of thirty-two lessons, designed to cover two fifteen-week semesters. All lessons have a similar format: listening, speaking, and reading selections form the core of each lesson, and a variety of activities and exercises supplement and reinforce them. The materials in the different lessons are arranged to allow maximum reinforcement: similar stories follow one another and, whenever possible, the contents of each lesson focus on one theme, for example, Baghdad, travel, and religion.

In addition to building on the linguistic foundation of *Elementary Arabic*, this volume continues to introduce you to Arab society, history, and culture. The listening selections are folktales and anecdotes that are familiar to most Arabs and are considered an important part of Arab folk literature. The speaking selections have been designed to give you a feel for real-life oral interaction among Arabs. The dialogue themes range from discussions of school and work and an argument over a car accident to the difficulties an Arab enounters in obtaining a visa to another Arab country and in dealing with an Arab intelligence service. An attempt was made in all of these dialogues to introduce humor without sacrificing realism. The reading selections focus on Arab history, language, culture, and literature.

Each lesson includes extra materials for the teacher and students to offer more variety and challenge with an element of entertainment, while using the vocabulary and structures already introduced.

The table of contents المحتويات includes a listing of the materials presented in the thirty-two lessons.

Suggestions for Using the Book

The main goal of the book is to help you develop the ability to communicate in Arabic, that is, to understand, speak, read, and write the language. Grammatical structures are to be acquired indirectly as authentic "chunks" of the language are presented within a meaningful context. Consequently, I suggest that discussion of grammar points be restricted to situations where an explanation will aid comprehension and enhance communication.

Listening اسمع

The purpose of the listening selections is to help you develop the ability to

listen to Arabic and to understand the gist of what you listen to. All selections include language material that has not been fully covered in class, and you are not expected to understand the details of every selection, but you are encouraged to guess meaning from context. Words are repeated in varying contexts in subsequent lessons, and you will gradually internalize them and master their usage.

Before listening to the selection, look at the illustration if there is one or listen to the previous segment of the story. Then listen to the selection and try to answer the comprehension questions in English with minimal help from the accompanying vocabulary list. Listen to the selection as many times as you need to until you are able to answer the questions. The vocabulary lists should be used only to aid comprehension, not for memorization. The texts of the listening selections, as well as those of the dialogues, are given in Appendix C. Use these texts only as a reference, not as a substitute for listening to them. Remember that the listening texts are not meant as reading exercises.

In class, your teacher will ask you questions in Arabic about what you see in the illustration that accompanies the listening selection and about story details, and may also ask you to retell the story or act it out with other students.

Dialogue حوار

The dialogues are intended to aid oral comprehension and production. Listen to the dialogue as a whole as many times as you need to until you understand it, with the help of the new vocabulary items. In class, your teacher will ask questions about it to help you understand details that you might find difficult. Then he or she will ask you to act it out or create and act out another personalized one with a similar theme and vocabulary.

Reading اقرأ

The reading selections have been prepared with the goal of developing your silent reading comprehension skill. Questions and vocabulary lists are provided to help you understand the selections. The questions are given in Arabic to help you develop your writing along with your reading skill. Read the selection at home to prepare for an oral discussion in class.

Although the main goal is to develop silent reading comprehension, the reading selections or parts of them can be used for reading aloud to help you improve your pronunciation and overall knowledge of the language. Reading aloud should not become an unpleasant chore and an arena for correcting errors, particularly grammatical ones. Reading aloud can be particularly useful and enjoyable with the poems in the book. The poems were chosen for simplicity, interesting themes, and relative ease in memorization.

Additional Activities النشاطات الإضافيّة

These activities are intended as vocabulary-building exercises and as reinforcement of what you have learned in the core parts of the lessons. They should be used as a source of learning and enjoyment. The vocabulary used has for the most part appeared previously and is presented in a new context to help you master it. The activities can be worked on outside of class so you can spend as much time on them as you need.

The additional activities can be divided into two types, one that requires teacher participation and another that does not. The first type includes the dictations (إملاء) and the fill-in-the-blank exercises (ملء الفراغات). You should study the dictations at home, and the teacher will read them to you in class while you write down what you hear. The fill-in-the-blank exercises are conducted in a similar manner except that you are asked to fill in individual words that have been taken out of a passage. The full texts of these exercises are provided in Appendix B for reference.

The second type of activity includes the word study exercises (دراسة الكلمات), translations (ترجمة), crossword puzzles (كلمات متقاطعة), synonyms and antonyms (العكس والمترادفات), songs (الأغاني), extra readings (اقرأ), compositions (اكتب), and memorization exercises (احفظ). Teacher involvement in these activities can be minimal, generally restricted to answering questions, checking the accuracy of answers, and listening to what students have translated, written, or memorized.

The songs are recorded on an audio tape that accompanies the book. These particular songs were chosen for three main reasons: their popularity in the Arab world, their relatively simple language, and their relevance to the themes in the book. Listen to the song that you are working on as many times as you want to outside of class. An English translation is provided, and your teacher can explain difficult structures or terms with certain cultural references that you might have trouble understanding; he or she may also introduce other songs that may be appropriate for your class.

The extra readings consist primarily of authentic materials in their original form from Arabic newspapers, magazines, and books. An attempt was made in selecting these readings to include vocabulary and themes that complement and reinforce the material presented in the other parts of each lesson. They are included to improve your reading skill and to give you a feel for texts that have not been simplified.

You will find the writing exercises quite challenging, possibly the most challenging of all the activities. Writing involves knowledge of vocabulary, grammar, and spelling, and the ability to employ this knowledge actively. The most frustrating aspect of such exercises, however, may be the desire to produce

something that is error free. Although writing correctly is important, it should not be your main concern. Try to communicate your message as well as you can, focusing on the idea rather than the form. Errors are unavoidable, but the more you listen to Arabic, and the more you speak, read, and write it, the better your compositions will be. Think of writing as a way to help you use and retain words and structures that you have learned and to express yourself using simple language.

A Note on Grammar

Finally, as in the elementary book, emphasis is on intelligibility rather than on grammatical accuracy. As long as you understand what you hear or read and can make yourself understood when communicating, discussion of grammatical structures should be minimized and class time used to work on other language skills.

A grammar section is included for reference in Appendix B to help you with some of the most frequently discussed grammar issues in Arabic. Take some time to read through it to know what is included so that you can refer to it when you need to. You should not feel, however, that you have to use the grammar section if you think you understand the material in the book and can handle the different activities without referring to it.

الدرس الأوّل

اسمع : الحق معكِ!

1. How many men talked to Juha?

....

2. What did Juha tell each of them?

....

3. What did Juha's wife tell him after she had heard what he told the two men?

....

كلمات جديدة

الحَق معِك	you are right	قِصّة	story

حوار: بلا تاريخ بلا بطّيخ، اقعد اشرب شاي أحسن!

كلمات جديدة

مِن زمان	for a long time
مُحاضَرة	lecture
واجِب	homework
بَحث (ج. أبحاث)	research
سأل-يسأل	to ask
ثاني	other
حاضِر	presently, right away
مادّة (ج. موادّ)	subject, course
أُمَوي	Umayyad
شِعر	poetry
عَبّاسي	Abbasid
تَربية	education
تَخَصُّص	specialization, major
أحياء	biology
تخرّج-يتخرّج	to graduate
مُختَبَر	laboratory

إقرأ: العرب قبل الإسلام

أصل العرب

يرجع أصل العرب الى منطقة شبه الجزيرة العربية، وقد سكنوا أيضاً منذ زمن قديم في مناطق جنوب العراق وبلاد الشام. وعندما ظهر الإسلام في القرن السابع الميلادي كانت أكثر البلاد المعروفة الآن بالعالم العربي تحت حكم الرومان البيزنطيين أو الفرس: فقد كانت بلاد الشام وشمال إفريقيا تحت حكم الرومان، وكان العراق تحت حكم الفُرس. أمّا اليمن فكانت فيه مملكة مستقلّة، وباقي شبه الجزيرة العربية كانت تحكمه القبائل.

علاقات عرب شبه الجزيرة مع البلاد الأخرى

كان كثير من قبائل شبه الجزيرة العربية قبائل متنقّلة، ولكن كانت هناك مُدُن إزدهرت فيها التجارة والزراعة مثل مكّة ويثرب في شمال غرب شبه الجزيرة. وقد ازدهرت التجارة فيهما لأنهما تقعان[١] على الطريق التجاري

١ فيهما لأنّهما تقعان These are dual forms, restricted to فُصحى (Modern Standard Arabic, MSA). The three words translate into: "in them (dual)

بين اليمن وبلاد الشام. وكان لليمن علاقات قوية مع بلاد الحبشة في إفريقيا.

اللغة والدين

كانت القبائل العربية تتكلّم لهجات مُختَلِفة، وتستعمل الفصحى كلغة مُشترَكة في المناسبات الخاصّة وفي نظم الشعر. وكان أكثر الشعر العربي غير مكتوب. ولم تكن كتابة اللغة العربية منتشرة قبل الإسلام، وترجع أقدم الكتابات العربية المعروفة الى القرن الرابع الميلادي.

ومن الأديان التي كانت مُنتشِرة في شبه الجزيرة العربية قبل ظهور الإسلام المسيحية وخصوصاً في اليمن، واليهودية وخصوصاً في مدن الحجاز. كذلك كان كثير من العرب يعبدون الأصنام.

أسئلة

١. متى ظهر الإسلام؟

....

٢. مَن كان يحكم بلاد الشام والعراق قبل ظهور الإسلام؟

....

٣. مَن كان يحكم اليمن وباقي الجزيرة العربية؟

....

٤. في أيّة مدن في شبه الجزيرة العربية ازدهرت التجارة والزراعة؟ لماذا؟

....

٥. مع أية بلاد كان لليمن علاقات قويّة؟

....

٦. هل كانت كل القبائل العربية تتكلم لهجة واحدة؟

....

٧. هل كان الشعر العربي قبل الإسلام مكتوباً؟

....

---

because they (dual) are located (dual). . ." The feminine singular equivalent is فيها لأنّها تقع. While in spoken Levantine only nouns have dual forms, in MSA nouns, verbs, adjectives, and pronouns do.

٨. الى أيّ قرن ترجع أقدم كتابة عربية؟

....

٩. ما هي الأديان التي كانت في شبه الجزيرة العربية عند ظهور الإسلام؟

....

كلمات جديدة

أصْل	origin	شِبه جزيرة	peninsula
بلاد الشام	Greater Syria	ظَهر–يظهَر	to appear
تَحت	under	أمّا . . . فـ	as for. . .
باقي	rest of, remaining	قبيلة (ج. قبائل)	tribe
عَلاقة	relationship	مُتَنَقِّل	moving, nomadic
كان هناك	there was, were	ازدهر	to prosper
زِراعة	agriculture	قويّ	strong
بلاد الحبشة	Ethiopia	لَهجَة	dialect
مُختلِف	different	استعمَل–يستعمِل	to use
فُصحى	Classical Arabic	كَـ	as
مُشتَرَك	common	مُناسَبَة	occasion
نَظم	creating, composing	شِعر	poetry
غير مَكتوب	not written	مُنتَشِر	(wide) spread
دين (ج. أديان)	religion	كَذلك	also
عبَد–يعبُد	to worship	صَنَم (ج. أصنام)	idol

نشاطاتٌ إضافيّة

١. دراسة الكلمات

When discussing word derivation and word patterns, Arab grammarians use the skeleton فعل to refer to the three consonants of a root, ف referring to the first consonant, ع to the second, and ل to the third.[٢] The pattern (وزن) of a word consists of the root فعل and any additional consonants or vowels added to it. For example, the word قَديم "ancient" has the pattern فَعيل: the root is قدم, and the vowel ي is added between the second and third consonants to form قديم.

The following words appeared in the reading selection. All of them are derived from tri-consonantal roots and follow certain patterns. Identify the root of each word and its pattern, as shown in the word قديم above.

Pattern الوزن	Root الجذر	Word الكلمة
....	....	بِلاد
....	....	سابِع
....	....	مُتَنَقِّل
....	....	تِجارة
....	....	زِراعة
....	....	مُختَلِفة
....	....	مَكتوب
....	....	مُنتَشِرة

---

[٢] Four-consonant roots are represented by the skeleton فَعلَل.

The eight words belong to six different patterns. Can you group together the words that belong to the same pattern?

١. ....

٢. ....

٣. ....

٤. ....

٥. ....

٦. ....

٢. إملاء Dictation

In this and in subsequent lessons you need to prepare the dictation before class. Practice writing the words so you can spell them correctly when the teacher dictates them to you. He or she will read the dictation phrase by phrase or sentence by sentence (not word by word), giving you time to write what you hear.

عندما ظهر الإسلام في القرن السابع الميلادي كانت بلاد الشام وشمال إفريقيا تحت حكم الرومان، والعراق تحت حكم الفرس. أمّا اليمن فكانت فيه مملكة مستقلّة.

٣. ترجمة Translation

When you translate from one language to another, your goal should be natural-sounding, idiomatic language. Translating word for word frequently sounds contrived or even ungrammatical. Your translations from and into Arabic will become more idiomatic as you become more proficient in the language.

أ. ترجم الى الإنجليزية Translate into English

أمّا اليمن فكانت فيه مملكة مستقلّة، وباقي شبه الجزيرة العربية كانت تحكمه القبائل.

....

....

....

....

ب. ترجم الى العربية Translate into Arabic

In the west, Greater Syria was part of the Roman Empire, and in the east, Iraq was part of the Persian Empire.

....

....

....

....

٤. العكس

Match the word in the first column with its opposite in the second. One word in the right column does not have a corresponding opposite.

قديم	سهل
صعب	جنوب
شمال	صغير
قوي	جديد
طويل	أخذ
أعطى	ضعيف
بداية	بدأ
كبير	قليل
دَخَل	نهاية
انتهى	قصير
كثير	

الدرس الثاني

اسمع: معطف القاضي

1. What was the judge doing under the tree?

....

2. What did Juha do when he saw the judge there?

....

3. Who looked for the coat?

....

4. Why was the coat found quickly?

....

5. What did Juha say when the judge asked who the coat belonged to?

....

6. What did the judge say when Juha told him how he got the coat?

....

كلمات جديدة

مِعطف	coat
قاضي	judge
سَكران	drunk
مَحكَمة	court
مَسروق	stolen
خادِم	servant
صَحيح	correct

اقرأ: النبي محمّد

وُلِدَ[٣] نبي الإسلام محمّد، صلّى الله عليه وسلّم، في سنة ٥٧٠ ميلادية في مدينة مكّة في منطقة الحجاز. وقد مات أبوه عبدالله قبل ولادته، وماتت أمّه وهو صغير. وبعد موت أمّه ربّاه جَدّه عبد المطَّلِب. وعندما مات عبد المطلب ربّاه عمّه أبو طالب.

كانت عائلة النبي محمد من قبيلة قُرَيش. وكان بعض أهل قريش تجّار لهم علاقات مع القبائل الأخرى في الجزيرة العربية ومع بلاد الشام واليمن.

الدعوة

تزوّج محمد أرملة كانت تعمل بالتجارة اسمها خديجة عندما كان عمره ٢٥ سنة، وعمل بالتجارة، وسافر في رحلات تجارية الى بلاد الشام. وعندما كان عمره ٤٠ سنة ظهر له الملاك جبريل وأخبره أن الله اختاره رسولاً.

بدأ محمّد دعوته الى دين جديد هو الإسلام بعد ظهور جبريل، وكانت زوجته خديجة أوّل مَن آمن به. بعد ذلك آمن به بعض أصحابه وأقاربه. وبعد وقت قصير زاد عدد الذين آمنوا بالإسلام وقويَ النبي محمد، وبدأ ينتقد الكثير من عادات قُرَيش، فخاف زُعماؤها من تأثير الدين الجديد وبدأوا يحاربون النبي والذين آمنوا به. وزادت مقاومة قريش بعد موت زوجته خديجة وعمّه أبو طالب.

الهجرة

في سنة ٦٢٢ هاجر النبي محمد الى مدينة "يثرب"، التي تقع على بعد حوالي ٢٠٠ ميل شمال مكّة. وبعد هجرته اليها أصبح اسمها "المدينة المنورة". وسنة ٦٢٢ سنة مهمّة عند المسلمين لأنها سنة الهجرة وبداية التاريخ الإسلامي.

---

[٣] For this word and the word تُوُفّي in the last sentence of the reading selection, see *The Passive Voice in* فُصحى in Appendix B.

فتح مكّة

بعد هجرة النبي محمّد الى المدينة المنوّرة دخل كثير من الناس الإسلام، وقوِيَ الدين الجديد، وتكوّنت بداية مُجتَمَع إسلامي ودولة إسلامية بقيادة النبي محمد. وبعد وقت قصير حدثت معارك بين المسلمين في المدينة وأهل قريش في مكّة. ومن هذه المعارك "بدر" و"أحُد" و"الخندق"، وانتصر المسلمون وزادت قوّتهم. وفي سنة ٦٣٠ دخلوا مكّة بدون مُقاومة وصارت جُزءاً من الدولة الجديدة. تُوُفّي النبيّ محمّد بعد دخول مكّة بسنتين.

أسئلة

١. متى وُلد النبي محمّد؟ أين؟

....

٢. متى مات أبو النبي محمّد؟

....

٣. من أي قبيلة كانت عائلة النبي محمّد؟

....

٤. كم كان عمر النبي محمد عندما تزوّج خديجة؟

....

٥. كم كان عمر النبي محمد عندما ظهر له الملاك جبريل؟

....

٦. مَن هو أوّل مَن آمن بدعوة النبي محمّد؟

....

٧. لماذا بدأ زعماء قريش يحاربون النبي محمّد؟

....

٨. لماذا تُعتبر سنة ٦٢٢ مهمّة في التاريخ الإسلامي؟

....

٩. أين تكوّنت بداية دولة إسلامية؟

....

١٠. ما اسماء بعض المعارك التي حدثت بين المسلمين وأهل قريش؟

....

١١. ماذا حدث في سنة ٦٣٠؟

....

١٢. متى مات النبي محمّد؟

....

كلمات جديدة

وُلِدَ	was born	نَبيّ	prophet
صلّى الله عليه وسلم	peace be upon him	رَبّى	to raise
تاجِر (ج. تُجّار)	merchant	دَعوة	call (religious)
أرملة	widow	ظَهر	to appear
مَلاك	angel	جبريل	Gabriel
أخبر	to inform	اختار	to choose
رسول	prophet, messenger	آمن	to believe
قَريب (ج. أقارب)	relative	قَوِيَ	to become strong
انتقد-ينتقِد	to criticize	عادة	custom, practice
زُعَماء	leaders	تأثير	influence
حارَب-يحارِب	to fight	مُقاوَمة	resistance
هاجَر	to emigrate	تَكَوّن	was formed
مُجتَمع	society	قِيادة	leadership
حَدَث	to occur	مَعركة (ج. مَعارِك)	battle
انتَصَر	to be victorious	تُوُفّي	to die، مات

نشاطات إضافية

١. دراسة الكلمات

It is essential in building your Arabic vocabulary to develop the skill of identifying the basic form of a verb: to recognize, for example, that يعتقد، اعتقدت، اعتقدوا، يعتقدون, and نعتقد are all based on the verb اعتقد. اعتقد is the third person singular masculine active form in the perfect.

The following eleven verbs are from the reading selection of this lesson. All of them have affixes added to them. For each verb, identify the basic form: remove subject and tense markers, conjunctions, and object pronouns. The first verb is given as an example:

وصارَت	صار
[illegible]	
تَزوّج	....
تَعمل	....
وسافر	....
وأخبره	....
اختاره	....
ينتَقد	....
آمنوا	....
يُحارِبون	....
تَكوّنَت	....

٢. املاء

في سنة ٦٢٢ هاجر النبي محمد الى مدينة "يثرب"، التي أصبح اسمها "المدينة المنوّرة". وسنة ٦٢٢ هي بداية التاريخ الإسلامي.

٣. ترجم الى العربية

Muhammad was born around 570 A.D. in the city of Mecca. He became a prophet when he was forty years old.

In the year 630 the prophet Muhammad entered the city of Mecca without resistance. Madina remained the capital of the Muslim state.

....

....

....

....

....

....

....

....

الدرس الثالث

اسمع: جحا والديك الرومي

1. When did Juha promise to pay back the debt to the merchant?

....

2. What did Juha say when the merchant asked for his money?

....

3. What did the merchant decide to do when Juha did not pay the debt?

....

4. What was Juha doing when the merchant arrived at his house?

....

5. What reason did Juha give the merchant for slaughtering the turkey?

....

كلمات جديدة

ديك رومي	turkey
تديّن	to borrow money
دين	debt
دَفَع-يدفَع	to pay
ذبح-يذبَح	to slaughter

حوار: هون فيه نظام وقوانين، مش فوضى!

كلمات جديدة

بَعدُه	next
أوراق	papers
مَلَفّ	(file) folder
فَوضى	chaos
جيب	bring
طَلَب	request, application
شهادة ميلاد	birth certificate
عقد عمل	work contract
إعفاء	exemption
خدمة عسكرية	military service
نِظام	order, system
قانون (ج. قوانين)	rule, regulation
صَحّح-يصحّح	to correct

اقرأ: الدولة الإسلامية

بعد وفاة النبي محمّد اختار المسلمون "أبو بكر" خليفة. وأبو بكر هو من أوّل الرجال الذين آمنوا بدَعوة النبي محمد الى الإسلام. وكانت عائِشة بنت أبو بكر واحدة من زوجات النبي.

حكم أبو بكر من سنة ٦٣٢ الى سنة ٦٣٤، وبعد موته اختار المسلمون "عمر ابن الخطّاب" خليفة. وفي زمن عمر فتح المسلمون بلاد الشام والعراق ومصر. وقد حكَم عمر ابن الخطاب عشر سنوات، وقُتل سنة ٦٤٤.

وبعد عمر صار عُثمان ابن عفّان خليفة، وحكم الدولة الإسلامية حتى قُتل سنة ٦٥٦.

بعد مقتل عُثمان أصبح عليّ ابن أبي طالب خليفة. وكان علي ابن عمّ النبي وزوج بنته فاطمة ومن أوّل الذين آمنوا به.

يُسمّي المؤرّخون فترة حُكم أبو بكر وعمر وعثمان وعلي بفترة "الخلفاء الراشدين".

الدولة الأمويّة

في زمن علي ابن أبي طالب قامت حرب بين مُعاوية بن أبي سُفيان حاكم دمشق وعلي،ّ وانتصر جيش مُعاوية وانتهى حُكم الخلفاء الراشدين وبدأ عصر الدولة الأمويّة.

في زمن الدولة الأمويّة انتقلت عاصمة الدولة الإسلاميّة الى دمشق، وأصبحت الخلافة وراثية، وبقيت في عائلة بني أميّة تنتقل من الأب الى الإبن أو الأخ.

وفي زمن الدولة الأمويّة أيضاً استمرّت الجيوش الإسلامية في التقدّم الى الشرق والغرب: في الشرق وصلت الى الهند وفي الغرب فتحت شمال إفريقيا وإسبانيا.

بناء قبّة الصخرة

في سنة ٦٩٠-٦٩١ بنى المسلمون مَسجد قُبّة الصخرة في القدس، وبعده بنوا عدداً من المساجد الكبيرة في القدس والمدينة المنوّرة ودمشق والمغرب والأندلس.

أسئلة

١. مَن هو أوّل خليفة للمسلمين؟

....

٢. مَن هي عائشة؟

....

٣. ماذا فتح المسلمون في زمن الخليفة عمر ابن الخطاب؟

....

٤. كم سنة حكم عمر ابن الخطّاب؟

....

٥. ما اسم الخليفة الثالث؟ من أيّة سنة الى أيّة سنة حكم الدولة الإسلامية؟

....

٦. كيف مات عثمان ابن عفان؟

....

٧. مَن هو الخليفة الرابع؟

....

٨. ماذا يُسمّي المؤرّخون فترة حُكم أبو بكر وعُمر وعثمان وعلي؟

....

٩. مَن هو معاوية ابن أبي سفيان؟

....

١٠. ما هي عاصمة الدولة الأمويّة؟

....

١١. ماذا فتح المسلمون في زمن الدولة الأمويّة؟

....

١٢. مَتى بنى المسلمون مسجد قبّة الصخرة؟

....

كلمات جديدة

وَفاة	death	خليفة (ج. خلفاء)	caliph
قُتِل	was killed	مَقتَل	the killing of, death
قام-يَقوم	to break out	مُؤرِّخ	historian
فَتْرة	period	الخُلفاء الراشدين	the Rightly-guided Caliphs
عَصْر	era, period	جَيش (ج. جُيوش)	army
انتقَل-ينتَقِل	to be moved	خلافة	caliphate
وِراثي	hereditary	تَقَدُّم	advance
قُبّة الصخرة	Dome of the Rock		

نشاطات إضافية

١. دراسة الكلمات

Verb Forms

The following verbs are found in the reading selection. First, change those with affixes or those in the passive form to their simplest form (third person singular masculine active perfect).

وكانَت، حَكَم، صار، وحَكَم، أصبَح، يُسَمّي، قامَت، وانتَصر، وبدأ، انتقلَت، وأصبَحَت، وبَقيَت، تنتَقِل، استمرَّت، فتَحَت، بَنى، بَنوا

After removing subject and tense markers, object pronouns, and conjunctions, your list should look like this:

كان، حَكَم، صار، حَكَم، أصبَح، سَمّى، قامَ، انتَصر، بدأ، انتقل، أصبح، بَقي، انتقَل، استمرّ، فتَح، بَنى، بَنى

A quick examination of these verbs shows that some of them are simple or basic verbs, and some are derived. The main difference between a simple verb and a derived one is that simple verbs contain only the basic root consonants, which are three in most cases, and the two vowels that go with such verbs, while derived verbs have additional elements. The additional elements of derived verbs are generally associated with specific meanings or shades of meaning such as "intensive," "passive," "reflexive," etc. There are nine derived patterns, or forms,

based on triliteral roots of verbs. Arab grammarians use the skeleton فعل to refer to these forms, but it is customary in grammars and dictionaries of Arabic that are written in the West to use roman numerals instead of the فعل skeleton.

The following is a list of the derived Forms II-X that are used in modern Arabic, as well as the simple Form I, with examples taken from the list above where possible.

I	فَعَل	حكَم، قام، بدأ، بقي، فتح، بنى
II	فعّل	سمّى
III	فاعَل	ساعَد
IV	أفعَل	أصبَح
V	تَفَعّل	تعلّم
VI	تَفاعَل	تَراسل
VII	انفعَل	انكسر
VIII	افتعَل	انتَصر، انتقَل
IX	افعلّ	احمرّ
X	استَفْعَل	استمرّ

Another verb form that you have encountered is the one referred to as Q1, based on quadriliteral roots. Two common examples of this form are the verbs ترجم "to translate" and هندس "to engineer."

In the discussions and exercises on verb forms in this book, Form Q1 will be included wherever relevant, but Form IX will not, because it is not found in any of the reading selections of the book.

Knowledge of verb forms and their numbers is important in developing your mastery of Arabic in a number of respects. One basic need for such knowledge lies in looking up new words. Dictionaries, such as *A Dictionary of Modern Written Arabic* by Hans Wehr (ed. J. Milton Cowan), which is widely used by students of Arabic, lists the form number of a verb, not the verb itself. For example, the verb انتقل will not appear as an entry but rather will be designated by the roman numeral VIII under the root نقل. Now look up the meanings of the verbs انتصر and أصبح.

٢. إملاء

في زمن الدولة الأموية استمرّت الجيوش الإسلامية في التقدّم الى الشرق والغرب: في الشرق وصلت الى الهند وفي الغرب فتحت شمال إفريقيا وإسبانيا.

٣. ترجم الى العربية

The Rightly-guided Caliphs are Abu Bakr, Umar, Uthman, and Ali. Abu Bakr ruled from 632 to 634. After his death Umar became caliph, after Umar's death, Uthman became caliph, and after Uthman's death, Ali became caliph. Ali ruled from 656 to 661.

....

....

....

....

....

٤. ما هو عكس؟

كثير ....

سهل ....

غني ....

قصير ....

ضعيف ....

فوق ....

قبل ....

أوّل ....

سَلام ....

غَرْب ....

٥. اقرأ

المدينة	الفجر	الشروق	الظهر	العصر	المغرب	العشاء
مكة المكرمة	٥,٣٨	٦,٥٣	١٢,٣٥	١٥,٥٠	١٨,١٥	١٩,٤٥
المدينة المنورة	٥,٤٠	٦,٥٧	١٢,٣٥	١٥,٤٦	١٨,١١	١٩,٤١
القدس	٥,٠٢	٦,٢٦	١١,٥٤	١٤,٥٦	١٧,١٩	١٨,٣٧
أبو ظبي	٥,٤١	٦,٥٨	١٢,٣٧	١٥,٤٨	١٨,١٢	١٩,٢٥
الجزائر	٦,١٥	٧,٤٢	١٣,٠٣	١٥,٥٦	١٨,٢١	١٩,٤٢
الخرطوم	٥,٠١	٦,١٥	١٢,٠٥	١٥,٢٤	١٧,٥٢	١٩,٠٠
الرباط	٥,٥٣	٧,١٦	١٢,٤٣	١٥,٤١	١٨,٠٣	١٩,٢٣
القاهرة	٥,١١	٦,٣٩	١٢,٠٩	١٥,١٥	١٧,٣٧	١٨,٥٩
بيروت	٥,٠٣	٦,٢٨	١١,٥٤	١٤,٥٢	١٧,١٥	١٨,٣٤
بغداد	٥,٢٧	٦,٥٠	١٢,١٨	١٥,١٨	١٧,٤١	١٨,٥٩
تونس	٥,٤٦	٧,١٤	١٢,٣٥	١٥,٢٨	١٧,٥٢	١٩,١٤
دمشق	٥,٠٠	٦,٢٤	١١,٥٠	١٤,٥٠	١٧,١٢	١٨,٣٢
عمّان	٥,٠٠	٦,٢٣	١١,٥٢	١٤,٥٤	١٧,١٧	١٨,٣٣
أنقرة	٥,١٦	٦,٤٧	١٢,٠٣	١٤,٥٢	١٧,١٥	١٨,٤١
طهران	٥,٢٩	٦,٥٥	١٢,١٨	١٥,١٣	١٧,٣٧	١٨,٥٧
ساراييفو	٥,١٦	٦,٥٤	١٢,٠١	١٤,٤١	١٧,٠٦	١٨,٣٧
لندن	٥,٤٤	٧,٢٧	١٢,١٦	١٤,٣٣	١٧,٠٠	١٨,٣٧
باريس	٦,٢٩	٨,٠٩	١٣,٠٥	١٥,٣١	١٧,٥٧	١٩,٣٣
واشنطن	٥,٣٥	٧,٠٥	١٢,٢٤	١٥,١٣	١٧,٣٧	١٩,٠٢

Questions

1. What time is the dawn prayer in each of the following cities?

Mecca	Algiers ....
Khartoum	Tehran ....

2. What time is the noon prayer in each of the following?

Jerusalem	Rabat ....
Abu Dhabi	Washington ....

3. What time is the sunset prayer in each of the following?

Cairo	Damascus ....
Tunis	Sarajevo ....

الدرس الرابع

اسمع: كُل يا ثوبي كُل!

1. What was Juha wearing the first time he went to the wedding?

....

2. How did the people treat him when he joined them the first time?

....

3. Why did Juha return home?

....

4. How did the people treat him when he came the second time?

....

5. Why did Juha say, "Eat, my *thobe,* eat?"

....

كلمات جديدة

عُرس	wedding
رَدّ-يرُدّ السلام	to answer the greeting
دَعا-يدعو، يدعي	to invite
شلَح-يشلَح	to take off (clothes)
جيب	pocket
تَعجَّب-يتعجَّب	to wonder
ثوب	*thobe*, man's flowing robe

اقرأ: العصر الذهبي

كانت هناك حَركات تُعارض الدولة الأموية. من أهمّ[٤] هذه الحركات الشيعة (أو شيعة علي) والعبّاسيّون. كان الشيعة يعتقدون أنّ الخلافة يجب أن تبقى في عائلة النبي محمد، ووقفوا مع علي ابن أبي طالب وأولاده في مقاومة الدولة الأموية، ولكنّهم لم يتمكّنوا من الانتصار عليها.

الدولة العبّاسيّة

وقد قام العبّاسيّون بثورة ناجحة في العراق وخُراسان بقيادة أبو العبّاس، وهو من أحفاد العبّاس عمّ النبي محمد. وانتصرت جيوشهم على جيوش الدولة الأموية في عدد من المعارك سنة ٧٤٩ و٧٥٠، وكانت هذه نهاية الدولة الأموية وبداية الدولة العبّاسية.

مع بداية الدولة العباسية انتقل مركز الدولة الإسلامية الى العراق. ومن أشهر خلفاء الدولة العباسية المنصور (٧٥٤-٧٧٥) وهارون الرشيد (٧٨٦-٨٠٩) والمأمون (٨١٣-٨٣٣). وفي زمن المنصور بُنيت مدينة بغداد.

يُعتَبر العصر العباسي العصر الذهبي في التاريخ الإسلامي، فبالإضافة الى القوّة العسكريّة ازدهرت العلوم والآداب والفلسفة وتُرجم الكثير من الكتب من اليونانية واللاتينية والفارسية ولغات أخرى الى اللغة العربية.

---

[٤] The comparative / superlative construction is generally formed following the pattern أفعَل:

كبير ← أكبر
بارِد ← أبرَد

If the adjective is derived from a "doubled" root, that is, a root in which the second and third consonants are identical, then the vowel between the second and third consonants of the root is deleted in the comparative / superlative form, which results in a doubled consonant:

هامّ or مُهِمّ	important	←	أهَمّ	more important
قليل	few	←	أقَلّ	less

انتشار اللغة العربية

مع توسّع الدولة الإسلامية في زمن الأمويّين دخل كثير من الناس الإسلام، وتعلّموا اللغة العربية، التي اكتسبت أهمّيّة خاصّة لأنّها لغة الدين الجديد والدولة الجديدة. كذلك سكن الكثير من الجنود العرب في الدُول المفتوحة وتزوّجوا من أهلها، ومع الزمن انتَشرت اللغة العربية وصارت البلاد المفتوحة عربية في اللغة والسكّان.

أسئلة

١. ماذا كان يعتقد الشيعة؟

....

٢. مَن كان قائد ثورة العبّاسيّين؟

....

٣. متى انتهى حُكم الدولة الأموية؟

....

٤. أين كانت عاصمة الدولة العبّاسيّة؟

....

٥. مَن هم أشهر الخلفاء العبّاسيّين؟

....

٦. لماذا يُعتبر العصر العبّاسي العصر الذهبي في التاريخ الإسلامي؟

....

٧. لماذا اكتسبت اللغة العربية أهمّية خاصة؟

....

كلمات جديدة

ذَهَبي	golden	حَرَكة	movement
عارَض-يُعارِض	to oppose	اعتَقَد-يعتقِد	to believe
يَجِب أن	should, must	وقَف مع	to stand with, support
تمكّن	to be able to	ثورة	revolt
ناجِح	successful	حفيد (ج. أحفاد)	grandchild, descendant
يُعتَبَر	is considered	بالإضافة الى	in addition to
عَسكري	military	عُلوم	sciences, scholarship
آداب	arts, literature	فَلسَفة	philosophy
تُرجِم	was (were) translated	تَوَسُّع	expansion
اكتَسَب	to acquire	أهمّيّة	importance
جُندي (ج. جُنود)	soldier	انتَشَر	to spread

نشاطات إضافية

١. دراسة الكلمات

Noun and Adjective Patterns

As with the verb forms discussed in the previous lessons, you need to learn how to recognize the patterns of linguistic elements other than verbs. As was shown above, all Arabic verbs follow a limited number of patterns. All the verbs that you will encounter in this book belong to one of the following ten forms: I, II, III, IV, V, VI, VII, VIII, X, and Q1. Nominal and adjectival patterns are more numerous, but they are also limited. Two nouns that might look different at first sight will turn out to belong to the same pattern, with identical or similar pronunciation of its basic form. In order to identify the basic form of a noun or an adjective you should remove affixes associated with definiteness, number, gender, and possession as well as prepositions and conjunctions. Number refers to suffixes denoting sound plural or dual marking:

ات	feminine plural
ون، ين	masculine plural
ان، ين	dual

Gender refers to التاء المربوطة when it indicates feminine gender. So, in a word like طالبة, the تاء المربوطة is not part of the pattern, but in تجارة it is.

The following nouns and adjectives are found in the reading selection. Write their basic forms and their patterns. The first word is given as an example.

	الكلمة	الصيغة المُجرّدة	الوزن
مثال	الحَرَكات	حَرَكة	فَعَلة
	العبّاسيّون	....	....
	الخِلافة	....	....
	وأولاده	....	....
	مُقاومة	....	....
	الانتصار	....	....
	ناجِحة	....	....
	جيوشهم	....	....
	المَعارِك	....	....
	المَنصور	....	....
	المفتوحة	....	....
	السُكّان	....	....

Do any two or more words in the list belong to one pattern? If so, which ones?

٢. املاء

مع بداية الدولة العباسية انتقل مركز الدولة الإسلامية الى العراق. ومن أشهر خلفاء الدولة العباسية المنصور وهارون الرشيد والمأمون. وفي زمن المنصور بُنيت مدينة بغداد.

٣. ترجِم الى العربية

The Shi'a believed that the caliphate should stay in the family of the Prophet and that Ali Ibn Abi Talib, not Abu Bakr, should have been the first caliph.

....

....

....

....

٤. املأ الفراغات

Ten words have been taken out of the following passage. Listen as it is read to you in full and write the missing words.

حكم الخليفة هارون الرشيد الدولة الإسلامية من سنة ٧٨٦ الى................. ٨٠٩. وبعد موته .... ابنه الأمين خليفة، ولكنّ الأمين لم يحكم مدّة ....، فقد قامت حرب .... بينه وبين أخيه المأمون، وهُزم .... الأمين وأصبح المأمون .... في سنة ٨١٣. حكم المأمون من سنة ٨١٣ الى سنة ٨٣٣، وفي زمنه .... العلوم، وتُرجم الكثير من .... الى اللغة العربية. وقد أسّس المأمون "دار الحكمة" للعلوم ....، ويُقال إنّه كان يُعطي .... يترجم كتاباً الى العربية وزنه ذهباً.

.٥

كلمات متقاطعة

١٠	٩	٨	٧	٦	٥	٤	٣	٢	١	
■										١
	■	■		■		■		■		٢
	■			■				■		٣
					■					٤
■	■		■	■	■	■		■		٥
			■	■		■		■	■	٦
■	■	■		■						٧
						■	■		■	٨
	■	■		■					■	٩
					■		■		■	١٠

أفقي

١. سكنها العرب منذ الزمان القديم

٣. والِد

٤. اسم نبي؛ مُفرد (singular) "قبائل"

٦. عكس "فوق"

٧. من الخلفاء الراشدين

٨. منطقة في شبه الجزيرة العربية

٩. جبريل

١٠. جمع (plural) دين

عمودي

١. عكس "نهاية"

٢. من "ثمانية"

٣. دين

٤. والِدة

٥. عكس "آخِر"؛ ليس هنا

٧. جمع "شابّ"؛ نبي الإسلام

٨. جمع "بيت"

١٠. مدينة في الحجاز؛ وقت أو عصر

الدرس الخامس

اسمع: قنينة ابو نواس

1. What was Abu Nuwas doing?

....

2. What did Abu Nuwas do when the caliph asked to see both of his hands?

....

3. What did Abu Nuwas say when the caliph asked him to walk toward him a little?

....

كلمات جديدة

حيط	wall
خَمر	wine
قَنّينة	bottle
مَدّ-يمِدّ	to stretch out
فاضي	empty
أمير المؤمنين	Prince of the Faithful
حَطّ-يحُطّ	to put
ورّى-يورّي	to show
رفَع-يرفَع	to raise
مع بَعَض	together
ظَهر	back
هَذول	these
انكَسر-ينْكَسِر	to break

حوار: بلا قوانين بلا بطّيخ!

كلمات جديدة

يا ساترِ.	I hope it's okay.
تأشيرة	visa
حَطّ-يحُطّ	to put
مليان	full
قدرِ-يقدَر	to be able to
إعمَل معروف	do a favor
ساعَد	to help
ولا يهمّك	don't worry
الحيط بالحيط	next door, wall against wall
أمرَك	your order, as you say
تعليمات	instructions
اسكُت!	Shut up!

إنْ كُنتَ ريحاً فقَد لاقيْتَ إعصاراً

كلمات جديدة

إداري	administrative	مَتحَف	museum
توجَد	is, are found	ضَيِّق	narrow
جَنباً الى جَنب	side by side	مَحَلّ	place, store
دَمّر	to destroy	اقليمي	regional
هدِيّة	gift	حظيرة غنَم	sheep pen

نشاطات إضافيّة

١. دراسة الكلمات

For the following nouns and adjectives, identify the root (الجذر), the basic form (الصيغة المُجرّدة), and the فعل pattern (الوزن). The first word is given as an example.

الوزن	الصيغة المُجرّدة	الجذر	الكلمة
مُفَعَّل	مُرَبّع	ربع	مُرَبّعاً
....	....	....	والثقافي
....	....	....	والتِجاري
....	....	....	العالَم
....	....	....	سُكّانها
....	....	....	مَساحَتها
....	....	....	الجامِعات
....	....	....	المَعروفة
....	....	....	المُستَنصِريّة
....	....	....	الشوارِع
....	....	....	الحديثين

Since ت at the beginning of a verb can be both a subject marker and part of the prefix associated with Forms V and VI, it might be difficult or impossible to tell whether a verb is in Form II or V, III or VI. Only context and voweling of ت will determine what the form of the verb is. The verb تعلّم, for example, can be تُعَلِّم "she teaches" (Form II) or تَعَلَّم "he learned" (Form V). The basic form of the verb, which should be used to determine its pattern (وزن), is the one that corresponds to the "he" conjugation. To help you identify the correct form at this stage, the ت will be voweled when there is a likelihood of confusion.

For the following verbs, identify the root, the basic form, and the pattern. Follow the example.

الفعل	الجذر	الصيغة المجرّدة	الوزن
يتَكَوَّن	كون	تَكَوَّن	تَفَعَّل، V
تَأسَّسَت	....	....	....
وَدمَّروها	....	....	....
واستمرّت	....	....	....
أصبَحَت	....	....	....
كتَب	....	....	....
سَمّاها	....	....	....

٢. إملاء

تقع بغداد على نهر دجلة في العراق. تأسّست في القرن الثامن الميلادي، واستمرّت عاصمة للدولة الإسلامية حتى دخلها المغول ودمّروها سنة ١٢٥٨.

٣. ترجِم الى العربية

Baghdad is situated on the Tigris River. It was founded in the eighth century A.D. and was a cultural center of the Muslim world for many centuries. In 1921 it became the capital of the state of Iraq.

....

....

....

....

....

٤. أغنية "بساط الريح" (فريد الأطرش)

بُساط الريح جَميل ومُريح.
وكلّه أمان ولا البولمان.
يا طاير فوق وكلك ذوق،
أنا مشتاق وضناني الشوق.
ودوايَ في سوريا وفي لُبنان.
نسيم لبنان شفاء الأرواح.
عليل القلب عليه يرتاح.
ويا مشتاق لأرض الشام،
تِبات سَكران بلا أقداح.
سوريا ولبنان قامات وقدود
عليها باشوف عيون وخدود.
تزوّد نار القلب بارود.
أنا أعشق سوريا ولبنان.

The magic (wind) carpet is beautiful and comfortable.
It is very safe, safer than the Pullman.
O, you flying above, you with good manners
I am nostalgic, and nostalgia made me frail,
My cure is in Syria and Lebanon.
The breeze of Lebanon is the cure for the soul.
He who is sick in the heart finds comfort in it.
You, who is nostalgic for the earth of Syria,
You become drunk without (wine) cups.
Syria and Lebanon, (beautiful) figures and physiques,
On them I see (beautiful) eyes and cheeks
Which add gunpowder to the fire of the heart.
I love Syria and Lebanon.

نروح يا بساط على بغداد،
بلاد خيرات بلاد أمجاد
نحنا لنا بالسيف بنحمي أرضنا،
وفي نهار الحيف بنحمي عرضنا.
أما الكرم للضيف مخلوق بأرضنا،
والعزّ بالإثنين السيف والكرم.
آه، يا زلم!

O, carpet, let's go to Baghdad,
Land of bounty, land of glory.
With the sword we protect our land,
And on days of injustice we protect our honor.
Hospitality was created in our land,
And glory lies in the sword and hospitality.
O, zalam, O, zalam!

يا دجلة أنا عطشان ما اقدر أرتوي،
من حسنك الفتّان هدا الكسروي.
في كل رمشة عين خنجر ملتوي،
لو صاب منّي القَلب يعدمني عَدم. . .

O, Tigris, I am thirsty, I can't satisfy my thirst,
From your enchanting beauty the Kisrawi calmed down.
In every eyelash is a curved dagger,
If it hits my heart I will vanish. . .

٥. اقرأ: ابن بطوطة

ابن بطوطة أشهر رحّالة عربي، ومؤلّف كتاب من أشهر كتب الرحلات. اسمه الكامل ابو عبدالله محمد ابن عبدالله اللواتي الطنجي ابن بطوطة. اسم كتابه "تحفة النظّار في غرائب الأمصار". ولد في ٢٤ فبراير سنة ١٣٠٤ م. في مدينة طنجة في المغرب وتوفّي سنة ١٣٦٨ م. يصف ابن بطوطة في كتابه رحلاته التي قطع فيها حوالي ٧٥ الف ميلاً، وزار بلاداً كثيرة تمتدّ من غرناطة ومالي في الغرب الى الصين في الشرق ومن القسطنطينية في الشمال الى ساحل إفريقيا الشرقي في الجنوب.

ذكر الجانب الغربي من بغداد

(من كتاب "تحفة النظّار في غرائب الأمصار")

الجانب الغربي منها هو الذي عُمّر أولاً، وهو الآن خَراب أكثره، وعلى ذلك فقد بقي منه ثلاث عشرة محلة كأنها مدينة بها الحمّامان والثلاثة، وفي ثمان منها المساجد الجامعة.

ومن هذه المحلاّت محلة "باب البصرة"، وبها جامع الخليفة أبي جعفر المنصور، رحمه الله، والمارستان فيما بين محلة البصرة ومحلة الشارع على الدجلة، وهو قصر كبير خرب بقيت منه الآثار.

وفي هذا الجانب الغربي من المَشاهد قَبْر معروف الكرخي، رضي الله عنه، وهو في محلة باب البصرة. وبطريق باب البصرة مَشهد حافل البناء في داخله قبر مُتّسع السنام عليه مكتوب. هذا قبر عَون من أولاد علي بن أبي طالب، وفي هذا الجانب قبر موسى الكاظم بن جعفر الصادق والد علي بن موسى الرضا، وإلى جانبه قبر الجواد، والقبران داخل الروضة عليهما دكّانة ملبّسة بالخشب عليه ألواح الفضة.

بعض الكلمات الجديدة

عُمِّر	was built
خَراب، خرِب	in ruins
على ذلك	in spite of that ،مع ذلك
مَحلّة	neighborhood ،حارة، حيّ
مارستان	mental asylum
مَشهَد (ج. مَشاهد)	site
رَضي الله عنه	May God be pleased with him.
حافِل	full
مُتّسِع	spacious ،واسِع
سَنام	hump
دُكّانة	porch
مُلبّسة	covered, clothed
ألواح	boards, panels
فِضّة	silver

الدرس السادس

اسمع: رجعت تسكر وتضرب امّك يا ملعون!

1. What was Juha doing one day?

....

2. How did the thief steal the donkey without Juha noticing?

....

3. How did the thief fool Juha?

....

4. Why did Juha apologize to the thief?

....

5. What did Juha whisper in the donkey's ear?

....

كلمات جديدة

قـاد-يـقـود	to lead
مَـربـوط	tied
حَبل	rope
رَقبـة	neck
طـَرَف	end
لِصّ	thief
سَرَق-يسرِق	to steal
فَكّ-يفِكّ	to untie
رَبَط-يربُط	to tie
جِهه	direction
فجأة	suddenly
إنسان	human being
قِصّة	story
غَريب	strange
عَجوز	old (person)
ضرَب-يضرُب	to hit
حَوّل-يحوِّل	to change, transform
اعتذَر-يعتَذِر	to apologize
هَمس-يهمِس	to whisper
ذان	ear
مَلعون	cursed, damned
أبداً	at all, never

اقرأ: تاريخ بغداد

لقد سكن الناس في المنطقة المعروفة الآن ببغداد منذ أكثر من أربعة آلاف سنة، وقد كانت جزءاً من مملكة بابِل ومملكة الآشوريين. وبعد البابليين والآشوريين حكمها الفُرس واليونان والرومان قبل أن يفتحها العرب في النصف الأوّل من القرن السابع الميلادي.

بغداد عاصمة الدولة العبّاسيّة

في سنة ٧٥٢ م. كانت بغداد قرية صغيرة عندما قرّر الخليفة العباسي أبو جعفر المنصور بناء عاصمة الدولة الإسلامية بالقرب منها. وقد كبُر حجم العاصمة وامتدّت الى مساحة كبيرة بما فيها بغداد القديمة في وقت قصير ووصل عدد سكّانها في سنة ٨٠٠ م. الى أكثر من مليون نسمة.

وقد قرّر المنصور بناء عاصمته في ذلك المكان لأسباب اقتصادية ومناخية وعسكرية. فهي في منطقة سهول خصبة وفيها ماء كثير، وهي على طريق تجاري هام هو طريق خُراسان، والطقس فيها جيّد. ومن الناحية العسكرية فإنّ الدفاع عنها سهل.

خطّة بناء بغداد

عندما بُنيت المدينة كان قصر الخليفة وبيوت وزرائه وأقاربه والمسجد الكبير في الوسط. وبُنيَت أسوار حول المدينة لحمايتها. ولتسهيل المُواصلات قُسّمت بغداد الى أربعة أقسام يفصلها شارعان رئيسيّان. وفي كل حيّ من أحيائها سكنت مجموعة من السكّان (الفرس، العرب، الجنود، التجّار، الخ.) وكان لكل مهنة أو نوع من التجارة سوق او شارع خاصّ (سوق الفواكه، سوق القماش، سوق الصرّافين، سوق المكتبات، وسوق الغنم.)

جنّة الله على الأرض

وقد أصبحت بغداد مركزاً تجارياً وثقافيّاً عظيماً بسبب موقعها الجغرافي ونشاط أهلها ودعم الحكومة للتجارة والعِلم، ولوجود مركز الخلافة فيها. وقد وصلت قِمّة ازدهارها في النصف الأول من القرن العاشر الميلادي، وكانت تُعتَبَر من أجمل المُدُن في العالم. وقد سمّاها الشعراء العرب "جَنّة الله

على الأرض".

ومن ناحية أخرى ازدهرت الثقافة في بغداد ازدهاراً عظيماً، وكانت مركزاً هاماً للعلم والترجمة. وكثُر فيها الكتّاب والشعراء والمؤرّخون والعلماء، وكان فيها عدد كبير من المكتبات. وقد زاد عدد أطبّائها في ذلك الوقت على أكثر من ألف طبيب، و حمّاماتها العامّة على ١٥٠٠ حمّام، وعدد القوارب فيها على ٣٠٠ ألف قارب.

أسئلة

١. مُنذُ متى سكن الناس في المنطقة المعروفة ببغداد؟

....

٢. متى فتح العرب تلك المنطقة؟

....

٣. متى قرّر الخليفة العبّاسي المنصور بناء عاصمة الدولة الإسلامية بالقرب من بغداد؟

....

٤. ما هي الأسباب الاقتصادية لبناء بغداد في مكانها؟

....

٥. اين كان يقع قصر الخليفة والمسجد الكبير؟

....

٦. ماذا بُني حول الأجزاء المختلفة لبغداد؟

....

٧. الى كم قسم قُسّمت بغداد؟ لماذا؟

....

٨. هل كان العرب والفرس يسكنون في نفس الحيّ؟

....

٩. لماذا أصبحت بغداد مركزاً تجارياً عظيماً؟

....

١٠. متى وصلت بغداد قمّة ازدهارها؟

....

١١. كم كان عدد أطبّائها في تلك الفترة؟

....

كلمات جديدة

قَرّر	to decide	حَجم	size
امتَدّ	to extend	بما فيها	including
سبب (ج. أسباب)	reason	اقتصادي	economic
مناخي	climatic	سُهول	plains
ناحية	side	دفاع	defense
قَصر	palace	وُزَراء	ministers
سور (ج. أسوار)	wall	حَوْل	around
حماية	protection	تسهيل	facilitating
مُواصَلات	transportation	قُسِّم	was divided
فصَل-يفصِل	to separate	حَيّ (ج. أحياء)	quarter
قماش	cloth	صَرّاف	money exchanger
عَظيم	great	نَشاط	diligence, hard work
دَعم	support	قمّة	peak
سَمّى	to call	شُعَراء	poets
جَنّة	heaven	قارِب (ج. قوارِب)	boat

نشاطات إضافيّة

١. دراسة الكلمات

أ.

For the following nouns and adjectives, identify the root, the basic form, and the فعل pattern.

الكلمة	الجذر	الصيغة المُجرّدة	الوزن
السابِع	....	....	....
كبيرة	....	....	....
قَصير	....	....	....
أسْباب	....	....	....
اقتِصاديّة	....	....	....
ولتسهيل	....	....	....
المُواصلات	....	....	....
مَجموعة	....	....	....
الحُكومة	....	....	....
الكُتّاب	....	....	....
والشُعَراء	....	....	....
والعُلَماء	....	....	....
المَكتَبات	....	....	....
الصَرّافين	....	....	....

How many different patterns can you identify? What are they?

ب.

Some of the above words will look more familiar to you than others because you have seen words related to them. For example, the words مكتَبة

and كُتّاب will be more familiar than الصرّافين because they are based on the familiar root كتب. Can you relate the words الحُكومة, ولتسهيل, and المُواصَلات to words you already know? Can you predict their meaning, fully or in part, based on their relationship to such words?

ج.

The words ازدهر "to prosper" and ازدهار "prosperity" are derived from the same root. ازدهر is a verb in Form VIII and ازدهار is its verbal noun, that is, the noun derived directly from it. What do you think the root of the two words is? What happens in these two words that does not happen to other Form VIII verbs and verbal nouns like اختَلَف-اختِلاف، انتَقَل-انتِقال, and انتصر- انتِصار?

٢. إملاء

وقد كبر حجم بغداد، وازدهرت فيها التجارة، وزاد عدد سكانها في وقت قصير، وقد جعلتها حدائقها وقصورها وسهولها وأثاث بيوتها من أجمل المدن في العالم.

٣. ترجم الى الإنجليزية

يقول المؤرّخ المسلم "اليعقوبي" إنّ العمل بدأ في بناء بغداد في الثاني من أغسطس سنة ٧٦٢ م. وقد جمع المنصور مئة ألف عامل ليعملوا في بناء المدينة، واكتمل بناء المسجد والقصر في سنة ١٤٦ هـ، وانتقل الخليفة المنصور الى بغداد في نفس السنة.

....

....

....

....

....

٤. ترجم الى العربية

On the other hand, Baghdad was an important cultural center in the Muslim world. Scholars came from all parts of the Middle East, North Africa, Al-Andalus, and India to study in the famous schools and mosques of Baghdad.

....

....

....

....

....

٥. اقرأ

أبو الفول ترافل

هام جداً-نؤمن الفيزا وتذاكر السفر الى
جميع أنحاء العالم مع مساعدة في طلب
الهجرة الى أميركا وكندا واستراليا.
٩ صباحاً حتى ٤ بعد الظهر.
تلفون ٠٥/٨١٨٦٢٢.

Questions

Indicate whether the following statements are true or false.

1. Abu al-Fuul Travel secures visas to all parts of the world. ....
2. Abu al-Fuul Travel can help with immigration to Canada. ....
3. Abu al-Fuul Travel is not open in the afternoon. ....

الدرس السابع

اسمع: قراقوش–١

1. Who is Karakoush?

....

2. What happened to the thief when he tried to enter the house to steal from it?

....

3. Whom did the house owner blame the faulty window on?

....

4. Whom did the carpenter blame?

....

كلمات جديدة

ظالِم	unjust, despotic
حَرامي	thief
مَكسور	broken
شُبّاك	window
وَقَع	to fall
حُرّاس	guards
جيبوا	bring (pl.)
الحقّ عليه	it's his fault
نَجّار	carpenter
أمّ	of, characterized by
فُسْتان	dress

حوار: يا أخي التعليم ما فيه فلوس!

كلمات جديدة

تَرَك-يترُك	to leave
لَحظَة	moment
مَسؤول	person in charge
على مَهلَك	take your time
نادى-ينادي	to call
بِتكون خلّصت	you will have finished
لا حَول ولا قوّة الا بالله.	There is no power except in God. (an expression implying resignation)
بَقّالة	grocery shop
بَرّة	outside
مُخابَرات	intelligence service
مَطلوب	wanted
إنّا للّه وإنّا اليه راجِعون	We are from God and to Him we will return. (an expression implying resignation)

اقرأ: انحطاط بغداد ونهضتها

جاءت نهاية عَظَمة بغداد في سنة١٢٥٨ م. عندما دخلها المغول وقتلوا عدداً كبيراً من سكّانها. وتتراوح تقادير عدد الذين قُتلوا بين ٨٠٠ الف ومليونين. وقد دمّر المغول الكثير من المساجد والبيوت والبنايات الهامّة.

عندما دخل المغول بغداد في سنة ١٢٥٨ كانت الحكومة المركزيّة فيها ضعيفة جداً، وكانت الفوضى والخلافات تسود البلاد. فقد كانت هناك خلافات بين المجموعات الدينية المختلفة: الحنابلة ضدّ الشافعيين والسنّة ضد الشيعة، وغير ذلك. ولم تستطع الحكومة ايقاف المعارك بين تلك المجموعات أو ايقاف أعمال السرقة والتدمير والإرهاب.

مسرح للتنافس بين ملوك ايران وسلاطين الدولة العثمانية

وفي الفترة ما بين ١٢٥٨ والقرن السابع عشر كانت بغداد مسرحاً للتنافُس والحرب بين ملوك ايران وسلاطين الدولة العثمانية، ودُمّر كثير من بناياتها وقُتل الكثير من أهلها. وفي النصف الثاني من القرن السابع عشر كان عدد سكانها حوالي ١٥ الف نسمة فقط. وقد أصبحت بغداد جزءاً من الامبراطورية العثمانية سنة ١٦٣٨.

ازدهار جديد

في القرن التاسع عشر بدأت الحياة في بغداد تزدهر من جديد وزاد عدد سكّانها الى حوالي مئة الف نسمة، وظهرت فيها أول مطبعة وأول جريدة وتأسّست مدارس حديثة كثيرة. وكان سكان بغداد يتكوّنون من أديان وأجناس مختلفة مثل الأتراك، العرب، الفرس، الأكراد، والهنود. وكانت العربية هي اللغة المشتركة، ولكل مجموعة عرقية أو دينية حيّ تسكن فيه. وقد أعجب المسافرون الأوروبيون بتعدّد الأجناس واللغات في بغداد في هذه الفترة وبالتَسامُح بين الناس وبالحرّية التي كان يتمتّع بها غير المسلمين. وقد كان الأتراك العثمانيون حُكّام البلاد وأكثر التُجّار كانوا من العرب.

٤٠٠٠ دكاناً و٢٦ مدرسة ابتدائية

وفي سنة ١٩٠٣ كان عدد سكّان بغداد حوالي ١٤٠ الف نسمة، وكان فيها ٤٠٠٠ دكاناً، و٢٨٥ مقهى، و١٤٥ جامعاً، و٢٦ مدرسة ابتدائية، و٨ مدارس لغير المسلمين، و١٢ مكتبة لبيع الكتب، ومكتبة عامّة واحدة، و٨ كنائس.

أسئلة

١. ماذا حدث لبغداد في سنة ١٢٥٨؟

....

٢. ما هو عدد الذين قُتلوا في بغداد عندما دمّرها المغول؟

....

٣. كيف كانت الحكومة في بغداد في سنة ١٢٥٨؟

....

٤. ماذا حدث لبغداد بين ١٢٥٨ والقرن السابع عشر؟

....

٥. كم كان عدد سكّان بغداد في النصف الثاني من القرن السابع عشر؟

....

٦. متى بدأت الحياة تزدهر في بغداد؟

....

٧. كيف كان التكوين السكّاني لبغداد في القرن التاسع عشر؟

....

٨. بماذا أُعجِب المسافرون الأوروبيون؟

....

٩. مَن كان يحكم بغداد في تلك الفترة؟

....

١٠. كم جامعاً كان في بغداد في سنة ١٩٠٣؟ كم مدرسة لغير المسلمين؟

....

كلمات جديدة

عَظَمة	greatness
تَراوَح-يتَراوَح	to range
تقدير (ج. تَقادير)	estimate
هامّ	important ،مُهِمّ
ضَعيف	weak
فَوضى	chaos
خِلاف	dispute
ساد-يسود	to prevail
غير ذلك	and others, and so on
اسْتطاع-يستَطيع	to be able to ، قدر
ايقاف	stopping
سَرِقة	theft
إرهاب	terror
مَسرَح	stage, battleground
تَنافُس	competition
من جديد	anew, again
مَطبَعة	printing press
جريدة	newspaper
أجناس	ethnic groups
أُعجِب	was, were impressed
تَسامُح	tolerance
تمتّع-يتمتّع	to enjoy
ابتدائي	elementary
بَيع	selling

نشاطات إضافيّة

١. دراسة الكلمات

أ

For the following nouns and adjectives, identify the root, the basic form, and the فعل pattern.

الكلمة	الجذر	الصيغة المُجرّدة	الوزن
تَقادير	....	....	....
المَساجِد	....	....	....
والبُيوت	....	....	....
والخلافات	....	....	....
الَمـ[illegible]	....	....	....
والتَدمير	....	....	....
والإرهاب	....	....	....
للتَنافُس	....	....	....
بِتَعَدُّد	....	....	....
الأجناس	....	....	....
وبالتَسامُح	....	....	....
حُكّام	....	....	....
تُجّار	....	....	....

How many different patterns can you identify? What are they?

ب. المصدر The Verbal Noun

Six of the thirteen nouns in the above exercise are verbal nouns or مَصادر (singular مصدَر). Verbal nouns, which correspond to English gerunds like *baking*, *climbing*, *writing* (as in *I like baking, climbing, and writing letters*), are nouns that derive directly from verbs and have a clear semantic connection with them. These nouns are derived from their corresponding verbs in regular ways: the verbal noun derived from Form II verbs, for example, has the pattern تفعيل, that of Form VI verbs has the pattern تَفاعُل, and so on. The six verbal nouns in the above list, along with the verbs they are derived from, are:

الفعل	الوزن	المصدر	الوزن
قدَّر	فعّل، II	تَقدير (الجمع (plural) تقادير)	تَفعيل
دَمّر	فعّل، II	تدمير	تَفعيل
أرهَب	أفعَل، IV	إرهاب	إفعال
تنافَس	تفاعَل، VI	تنافُس	تَفاعُل
تعَدَّد	تَفَعَّل، V	تَعَدُّد	تَفَعُّل
تسامَح	تَفاعَل، VI	تسامُح	تَفاعُل

It was pointed out earlier that verbs in modern Arabic belong to a limited number of forms (أوزان). Thirteen such forms are generally recognized. (Three of them are so rare that you are not likely to encounter any examples of them at this stage and are thus left out of the discussion.) Noun and adjective forms, while following regular rules of derivation, are much more numerous. The verbal noun category is one of the commonly used ones. Other categories that are derived regularly include active and passive participles. The words حُكّام and تُجّار are the plural forms of the active participles حاكِم and تاجِر. Participles will be discussed in more detail in subsequent lessons.

٢. إملاء

عندما دخل المغول بغداد في سنة ١٢٥٨ كانت الحكومة المركزيّة فيها ضعيفة جداً، وكانت الفوضى والخلافات تسود البلاد. فقد كانت هناك خلافات بين المجموعات الدينية والإجتماعية المختلفة.

٣. ترجم الى الإنجليزية

وكانت العربية هي اللغة المشتركة في بغداد، وكان لكل مجموعة عرقية أو دينية حَيّ تسكن فيه. وقد أُعجب المسافِرون الأوروبيون بتعدّد الأجناس واللغات في بغداد في هذه الفترة.

....

....

....

....

....

٤. ترجم الى العربية

There was a group of inhabitants in each area of Baghdad such as the Persians, the Arabs, the Turks, and the Kurds. Soldiers had their homes outside the walls, generally (بشكل عام) north and west of the city, while (بينما) merchants had their shops south of the city.

....

....

....

....

....

٥. املأ الفراغات

Eleven words have been taken out of the following passage. Listen to it read to you in full and write the missing words.

تقع مدينة البصرة في جنوب شرق العراق على .... حوالي ٧٥ ميلاً من الخليج العربي. والبصرة هي .... التجاري والإداري لمنطقة جنوب ....، وفيها جامعة كبيرة. وفي البصرة .... ميناء على شطّ العرب، ويصل بينها وبين بغداد، .... ، خطّ سكّة حديد. عدد سكّان البصرة أكثر من ٦٠٠ الف ....

أسّس البصرة الخليفة عمر ابن الخطّاب .... ٦٣٨ م. واشتهرت في زمن .... العبّاسيّة، وذُكرت في قِصص ألف ليلة .... احتلّها الأتراك العثمانيون سنة ١٦٦٨ وبقيت تحت حكمهم حتى .... تركيًا في الحرب .... الاولى.

٦.

كلمات متقاطعة										
	١	٢	٣	٤	٥	٦	٧	٨	٩	١٠
١					■					
٢		■	■			■		■		■
٣		■	■		■	■		■	■	
٤					■					
٥	■		■	■		■		■	■	
٦		■	■	■					■	
٧				■		■	■	■	■	■
٨		■								■
٩		■		■		■	■		■	■
١٠					■					■

أفقي

١. دينه الإسلام؛ يدرس فيها الطلاب

٢. أخو الأب

٤. اسم نبي (معكوسة backwards)؛ عاصمة العراق

٦. نهر في العراق

٧. جذر "نتيجة"

٨. منطقة من مناطق بغداد

١٠. فيها ٦٠ دقيقة؛ عكس "قادم"

عمودي

١. نشرب فيه القهوة؛ جمع "كنيسة"

٢. نحجز الماء وراءه

٣. يصلّي فيه المسلمون

٤. أستاذ

٥. جمع "مدرسة"

٧. دمّروا بغداد

٨. عكس "قوّة" (معكوسة

٩. جذر "استعداد"

١٠. عكس "حديث"

الدرس الثامن

اسمع: قراقوش-٢

1. Whom did the lady blame?

....

2. Why couldn't they hang the dyer?

....

3. Who was hanged at the end?

....

كلمات جديدة

مَسؤول	responsible
جَمال	beauty
صَبّاغ	dyer
صَبغ-يصبُغ	to dye
قدِر-يقدَر	to be able
جَواب	answer
شَنَق-يشنُق	to hang (execute)
سِجن	prison
عَلّق-يعلِّق	to hang, suspend

اقرأ

١. دخل ليسرق المطعم فسكر ونام

أعلَنت شُرطة مدَينة "ساليناس" في ولاية كاليفورنيا أنها اعتقلت صباح أمس رجلاً في أحد مطاعم المدينة واتّهمته بالسرقة. اسم الرجل "كني تيت" وعمره ٢٧ سنة، وهو من سكان المدينة. الغريب في القصّة أن صاحب المطعم وهو مطعم "وندفول" دخل مطعمه في الصباح فوجد رجلاً نائماً، فاتّصل بالشرطة. وعندما وصلت الشرطة وجدت ٩٨٤ دولاراً في جيب الرجل، و ٢٤٨ دولاراً في كيس بجانبه. يبدو أنّ السارق دخل المطعم ليسرق النقود التي فيه فوجد فيه خمراً كثيراً، فشرب حتى سكر ونام حتى الصباح.

أسئلة

١. متى اعتقلت الشرطة كني تيت؟

....

٢. كم عمره؟

....

٣. ماذا فعل كني تيت في المطعم؟

....

٤. كم دولاراً كان في جيبه؟

....

كلمات جديدة

سَرَق-يسرِق	to steal	أعلَن	to announce
اعتقَل	to arrest	اتّهَم	to accuse
غَريب	strange	قِصّة	story
كيس	bag	يبدو	it seems
سارِق	لِصّ، حرامي، thief	نُقود	فُلوس، money
خَمر	wine	سكِر	to get drunk

٢. لِصّ يفرح لرؤية الشرطة

أعلن مُتحدّث باسم شرطة "سفوك" في ولاية نيويورك أن الشرطة اعتقلت رجلاً كان يحاول دخول بنك من فتحة تهوية في السطح، ولكن لم يستطع المرور من الفتحة أو الخروج منها.

وعندما وصل موظّفو البنك في الصباح سمعوا رجلاً يصيح ويطلب المساعدة، فاتّصلوا بالشرطه. وعندما وصل رجال الشرطة وصعدوا الى السطح رأوا رِجليّ رجل تتحرّك في الهواء دون أن يروا باقي جسمه.

وقد قال الرجل واسمه "ريمون منسيون" وهو من مدينة "بيشور" انه حاول النزول الى البنك برجليه أولاً، ولكنه لم يستطع[٦]، فأنزل رأسه فوقع جسمه في الفتحة ولم يستطع النزول او الرجوع الى السطح.

وعندما أُخرج من الفتحة قال: "هذه اوّل مرّة في حياتي أحببت فيها رؤية الشرطة." ثم سأل عن الوقت فقيل له: "التاسعة صباحاً"، فقال إنه بقي في الفتحة خمس ساعات." بعد ذلك أخذته الشرطة الى مستشفى "ساوثسايد" للعِلاج، ومن هناك أخذته الى السجن.

---

[٦] See *Moods* in Appendix B.

أسئلة

١. من أين حاول "ريمون منسيون" دخول البنك؟

....

٢. ماذا رأى رجال الشرطة عندما صَعدوا الى سطح البنك؟

....

٣. كم ساعة بقي اللصّ في فتحة التهوية؟

....

٤. الى أين ذهب اللصّ بعد معالجته في المستشفى؟

....

كلمات جديدة

رُؤية	seeing	مُتَحَدّث	speaker
حاوَل	to try	فتحة تَهوية	vent
سَطح	roof	مُرور	passing
مُوظَّفو[٧]	employees of	صاح-يصيح	to shout
صَعَد	to climb, go up	تَحرَّك	to move
هواء	air	عِلاج	treatment
سِجن	prison		

---

٧ When a sound plural or a dual noun is the first term of an إضافة construction, the ن of the suffix is dropped.

معلّمو اللغة العربية — the teachers of Arabic
(originally معلّمون)

موظّفو البنك — the employees of the bank
(originally موظّفون البنك)

مليون ومئتي ألف — a million and two hundred thousand
(originally مئتين)

جانبَي نهر النيل — the two sides of the Nile
(originally جانبين)

٥. أغنية "أروح لمين" (أم كلثوم)

Where do I go?	أروح لمين؟
And I ask, "Who can give me justice from you?"	واقول يا مين يِنصفني منّك؟
Aren't you my happiness?	ما هو انتَ فرحي؟
And my wound,	وانتَ جَرحي،
And all of it (the trouble) is from you,	وكُلّه منّك.
Where do I go?	أروح لمين؟
And I ask, "Who can give me justice from you?"	واقول يا مين يِنصفني منّك؟
A word and a look,	كلمة، ونظرة عين،
And they are lucky.	والقسمة واياهم.
They joined two hearts together,	جمعم سوى قلبين،
And love fulfilled their wish.	والحبّ منّاهم.
And in the nights of wishes,	وبين ليالي المنى،
Love took me with it,	خذني الهوى وايّاه،
Being with you was happiness,	وكان وصالك هناء،
And I wished for it.	وكنتِ باتمنّاه.
And after I committed my love,	وبعد حُبّي،
You worried my heart,	شغلت قلبي،
And hardened yourself towards it.	وقسيت عليه.
It was my wish,	وكان مناي،
For my happiness to continue,	يدوم هناي،
Why didn't it continue?	ما دامش ليه؟
Your love tortured me,	لوّعني حبّك،
And a day when you are away,	واليوم في بعدك،
Surpasses years.	بيفوت سنين.
Where do I go?	أروح لمين؟
And I ask, "Who can give me justice from you?"	واقول يا مين يِنصفني منّك؟

نظرةٌ فابتسامةٌ فسلامٌ فكلامٌ فموعدٌ فلقاءُ

الدرس التاسع

اسمع: الحمار والثور–١

1. What did the ox tell the donkey?

....

2. What did the donkey advise the bull to do?

....

3. What did the ox do when the plowman came to take him to the field?

....

4. What did the merchant tell the plowman to do?

....

كلمات جديدة

ثور	bull, ox
هنيئاً لك!	How lucky you are!
شَعير	barley
طُلوع الشمس	sunrise
حرَث-يحرُث	to plow
عَذاب	torture
تِبن	hay
وسِخ	dirty
وسَخ	dirt
سَهران	awake at night
قتَل-يقتُل	to kill
حَقل	field
اعمَل حالك!	Pretend!
حَرّاث	plowman
بَدَل	instead of

حوار: باقي لما نروح للحمّام لازم جواز سفر!

كلمات جديدة

جَهَنّم	hell
تصوّر	imagine
زِفت	terrible (literally: tar)
الله وكيلك	God is your witness
توكّل على الله!	Depend on God!
فاضي	empty، عكس مليان
طابِق	floor, story
تَعليمات	instructions
وِزارة الداخليّة	ministry of the interior
باقي	remaining, what's left
قانون	law
على كلّ حال	in any case

العَجَلة من الشيطان

إقرأ: الأديان والقوميّات في العالم العربي

أكثر سكّان العالم العربي عرب مسلمون يتكلّمون اللغة العربية. ومع أنّ أكثر الناس يعرِفون مَن هو العربي، فَلَيس من السهل تعريف كلمة "عربي" في الوقت الحاضر: هل العرب سكّان الدول العربية؟ أم هل هم أحفاد العرب الذين جاءوا من شبه الجزيرة العربية عند انتشار الإسلام في سوريا والعراق ومصر وشمال إفريقيا؟ والعرب ليسوا مجموعة عرقيّة واحدة، فهناك عرب بيض وعرب سود، عرب سُمر عيونهم بنّية وعرب شُقر عيونهم زرقاء. وللعرب أديان مختلفة، فهناك عرب مسلمون وعرب مسيحيون وعرب يهود.

تاريخ وثقافة مشتركتان

يعتقد الكثيرون أنّ أفضل تعريف لكلمة "عربي" هو "مَن يعتبر اللغة العربية لغته الأولى ويعتبر نفسه من أهل البلاد المعروفة بالعالم العربي". ويتميّز العرب عن غيرهم بتاريخ وثقافة مُشترَكتين. فأكثر بلاد العالم العربي لها نفس التاريخ، فقد كانت تحت حكم اليونان، والرومان، والفُرس، والعرب المسلمين، والأتراك العثمانيّين والاستِعمار الغربي الحديث.

وعلى الرغم من قِلّة سكّان شبه الجزيرة العربية، فإنهم أكثر العرب تجانُساً من الناحية العرقيّة، فكلهم تقريباً عرب مسلمون. ويُحافظ أهل تلك البلاد في الوقت الحاضر على ذلك التجانُس ولا يُشجّعون الزواج من خارج تلك المنطقة أو الهجرة اليها.

ويبيّن الجدول التالي عدد سكان الدول العربية وتكوينها السكاني من الناحية العرقية والدينية:

	عدد السكان (مليون نسمة)	المجموعات العرقية(٪)	الدين (٪)
الأردن	٣	عرب ٩٨، شركس ١	سنّة ٩٦، مسيحيّون ٤
الإمارات	١,٥	عرب ٩٩	سنّة ٨٧، شيعة ١٣
البحرين	٠,٥	غير معروف	سنّة ٦٠، شيعة ٤٠
تونس	٧,٩	عرب ٩٧، بربر ٣	سنّة ٩٩
الجزائر	٢٥,٤	عرب ٧٩، بربر ٢١	سنّة ٩٨
جيبوتي	٠,٤	عرب ٦، عيسى ٤٧، عفار ٣٧	سنّة ١٠٠
السعودية	١٣,٩	عرب ٩٩	سنّة ٩٧، شيعة ٣
السودان	٢٤,٩	عرب ٣٩، فور ١٣، دينكا ١٢ بيجا ٦، نوبة ٥، نوير ٤ نوبيون ٢، أزاندي ٣، آخرون ١٣	سنّة ٧٢، عبّاد الطبيعة ٢٤، مسيحيون ٤
سوريا	١٢,٦	عرب ٨٩، أكراد ٨	سنّة ٧٥، علويّون ١١، دروز ٣، اسماعيليون ١
الصومال	٨,٦	صوماليون ٩٦، بانتو ٣، عرب ١	سنّة ٩٩
العراق	١٨,٧	عرب ٧٢، أكراد ٢٢، تركمان وآخرون ٦	شيعة ٥٠، سُنّة ٤٦، مسيحيون ٣
عُمان	١,٥	عرب ٩٩	سنّة ٤٠، إباضيون ٦٠
قطر	٠,٤	عرب ٩٩	سنّة ٩٠، شيعة ١٠
الكويت	٢,٢	عرب ١٠٠	سنّة ٧٩، شيعة ٢١
لبنان	٣	عرب ٩٥	مارونيون ٢٥، روم اورثودكس ٧، روم كاثوليك ٤، أرمن ٥، شيعة ٣١، سنّة ٢١، دروز ٦
ليبيا	٤,٣	عرب ٩٢، بربر ٦	سنّة ٩٨
مصر	٥٢,٩	عرب ٩٩	سنّة ٩٤، أقباط ٦
المغرب	٢٤,٧	عرب ٦٦، بربر ٣٣	سنّة ٩٨
موريتانيا	٢,٢	عرب ٦٢، بربر ٢٠، طوكولور ٨، فُلاني ٥، سونيك ٥	سنّة ٩٩
اليمن	١١,٥	عرب ٩٨	سنّة ٦٥، زيديون ٣٥

الطوائف الإسلامية: سنّة، شيعة، دروز، عَلويون، زيديون، عِباديون، اسماعيليون
الطوائف المسيحية: أقباط، مارونيون، روم كاثوليك، روم اورثودكس، أرمن

المصدر: *The Atlas of the Arab World: Geopolitics and Society* by Rafic Boustani and Philippe Fargues. New York: Facts on File, 1991.

أسئلة

القسم الأوّل: أجب بـ"صح" أو "خطأ".

Indicate whether each of the following statements is true (صح) or false (خطأ).

١. أكبر طائفة دينية في لبنان الآن هي الطائفة المارونية. ....

٢. أكثر العرب مسلمون................

٣. تعريف كلمة عربي صعب في الوقت الحاضر. ....

٤. أكثر العرب تجانساً من الناحية العرقية والدينية هم سكان مصر ولبنان والعراق. ....

٥. أكبر مجموعة دينية في السودان هم المسلمون وثاني مجموعة هم المسيحيون. ....

القسم الثاني

١. ما هي نسبة العرب في كل من؟

مصر	....	المغرب	....
السودان	....	السعودية	....
لبنان	....	الصومال	....
العراق	....	الجزائر	....

٢. ما هي نسبة المسلمين في كل من؟

لبنان	....	السودان	....
مصر	....	السعودية	....
الجزائر	....	اليمن	....
الأردن	....	العراق	....

كلمات جديدة

قَوْمِيّة	ethnic group
مع أنّ	although
تعريف	defining
حاضِر	present (time)
أبيض (ج. بيض)	white
أسوَد (ج. سود)	black
أسمر (ج. سُمر)	dark brown
أشقر (ج. شُقر)	blond
زرقاء	blue (f.)
مُشتَرَك	common
أفضل	the best
اعتَبَر-يعتَبِر	to consider
تميّز-يَتَميّز	to be distinguished
استعمار	colonialism
على الرَغم مِن	in spite of
قِلّة	scarcity, small number
تجانُس	homogeneity
من الناحية	from the viewpoint
حافَظ	to preserve
شَجّع-يُشجِّع	to encourage
بَيّن-يبيِّن	to show
جدوَل	table
تالي	following
تكوين سُكّاني	population makeup
طائفة (ج. طوائف)	sect

نشاطات إضافيّة

١. دراسة الكلمات

أ.

Look up the meanings of the two verbs يتميّز and يُشجّعون.

ب.

For the following nouns and adjectives, identify the root, the basic form, and the pattern.

الكلمة	الجذر	الصيغة المجرّدة	الوزن
أكثر	....	....	....
تعريف	....	....	....
الحاضِر	....	....	....
أحفاد	....	....	....
انتِشار	....	....	....
الإسلام	....	....	....
عُيونهم	....	....	....
مُختلِفة	....	....	....
مُسلِمون	....	....	....
الكثيرون	....	....	....
والاستِعمار	....	....	....
تجانُساً	....	....	....
تقريباً	....	....	....
وتكوينها	....	....	....

How many different patterns can you identify? What are they?

ج.

The imperfect conjugation of the different verb forms follows well-defined rules. Knowledge of the perfect/imperfect alternations of verbs helps you see relationships and recognize the basic form (الصيغة المجرّدة) of a verb and its correct pronunciation. The following table shows the ten forms introduced in this book in their perfect and imperfect conjugations. As is customary, the person markers given are those of the third person masculine singular. Other person markers are used in the way that is already familiar to you from your previous study of Arabic. (If it is not, refer to Appendix B.)

I	فَعَل-يَفْعَل، يفْعُل، يَفْعِل
II	فَعَّل-يُفَعِّل
III	فاعَل-يُفاعِل
IV	أفْعَل-يُفعِل
V	تَفَعّل-يتَفَعَّل
VI	تَفاعَل-يتَفاعَل
VII	انْفَعَل-يَنْفَعِل
VIII	افْتَعَل-يَفْتَعِل
X	اسْتَفْعَل-يَسْتَفعِل
Q1	فَعْلَل-يُفَعْلِل

For the following verbs, identify the root, the basic form, and the pattern. Remember that "basic form" means the form corresponding to the third person masculine singular active form of the verb in the perfect.

الفعل	الجذر	الصيغة المجرّدة	الوزن
يَتَكلّمون	....	....	....
نَعتَبِر	....	....	....
ويُحافِظ	....	....	....
ويُبَيِّن	....	....	....

٢. إملاء

أكثر سُكّان العالم العربي عرب مسلمون يَتكلّمون اللغة العربية. ومع أنّ أكثر الناس يَعرفون مَن هو العربي، فليس من السهل تعريف كلمة عربي في الوقت الحاضر.

٣. ترجم الى الإنجليزية

يَعتقد الكثيرون أنّ أفضل تعريف لكلمة عربي هو "مَن يعتبر اللغة العربية لغته الأولى ويعتبر نفسه من أهل البلاد التي تُعرف الآن بالعالم العربي".

....

....

....

....

....

٤. ترجم الى العربية

There are geographical, religious, racial, social, and political differences among the Arabs: there are black Arabs and white Arabs, Muslim Arabs and Christian Arabs, African Arabs and Asian Arabs, Sunni Arabs and Shi'ite Arabs.

....

....

....

....

....

الدرس العاشر

اسمع: الحمار والثور–٢

1. How did the donkey feel at the end of the day?

....

2. What did the ox do all day?

....

3. What did the donkey say to himself when the ox thanked him?

....

4. What was the ox planning to do the following day?

....

5. What did the donkey tell him then?

....

6. What did the ox do when the donkey told him that the merchant was going to take him to the butcher?

....

كلمات جديدة

عمِل–يعمَل معروف	to do a favor	نسي–ينسى	to forget
نَصيحة	advice	مُصيبة	disaster
حيلة	trick	ظلّ–يظَلّ	to stay, remain
لَحّام	butcher	سَلَخ–يسلَخ	to skin
جِلد	skin, hide	قَطّع–يقطّع	to cut up

إقرأ: الأغنياء والفقراء، المحافظون والمتحرّرون العرب

الصحّة والتعليم

	تونس	السعودية	العراق	لبنان	مصر	اليمن
الزيادة السكانية (٪)	٢,٢	٣,٩	٣,٤	٢,٢	٢,٣	٣
العمر المتوقّع						
الرجال	٦٥,٩	٦٣,٩	٦٢,٣	٧١	٥٨,٤	٤٥,٥
النساء	٦٨,٩	٦٧,٧	٦٥,٥	٧٦	٦١,٤	٤٨,٢
عدد الوفيّات من المواليد(٪)	٤,٥	٠,٧	٦	٣,٥	٧,٩	١١,٦
عدد الأطبّاء (لكل مئة ألف)	٤٦	١٤٠	٥٥	١٥٠	٢٠	١٧
نسبة الأمّيين/١٥ سنة وأكثر (٪)						
الرجال	٪٣٨,٩	٢٦,٨	٢١,٤	١٥,٥	٣٧,٨	٩٢,٤
النساء	٪٦٧,٧	٦٦,٦	٦٤,٦	١٨,٥	٦١,٨	٩٨,٤

العائلة ووضع المرأة

	تونس	السعودية	العراق	لبنان	مصر	اليمن
متوسط عدد أفراد الأسرة	٥,٥	٩	٧,٨	٤,٩	٤,٩	٦
متوسط العمر عند الزواج						
الرجال	٢٨	؟	٢٥,٧	٢٨,٥	٢٧,٢	٢١,٨
النساء	٢٣,٩	؟	٢١,٤	٢٣,٢	٢١,٣	١٦,٩
رجال عندهم أكثر من زوجة (٪)	٠,٠٥	١٢	٧,٥	٣,٧	٣,٨	٥,٢
النساء العاملات خارج البيت (٪)	٢٢	٤,٥	١٨,٦	١٦,٤	١٠,٥	٨,٣

الاقتصاد

	تونس	السعودية	العراق	لبنان	مصر	اليمن
الدخل السنوي (مليون دولار)	٩,٤٠٠	٧٣,٣٠٠	٤٥,٠٠٠	؟	٣٤,٤٠٠	٤,٢٠٠
الدخل السنوي للفرد (دولار)	١.٢٥٠	٥.٦٠٠	٢.٥٠٠	؟	٦٧٥	٥٩٠
أهمّ مصادر دخل الدولة (٪)						
الزراعة	١٧,٤	٣,٣	١٥,٤	٨,٤	١٦,٢	٢٨
الصناعة	١٤	٨,١	٩,١	١٣,١	١٥,٢	١٤
استخراج المعادن	١١,٩	٣٤,٤	٢١,١	٠,١	١٦,٥	---
التجارة والسياحة	١٦,٦	تجارة: ٨,١	تجارة: ١٠	٢٨,٢	١٣,٣	تجارة: ١٥
البناء	٦,٤	١٢,٨	٧,٢	٣,٤	٤,٦	٥
الإدارة والخدمات	٢١,٧	٢١,٣	٢٤,٧	٣٠,١	١٥,٩	٢٨
انتاج البترول (الف برميل يومياً)	١٠٠	٥,٢٥٠	٢,٦٠٠	٠	٨٨٥	؟

المصدر: *The Atlas of the Arab World: Geopolitics and Society* by Rafic Boustani and Philippe Fargues. New York: Facts on File, 1991.

أسئلة

١. ما هو العمر المتوقّع للنساء في كل من:

تونس .... مصر .... اليمن ....

٢. ما هي نسبة الأمّيات الى عدد السكان في كل من:

السعودية .... العراق .... اليمن ....

٣. ما هو متوسط عدد أفراد الأسرة في:

السعودية .... لبنان .... تونس ....

٤. ما هي نسبة الرجال الذين عندهم أكثر من زوجة في كل من:

تونس .... السعودية .... مصر

٥. ما هي نسبة النساء العاملات خارج البيت في كل من:

السعودية .... لبنان .... العراق ....

٦. ما هو الدخل السنوي للفرد في كل من:

تونس .... السعودية .... مصر ....

٧. ما هو إنتاج البترول اليومي في كل من:

لبنان .... السعودية .... مصر ....

كلمات جديدة

مُحافِظ	conservative	مُتَحرِّر	liberal
زيادة	increase	مُتَوقَّع	expected
رَجُل (ج. رِجال)	man	نِسْبة	ratio, percentage
أمّي	illiterate	ممّن	of whom مِن مَن،
وَضْع	situation, position	أسرة	family عائلة،
إحْصاء	statistic(s)	مَصدَر	source
استَخراج	extracting	مَعادِن	minerals
خَدَمات	services		

نشاطات إضافية

١. املأ الفراغات

Listen to the paragraph and write the missing words.

يَخلط الكثيرون بين العروبة .... ، ويعتقدون أنه لا .... بينهما. لا يعرفون مثلاً أنّ العراق .... عربية أكثر سكّانها مسلمون وأن ايران دولة إسلامية غير .... ولا يعرفون .... أن نسبة المسلمين في الباكستان .... من نسبة المسلمين الى مجموع .... في مصر.

هناك عشرون دولة عربية، يعيش فيها .... ٢٤٠ مليون عربي يتكلمون .... العربية (بلهجاتها المختلفة طبعاً). أكثر العرب مسلمون .... بينهم الكثير من المسيحيين. أمّا عدد المسلمين في العالم .... على ألف مليون مسلم ويتكلمون لغات .... ومن أهمّ الدول الإسلاميّة .... العربية: اندونيسيا، ماليزيا، الباكستان ، أفغانستان، ايران، وتركيا. .... دول كثيرة فيها نسبة عالية .... المسلمين مثل الهند، نيجيريا، سنغافورة، السنغال، والبوسنة.

١.٢ اكتب

Write a paragraph of about sixty words comparing and contrasting two or more Arab countries in one of the fields discussed above. Use the following short paragraph as a model.

تختلف الدول العربية كثيراً في أمور (issues, affairs) الصحّة. مثلاً زيادة السكّان في تونس هي ٢,٢٪ في السنة، ولكن في السعودية هي ٣,٩٪، وعدد الأطبّاء لكل ١٠٠٫٠٠٠ شخص هو ١٧ في مصر و١٥٠ في لبنان.

.٣

كلمات متقاطعة

	١	٢	٣	٤	٥	٦	٧	٨	٩	١٠
١				■	■	■				
٢		■					■	■	■	
٣		■		■		■		■	■	
٤				■					■	
٥		■	■	■		■		■		■
٦		■				■				
٧	■	■		■	■		■	■	■	
٨					■		■		■	
٩	■	■		■	■					
١٠						■	■		■	

أفقي

١. أصلهم من شبه الجزيرة العربية؛ عائلة

٢. جمع "رجُل"

٤. جذر "تربية" (معكوس)؛ نبي

٦. معركة قامت بين المسلمين وأهل مكّة؛ العربية والانجليزية والفرنسية، الخ.

٨. مملكة قديمة كانت في العراق

٩. دينه اليهودية

١٠. من بنات النبي محمّد

عمودي

١. طائفة مسلمة

٣. يسكنون في شمال إفريقيا؛ أكثر المسيحيين في مصر

٥. يعيشون في شمال العراق

٦. عكس "فقير"

٧. عكس "قصير"

٨. عكس "ضعيف"

٩. طائفة مسلمة كبيرة (معكوسة)؛ مصدر "عرّف"

الدرس رقم ١١

اسمع: رحلة السندباد الأولى

1. Where did the ship stop?

....

2. What did some men do?

....

3. What did the captain tell the men about the island?

....

4. Did Sindbad make it to the ship?

....

5. What saved him?

....

كلمات جديدة

مجموعة	group
تاجِر (ج. تُجّار)	merchant
سَفينة (ج. سُفُن)	ship
جزيرة	island
فواكه	fruit
ارتاح-يرتاح	to rest
نار	fire
سَمَكة	fish
نما-ينمو	to grow
حمي-يحمى	to become hot
تحرّك-يتحرّك	to move
غرِق-يغرَق	to drown
قِطعة خشب	piece of wood

حوار: كل الناس همّهم المصاري

كلمات جديدة

الحقّ عليك	it's your fault
شجّع-يشجِّع	to encourage
مَصاري	money ، فلوس
مُستقبَل	future
هَمّ	concern, strong interest in
ظَلّ-يظَلّ	to stay
مُحْتَرَم	respected
استَلَم-يستلِم	to receive
فتَح-يفتَح بيت	to start a family
دار	house ،بيت
ضابِط	officer
شاطِر	clever
دبّر-يدبّر حال...	to manage
فائدة	use, benefit
انتهى-ينتهي	to end
غلَط	mistake
مْليح	good, well ،كويّس
سِياسة	politics
كَلام فاضي	nonsense

القَناعةُ كَنْزٌ لا يَفْنى

اقرأ: "لستُ أدري" للشاعر اللبناني إيليا أبو ماضي

جئتُ لا أعلمُ منْ أينَ ولكنّي أتيتُ
ولقدْ أبصَرتُ قدّامي طريقاً فمَشيتُ
وسأبقى ماشياً إنْ شِئتُ هذا أم أبَيتُ
كيفَ جِئتُ؟ كيفَ أبصرتُ طريقي
لستُ أدْري!

أجَديدٌ أمْ قديمٌ أنا في الوُجودْ
هلْ أنا حُرٌّ طليقٌ أمْ أسيرٌ في القُيودْ
هل أنا قائدُ نفسي في حياتي أم مَقودْ
أتمنّى أنّني أدري ولكنْ ...
لستُ أدري

وطريقي، ما طريقي؟ أطويلٌ أم قَصيرْ
هل أنا أصعَدُ أم أهبِطُ فيهِ أم أغورْ
أأنا السائرُ في الدربِ أم الدربُ يسيرْ
أم كِلانا واقِفٌ والدهرُ يجري؟
لستُ أدري!

الكلمات الجديدة

لستُ أدري	I don't know ،لا أعرف
علِم–يعلَم	to know ،عرف
أتى–يأتي	to come ،جاء
إنْ	if ،إذا
شاء–يشاء	to want ،أراد
أمْ	or ،أو
أبى–يأبى	to refuse ،رَفَض
أ	yes-no question particle ،هل
وُجود	existence
طليق	free ،حُرّ
أسير	captive
قُيود	chains
مَقود	led, follower
هبط–يهبِط	to go down
غار–يغور	to go deep into
سائِر	going ،ماشي، ذاهِب
دَرْب	way ،طريق
سار–يسير	to walk ،مشى
كلانا	the two of us
دَهْر	time ،زمان، وقت
جَرى–يَجري	to pass quickly

نشاطات إضافيّة

١. دراسة الكلمات

أ.

Look up the two verbs أبصرتُ and أتَمَنّى.

ب.

The above poem contains several pairs of antonyms, like جديد–قديم. Find four more pairs.

١. ....

٢. ....

٣. ....

٤. ....

٢. احفظ Memorize

Memorization of poems and Qur'anic verses can help you improve your pronunciation, develop a feel for the sounds and structure of the language, and learn and retain new vocabulary. Some poems and *suras* are relatively easy to memorize. Try memorizing the following poem by the Lebanese poet and writer ميخائيل نعيمة and سورة التين that follows it.

أ. شعر : "أغمض جفُونك تُبصِرِ" للشاعر اللبناني ميخائيل نعيمة

اذا سَماؤُك يَوماً — تَحَجَّبتْ بالغُيومْ
أغْمِضْ جُفونَكَ تُبصِرْ — خَلفَ الغُيومِ نُجومْ

وَحولَكَ الأرضُ اذا — تَوشّحَت بالثُلوجْ
أغمِضْ جُفونَكَ تُبصِرْ — تَحتَ الثلوجِ مُروجْ

وَإنْ بُليتَ بداءْ — وَقيلَ الداءُ عَياءْ
أغمِضْ جُفونَكَ تُبصِرْ — في الداءِ كلَّ الدواءْ

والموتُ حينَ يدنو — وَيفغَرُ اللحدُ فاهْ
أغمِضْ جُفونَكَ تُبصِرْ — في اللحدِ مَهدَ الحياة

Translation

If the sky is covered with clouds one day
Close your eyes you will see stars behind the clouds.

If the ground around you is covered with snow
Close your eyes you will see meadows under the snow.

If you become ill and it is said that the illness is incurable
Close your eyes you will see that in the illness lies the cure.

And when death approaches and the grave opens wide its mouth
Close your eyes you will see in the grave the cradle of life.

ب. قرآن كريم (سورة التين)

بسم الله الرحمن الرحيم

والتِينِ والزَيْتُونْ (١) وطورِ سِينِين (٢) وَهذا البَلَدِ الأمينْ (٣) لَقَدْ خَلَقْنا
الإنسانَ في أحْسَنِ تَقْويم (٤) ثُمّ رَدَدْناهُ أسْفلَ سافِلين (٥) الاّ الذينَ آمَنوا
وَعَملوا الصالحاتِ فَلهم أجْرٌ غَيْرُ مَمْنونْ (٦) فَما يُكذّبكَ بَعدُ بالدينْ(٧) أليسَ
اللهُ بأحْكَمِ الحاكمِينْ(٨)

(1) By the fig and the olive,
(2) By Mount Sinai,
(3) And by this land made safe
(4) Surely We created man of the best stature
(5) Then We reduced him to the lowest of the low,
(6) Save those who believe and do good works, and theirs is a reward unfailing.
(7) So who henceforth will give the lie to thee about the judgment?
(8) Is not Allah the most conclusive of all judges?

الدرس رقم ١٢

اسمع: رحلة السندباد الثانية–١

1. Describe the island that they docked at.

....

2. What did Sindbad do when the men sat down to rest?

....

3. What happened while he was sleeping?

....

4. What did he see from the tree?

....

5. What did Sindbad do when the bird sat on its egg?

....

كلمات جديدة

نَعْسان	sleepy
نسي-ينسى	to forget
حزِن-يحزَن	to be sad
بَكى-يبْكي	to cry
قُبّة	dome
فَجْأة	suddenly
طير	bird
فَكّ-يفِك	to undo
عَمامة	turban
رَبط-يربُط	to tie

اقرأ

١. خاتم وبيتسا أيضاً!

دقّ جَرس التلفون في مَحلّ "الطاولة المستديرة" للبيتسا وطلب رجل بيتسا/حجم كبير، وطلب أن يوصلوها الى بيته. أخذت سيّدة من عاملات المحلّ البيتسا في سيارتها وذهبت الى بيت الرجل على شارع "هاملتون" في مدينة "سيسايد" في ولاية كاليفورينا. أوقفت السيدة سيّارتها عند بيت الرجل ونزلت والبيتسا في يدها. وقبل أن تمشي مترين أو ثلاثة هجم عليها رجل وسرق البيتسا وخاتمها والنقود التي كانت في شنطة يدها.

قالت شرطة سيسايد ان ذلك حدث الساعة السابعة والنصف مساء، وقد كان في الشنطة ٢٨ دولاراً، ويقدّر ثمن الخاتم ب ٥٩٠ دولاراً، وثمن البيتسا ب ١٥ دولاراً. ولم يَستعمل الرجل سلاحاً في هُجومه على السيّدة.

أسئلة

١. مَن أخذ البيتسا الى بيت الرجل؟

....

٢. ماذا حدث قبل أن تمشي السيدة مترين أو ثلاثة؟

....

٣. في أي وقت حدث ذلك؟

....

٤. بكم يقدّر ثمن الخاتم؟

....

٥. هل استعمل الرجل سلاحاً في هجومه على السيدة؟

....

كلمات جديدة

خاتم	ring	جَرَس	bell
مَحلّ	place, store	الطاولة المستديرة	Round Table
حَجم	size	أوصَل-يوصل	to deliver
نُقود	فُلوس، money	حَدَث-يحدُث	to happen
يُقَدّر	it is estimated	سِلاح	weapon

٢. ساعِدني حتى أهرب بمالِك!

دخل رجل الى دكّان وعلى وجهه قِناع يُشبه وجه الرئيس الأمريكي بوش. كان الرجل يَحمل مُسدّساً، وطلب من صاحب الدكّان أن يُعطيه كلّ المال الذي في الدكان. خاف صاحب الدكان طبعاً وأعطاه كل المال. وقبل أن يَهرب اللص ربط يَدي الرجل بحبل حتى لا يستطيع الاتّصال بالشرطة.

خرج اللص وركب سيّارته ليهرب، ولكن كان الطقس بارداً ولم يستطع تشغيل السيارة. فتركها ودخل الدكان مرّة ثانية، وفكّ يدي صاحبه وطلب منه أن يساعده في تشغيلها. وبينما كان الرجلان يحاولان تشغيل السيارة وصلت الشرطة واعتقلت اللص.

أسئلة

١. ماذا كان على وجه الرجل الذي دخل الدكان؟

....

٢. هل أعطاه صاحب الدكان مالاً؟

....

٣. لماذا رجع اللص الى الدكان؟

....

٤. هل اعتقلت الشرطة اللص؟

....

كلمات جديدة

وَجه	face	قِناع	mask
أشْبه–يُشبه	to resemble	مُسَدّس	revolver
مال	فلوس، نقود	حَبل	rope

نشاطات إضافيّة

١. دراسة الكلمات

أ.

Look up the two words تشغيل and الاتّصال.

ب.

For the following verbs, identify the root, the basic form, and the pattern. Remember that the "basic form" of the verb means the third person masculine singular active form in the perfect.

الوزن	الصيغة المجرّدة	الجذر	الفعل
....	....	....	يوصِلوها
....	....	....	أوقَفت
....	....	....	وسرَق
....	....	....	قالَت
....	....	....	يُقَدِّر
....	....	....	يستعمِل
....	....	....	يُشبِه
....	....	....	يُعطيه
....	....	....	وأعطاه
....	....	....	يَهرُب
....	....	....	يَستطيع
....	....	....	يساعده
....	....	....	واعتقلت

You will have noticed by now that each verb form has one or more features that distinguish it from other forms. The following table gives a summary of these features:

I	Consists of the three root consonants and accompanying vowels فَعَلَ.
II	The middle root consonant is doubled فَعَّلَ.
III	ا is inserted between the first and second root consonants فاعَلَ.
IV	أ is prefixed before the first root consonant أفْعَلَ.
V	تـ is prefixed to Form II verbs تَفَعَّلَ.
VI	تـ is prefixed to Form III verbs تَفاعَلَ.
VII	ان is prefixed before the first root consonant انفَعَلَ.
VIII	ا is prefixed before the first root consonant and تـ is inserted between the first and second root consonants افتَعَلَ.
X	است is prefixed before the first root consonant اسْتَفْعَلَ.
Q1	Consists of four basic consonants, none of which is an affix, and accompanying vowels هَندَسَ.

ج. وزن أفعل Form IV Verbs

Although Form IV verbs can be easily distinguished from other verbs on the basis of their initial أ (أخبَرَ، أعطى، أوقَفَ) in their perfect forms, they might easily be confused with Form I verbs in the imperfect. The verbs يعطي and يمشي have an identical structure: the imperfect prefix ي plus the root. يعطي is a Form IV verb, however, while يمشي is a Form I verb. Native speakers have several clues at their disposal to distinguish Form I from Form IV verbs, such as knowledge of related forms, context, and meanings of individual verbs. Since such clues are not yet available to you, the two forms will be distinguished for you whenever a distinction is necessary by assigning the correct vowel to the prefix: يَـ for Form I and يُـ for Form IV.

٢. املاء

خرج اللص وركب سيّارته ليهرب، ولكن كان الطقس بارداً ولم يستطع تشغيل السيارة. فتركها ودخل الدكان مرّة ثانية، وفكّ يدي صاحبه وطاب منه أن يساعده في تشغيلها.

٣. ترجم الى العربية

CHICAGO-A man wearing a Bob Dole mask robbed the First National Bank in Wheaton, a suburb (ضاحية) of Chicago, on Thursday, a police spokesman said.

The man also wore a gray jacket, dark (لونه غامِق) slacks, and "a very ugly tie (رَبطة عُنق)."

Before he left with the money, the thief told the employee at the bank: "Don't forget to vote (لا تنسَ أن تصوّت)!"

....

....

....

....

....

....

....

....

....

....

٤. ما هو عكس؟

أسود ....

أغنياء ....

خارِج ....

جديد ....

طويل ....

أعطى ....

فَكّ ....

عامّ ....

٥. أغنية "يا جبل اللي بعيد" (فيروز)

يا جبل اللي بعيد خَلفك حبايبنا.
O, you faraway mountain, behind you are our loved ones.

بتموج مثل العيد، وهَمَّك متعّبنا.
You are full like a festival, thinking about you is exhausting us.

اشتاقنا ع المواعيد.
We long for the times we met.

بكينا، تعذّبنا.
We cried, we tormented ourselves.

يا جبل اللي بعيد،
O, faraway mountain,

قول لحبايبنا.
Tell our loved ones.

بعدوا الحبايب، بَيعدوا، بعدوا الحبايب،
The loved ones went away, far away,

ع جبل عالي بيعدوا والقلب ذايب،
They went far away to a high mountain, and the heart is melting,

بعدوا الحبايب بيعدوا بيعدوا بيعدوا.
The loved ones went away, far away.

وسألت باب الدار وين الناس واهل الدار؟
I asked the door of the house, where are the people, the people of the house?

قال اللي الهجر غدّار تركوا البيت، طفيوا النار،
It said, "Abandonment is treacherous, they left the house, they put out the fire,

شوف المواقد رمّدوا رمّدوا رمّدوا.
Look, the fireplaces are full of ashes."

ذبلوا الزهور وبين هالسجرات فيه طيرين،
The flowers wilted, and among the trees there are two birds,

عم يسألوا لوين هالأصحاب راحوا لوين؟
Asking, "Where did the friends go, where, where?"

وع ليالي حلوة تنهّدوا تنهّدوا تنهّدوا
And for sweet nights they sighed

قلت لهن يا مين ع الحلوين يسأل مين؟
I told them, who asks about the sweet ones, who?

ما تذكّروا تخمين صاروا هيك غدّارين،
Maybe they did not remember and became treacherous like this,

مع غيرنا راح يسعدوا يسعدوا يسعدوا.
An with others they will be happy.

الدرس رقم ١٣

اسمع: رحلة السندباد الثانية–٢

1. Why couldn't Sindbad sleep that night?

....

2. What did the bird do in the morning?

....

3. Where was Sindbad left when the bird took off with the snake?

....

4. Why was Sindbad sorry for leaving the island?

....

5. How did he spend his first night in the valley?

....

كلمات جديدة

صاح–يصيح	to shout	ارْتَفَع–يرتَفِع	to go up
سَماء	sky	مَربوط	tied
مَسَك–يمسك	to catch	حَيّة	snake
تطلّع–يتطلّع	to look	حوالَيّ	around me
وادي	valley	عَميق	deep
نَدِم–ينْدَم	to be sorry	ماس	diamond
تخبّى–يتخبّى	to hide	مَغارة	cave
سدّ–يسِدّ	to close ، سكّر	جُوّة	inside ، داخِل
ضَخم	huge ، كبير	ظَلّ–يظَلّ	to stay
قِلّة النوم	lack of sleep		

حوار: بتفكّر حالك في الهند؟

كلمات جديدة

قوم!	Get up!
بتفكّر حالك	do you think that you
ممنوع	prohibited
قَريب (ج. قرايب)	relative
حَبيب (ج. حبايب)	loved one
يا عيب الشوم	for shame
تَعال!	Come!
أخذ-ياخُذ دُشّ	to take a shower
ارتاح-يرتاح	to rest
صار-يصير	to happen
تَمام	fine, perfect
على الراس والعين	very willingly
تِسلَم.	Thanks.
خير، ان شاء الله.	I hope it's okay.
بَسيطة	simple, unimportant
خَلّى-يخَلّي	to let

اقرأ

طائرة سنغافورة
تعود للمطار بعد إقلاعها
لأخذ راكب نائم

◆◆ تسبب راكب نائم في عودة الطائرة السنغافورية الى مطار القاهرة الدولي، بعد إقلاعها بربع ساعة. وكان الراكب عوف محمد حسين -سوداني الجنسية- ويعمل مهندس طيران مدني، قد غلبه النوم بصالة الترانزيت بالمطار عقب إنهاء إجراءات سفره على الطائرة. وقد اكتشفت سلطات الأمن بالمطار إقلاع الطائرة [illegible] ل برج المراقبة بقائد الطائرة الذي وافق على العودة لأخذ الراكب.

وكانت الطائرة وهي من طراز بوينج ٧٦٧، وتقل ١١٤ راكباً متجهة الى دبي في الإمارات العربية المتحدة.

أسئلة

١. مَن تَسبّب في رُجوع الطائرة؟

....

٢. ماذا حدث له؟

....

٣. ماذا يَعمل؟

....

٤. مَن اتّصل بقائد الطائرة؟

....

٥. كَم راكباً كانت الطائرة تحمل؟

....

٦. الى أين كانت الطائرة مُتّجهة؟

....

كلمات جديدة

عاد-يعود	to return ،رجع	إقلاع	departure
تَسبَّب-يتسبَّب	to cause	عَودة	return ،رُجوع
مَدَني	civil	غلَب-يغلِب	to overcome
عقِب	in the wake of	إجراءات	measures, procedures
اكتشَف-يكتَشِف	to discover	سُلطة	authority
أمْن	security	بُرج مُراقَبة	watchtower
طِراز	model	أقَلّ-يُقِلّ	to carry
مُتّجِه	heading for		

نشاطات إضافيّة

١. دراسة الكلمات

أ.

Explain how the word المتّحدة in phrases like الولايات المتّحدة، الأمم المتّحدة، الإمارات العربية المتّحدة is derived? (Start at the root level.)

ب. اسم الفاعل The Active Participle

It was pointed out above that noun and adjective patterns are more numerous in Arabic than verb patterns are. A rich source of adjectives and nouns is the morphological category known as the *active participle*. Active participles, which generally refer to agents or doers of actions, are derived from verb forms following regular patterns. For example, the active participle of Form I verbs follows the فاعِل pattern:

كتب-كاتِب to write–writer

ركب-راكِب to ride–rider

Form I active participles deriving from hollow roots (خاف، نام, etc.) have همزة following the ا. (In spoken Arabic, the همزة is replaced by ي):

afraid خائف (خايِف) to be afraid خاف

Give four more examples of active participles derived from Form I verbs, at least one of which is derived from a hollow root.

الفعل	اسم الفاعل	المعنى (meaning)
١.	....	....
٢.	....	....
٣.	....	....
٤.	....	....

ج.

For the following nouns and adjectives, identify the root, the basic form, and the pattern.

الكلمة	الجذر	الصيغة المجرّدة	الوزن
طائرة	....	....	....
إقلاع	....	....	....
راكِب	....	....	....
نائِم	....	....	....
مَطار	....	....	....
القاهِرة	....	....	....
مُهَندِس	....	....	....
المُراقَبة	....	....	....
مُتّجِهة	....	....	....

د.

For the following verbs, identify the root, the basic form, and the pattern.

الفعل	الجذر	الصيغة المجرّدة	الوزن
تَسَبَّب	....	....	....
اكتَشَفَت	....	....	....
فاتَّصَل	....	....	....
وافَق	....	....	....

٢. ترجم الى الإنجليزية

Translate the newspaper article طائرة سنغافورة تعود للمطار بعد إقلاعها لأخذ راكب نائم into idiomatic English.

....

....

....

....

....

....

....

....

....

....

٣. اقرأ

خطوط الطيران العربية الموحّدة

نعرض لكم قائمة طعامنا الصحية

مأكولات صحّية خفيفة

قليلة الملح والسكر والدسم

الغداء

سمك السلمون الاسكتلندي

مع البطاطا وسلطة الخيار

أو

دجاج بالكمون مع الفلفل الحار والرز بالعدس

أو

قطعة سمك مع الخبز المحمّص

تقدم مع صلصة وجزر وبازلاء وبطاطا

مع

فطيرة مع صلصة الشوكولاتة

و

جبنة مع البسكويت

و

قهوة، قهوة خالية من الكافيئين أو شاي

(نأسف إذا لم يتوفر طلبك نتيجة لكثرة الطلب عليه من قِبل غيرك من المسافرين)

Questions

1. What is the name of the airline?

....

2. What is one lunch dish the passenger might choose?

....

3. What drinks are offered?

....

4. What is the airline apologizing for?

....

الدرس رقم ١٤

اسمع: رحلة السندباد الثانية–٣

1. What fell in the Valley of Diamonds?

....

2. What carries the diamonds from the valley to the mountain?

....

3. What did Sindbad put in his pockets?

....

4. How did he get out of the valley?

....

5. Why did the Roc bird fly away?

....

6. Was the merchant happy? Why?

....

كلمات جديدة

قِطعة لحم	chunk of meat	وقَع–يوقَع	to fall
رمى–يرمي	to throw	التصَق	to stick
حمل–يحمِل	to carry	طير الرُخّ	the Roc bird
هَنّا–يهَنّي	to congratulate		

إقرأ: القاهرة

القاهرة عاصمة مصر وأكبر مدينة فيها. وهي ليست العاصمة السياسية فقط، ولكنّها العاصمة التجارية والاقتصادية والإدارية أيضاً. وهي أكبر مدينة في العالم العربي وإفريقيا، ويزيد عدد سكانها على ١٥ مليون نسمة.

موقع القاهرة وبناؤها

تقع القاهرة على نهر النيل على بُعد حوالي ٥٠٠ ميلاً شمال السَدّ العالي في أسوان. وقد أسّسها العرب المسلمون سنة ٩٧٠ م. على أرض مدينة الفسطاط، التي بنوها عندما فتحوا مصر سنة ٦٤١ م. كانت الفسطاط معسكراً للجيش العربي الإسلامي. وقد بُنيت الفسطاط نفسها على أرض مدينتين قديمتين هما "ممفيس" و "بابليون".

طقس القاهرة

طقس القاهرة صحراوي، وفي السنة فصلان هما: الصيف، من ابريل الى اكتوبر، والشتاء ويمتدّ من نوفمبر الى مارس. الطقس في شهور الصيف حارّ جداً وجافّ، وقد تصل درجة الحرارة الى أكثر من ٤٧ درجة مئوية (١١٧ درجة ف.) في شهور يونيو ويوليو وأغسطس. لكنّ طقس القاهرة في شهور الشتاء معتدل ولطيف، وقد ساعد هذا على جعلها مَشتى مشهوراً. وفيما يلي متوسط درجات الحرارة الصُغرى والكبرى في شهور يناير، ومارس، ومايو، ويوليو، وسبتمبر، ونوفمبر:

	مئوي		فهرنهايت	
	الصُغرى	الكُبرى	الصغرى	الكبرى
يناير	٨	١٨	٤٦	٦٤
مارس	١١	٢٤	٥٢	٧٥
مايو	١٧	٣٣	٦٣	٩١
يوليو	٢١	٣٦	٧٠	٩٧
سبتمبر	٢٠	٣٢	٦٨	٩٠
نوفمبر	١٤	٢٦	٥٧	٧٩

القاهرة تجمع بين القديم والحديث

تجمع القاهرة بين القديم والحديث وبين الشرقي والغربي، فالأهرام الفرعونية القديمة تقع بالقرب منها. كذلك فيها كثير من البنايات والآثار الرومانية والعربية والعثمانية، ويرجع تاريخ بناء بعض تلك البنايات الى القرن الثاني الميلادي. وتوجد الكنائس القبطيّة جنباً الى جنب مع المساجد الإسلامية، وبعض المساجد والكنائس القديمة لا تُستعمل للعبادة ، بل كمتاحف لزيارة السوّاح.

وإلى جانب الصناعات اليدوية القديمة توجد المصانع التي تستعمِل أحدث التكنولوجيا. والى جانب سيارات المرسيدس الألمانية الحديثة يرى الزائر أقدم وسائل النقل مثل العربات التي تجرّها الحمير.

الحياة الثقافية

تُعتبر القاهرة العاصمة الثقافية لمصر والشرق الأوسط والعالم العربي. وفي جامعاتها المشهورة طلاب كثيرون من البلاد العربية وإفريقيا وآسيا. ومن تلك الجامعات جامعة القاهرة وعين شمس والأزهر والجامعة الأمريكية. والجامع الأزهر هو أقدم جامعة في العالم، وقد بُني في القرن العاشر الميلادي.

وتُعتبر القاهرة أيضاً العاصمة الفنّيّة للعالم العربي، فهي تُنتج أكثر الأفلام التي يشاهدها العرب. وهي كذلك مركز هام للمغنّين والموسيقيّين والممثّلين العرب غير المصريين. وفيها دار للأوبرا وفرق للرقص، ومتاحف مشهورة عالمياً مثل المتحف المصري والمتحف القبطي ومتحف الفن الإسلامي.

أسئلة

١. ما هو عدد سكان القاهرة ؟

....

٢. أين تقع القاهرة ؟

....

٣. متى وأين تأسّست ؟

....

٤. مَن بنى مدينة الفسطاط ؟

....

٥. كيف الطقس في القاهرة في الصيف ؟ في الشتاء ؟

....

٦. الى كم تصل درجة الحرارة في الصيف ؟

....

٧. ما هو متوسط درجة الحرارة الصُغرى في شهر يناير ؟

....

٨. متى بُنيت أقدم البنايات في القاهرة ؟

....

٩. هل تُستعمل كل المساجد والكنائس في القاهرة للعبادة ؟

....

١٠. كيف تجمع القاهرة بين القديم والحديث ؟

....

١١. ما هي أهم الجامعات في القاهرة ؟

....

١٢. أين تُنتَج أكثر الأفلام التي يشاهدها العرب ؟

....

١٣. ما هي بعض المتاحف المشهورة عالمياً في القاهرة ؟

....

كلمات جديدة

مُعسكَر	camp, encampment
فَصل	season
امتدّ-يمتدّ	to extend
جافّ	dry
مُعتَدِل	moderate
لطيف	nice
جَعْل	making
مُتوَسِّط	average
صُغرى	lowest ، أصغَر (f.)
كُبرى	highest ، أكبر (f.)
فرعوني	Pharaonic
قبطي	Coptic
جنباً الى جنب	side by side
عبادة	worship
مَتحَف (ج. متاحف)	museum
سائح (ج. سُوّاح)	tourist
إلى جانب	next to, beside
يَدَوي	manual
رأى-يرى	to see
زائر	visitor
وسيلة (ج. وسائل) نَقل	means of transport
عَرَبة	cart
جَرّ-يجُرّ	to pull
يُعتَبَر	is considered
فنّي	artistic
أنتج-يُنتِج	to produce
شاهَد-يُشاهِد	to watch
موسيقي	musician
مُمَثِّل	actor
دار للاوبرا	opera house
فِرقة (ج. فِرَق)	group, troupe
رَقص	dancing
عالمياً	internationally

نشاطات إضافيّة

١. دراسة الكلمات

أ.

A great number of derived words in Arabic start with م: مُحَمَّد، مُسلم، مَدرسة، مَكتَب , etc. Such م-initial words belong to different categories. The most common ones are the following:

a. Passive participles of Form I verbs. These have the shape مَفعول, with a فتحة over the م. Examples are مَعروف، مكتوب، موجود، مشهور.

b. Active participles of Forms II, IV, V, and VIII. The م here is pronounced مُ.

II	مُفَعِّل	مُعلِّم
IV	مُفعِل	مُسلِم
V	مُتَفَعِّل	مُتَعَلِّم
VIII	مُفتَعِل	مُختَلِف

c. Nouns referring to places. The م of this prefix is pronounced مَ: مَكتَب، مَدرَسة.

For each of the following nouns and adjectives, identify the root and indicate whether it is the passive participle of Form I, the active participle of Form II, IV, V, or VIII (indicate which one), or a noun of place. The first word is given as an example.

مُمَثِّل	active participle/Form II
مَدينة	....
مَوقِع	....
مُسلِمون	....
مُعتَدِل	....
مَشتى	....
مَشهور	....
مُتَوسِّط	....
مَساجِد (جمع مَسجِد)	....
مَتاحِف (جمع مَتحَف)	....
مَصانِع (جمع مَصنَع)	....
مَركَز	....
مُغَنّي	....

ب.

Based on your knowledge that شتاء is "winter" and أغنية is "song," what do you think the meanings of the words مُغَنّي and مَشْتى are?

٢. إملاء

تجمع القاهرة بين القديم والحديث وبين الشرقي والغربي. فإلى جانب الصناعات اليدويّة القديمة توجد المصانع التي تستعمِل أحدث الآلات، وإلى جانب سيارات المرسيدس الألمانية الحديثة يرى الزائر عربات تجرّها الحمير.

٣. ترجم الى الانجليزية

القاهرة عاصمة مصر وأكبر مدينة فيها. وهي ليست العاصمة السياسية فقط، ولكنها العاصمة التجارية والاقتصادية والإدارية أيضاً.

....

....

....

....

....

٤. ترجم الى العربية

Cairo is the capital of Egypt and one of the most important centers of religious, cultural, and political life in the Muslim world. The city is situated on the Nile River. It was established in 359 H. /970 A.D. (٣٥٩ هِجري الموافق ٩٧٠ ميلادي). The original name of the city was مصر القاهرة.

....

....

....

....

....

....

....

٥. اقرأ

حالة الجو

يستمر الطقس غير مستقر، حيث تتكاثر السحب المنخفضة والمتوسطة شمال وشرق البلاد وسلاسل جبال البحر الأحمر، مصحوبة بأمطار وعواصف رعدية على بعض الأماكن.

المدينة	كبرى	صغرى
القاهرة	٢٠	١٤
الإسكندرية	١٩	١٣
مطروح	١٨	١٣
بورسعيد	٢٠	١٥
الإسماعيلية	٢١	١٥
السويس	٢٢	١٦
العريش	٢٠	١٦
الطور	٢٢	١٥
سانت كاترين	١٨	١٢
رفح	٢٢	١٥
شرم الشيخ	٢٤	١٧
الغردقة	٢٣	١٦
المنيا	٢٢	١١
الفيوم	٢١	١٤
اسيوط	٢٣	١٤
سوهاج	٢٤	١٥
الأقصر	٢٩	١٢
أسوان	٣٠	١٧
الوادي الجديد	٢٩	١٦
سيوة	٢١	١٢

Questions

1. In which areas of the country will there be low- and medium-elevation clouds?

....

2. What is the highest temperature expected for the following cities:

Cairo	Port Said	al-Areesh ....
Sharm el-Sheikh	Asiut	Aswan ....

3. What is the lowest temperature expected for the following cities:

Matrouh	Suez	Saint Catreen ....
al-Ghardaqa	Luxur	Seewa ....

الدرس رقم ١٥

اسمع: رحلة السندباد الخامسة–١

1. What did the huge white dome turn out to be?

....

2. What did the merchants do to the white dome?

....

3. What did the Roc bird and his wife do to the ship?

....

4. How did Sindbad escape?

....

كلمات جديدة

بِضاعة	merchandise
باع-يبيع	to sell
سَحَب-يسحَب	to pull
فَرخ	baby bird
تغطّى-يتغطّى	to be covered
غاب-يغيب	to go down (the sun)
صُخور	rocks
ريح	wind
أمواج	waves

ما كلّ ما يتمنّى المرء يُدرِكُه تجري الرياح بما لا تَشتَهي السُفُنُ

حوار: سيارة حكومة، مش دافعين براسمالها

كلمات جديدة

اللي بتشوفه	whatever you think
عدم المؤاخذة	no offense
راعى-يراعي	to give a good deal to
الله يخلّيك!	May God protect you!
لون (ج. ألوان)	color
أزرق	blue
رَمادي	gray
أخضر	green
نُمرة	size (number)
أصفر	yellow
ملابس داخلية	underclothes
ثَمَن	price
خلّيها عليّ	let me pay
مَحَلّ	store, shop
ضيف	guest
دفَع-يدفَع	to pay
كافي	enough
راسمال	capital, cost
وصّل-يوصّل	to take to
بَلاش	without, let's not
غَلَبة	trouble, bother
على خاطرك	as you wish ،على كيفك

اقرأ: مناطق القاهرة

الصحفيّين: تقع هذه المنطقة على جانبي شارع أحمد عُرابي، وهو من الشوارع الرئيسية في القاهرة. أكثر سكّان الصحفيين من الطبقة الوسطى في مصر. وهي منطقة حديثة وهادئة بالنسبة لمناطق القاهرة الأخرى.

المُهندسين: تقع بجانب الصحفيين وسكّانها أغنى نوعاً ما من سكّان الصحفيين. وتكثر فيها المطاعم ودكاكين الملابس الأجنبية. والى الشرق من المهندسين والصحفيين تقع منطقة "**الدُقي**" ومنطقة "**العجوزة**".

الزمالك: في الماضي كان يسكنها الأجانب فقط، أما الآن فيسكن فيها أغنياء المصريين. ويقع فيها الكثير من السفارات الأجنبية، ويكثر فيها الطعام الأجنبي، وأكثر أصحاب المحلاّت التجارية فيها يتكلّمون الإنجليزية.

مركز المدينة: تقع هذه المنطقة على الضفة الشرقية لنهر النيل. وتكثر فيها مكاتب شركات الطيران والفنادق والمتاحف والمكاتب الحكومية ومكاتب الصحف والسينمات والمسارح والدكاكين. وهي مزدحمة دائماً بالمشاة والسيارات.

جاردن ستي: تقع الى جنوب مركز المدينة، فيها أشجار كثيرة، وتوجد فيها بعض السفارات الأجنبية.

العتبة: منطقة صاخبة ومزدحمة بالسكان. من أفضل مناطق القاهرة للتسوّق.

الحُسين: يقع فيها سوق خان الخليلي المشهور. وهي منطقة قديمة جداً، ولم تتغير كثيراً منذ العصور الوسطى.

مصر الجديدة والمعادي: تقعان في جنوب وغرب القاهرة. أكثر سكانهما ممّن يعملون في دول النفط الغنيّة. تكثر فيهما الأشجار، وتتميّزان بالهدوء.

القُرافة: تمتدّ هذه المنطقة من طرف القاهرة الشرقي الى جبل المقطّم، ويعيش سكانها بين القُبور والأضْرِحة. يزيد عدد سكانها على ٢٠٠ الف نسمة، ولا يوجد مثلها في أي مكان آخر.

المصدر: *Cairo Notes*. (Cairo: International Language Institute, n. d.).

أسئلة (أجب ب"نعم" أو "لا") (true/false)

١. سكّان المهندسين أغنى من سكان الصحفيين بشكل عام. ....

٢. في منطقة الصحفيين مطاعم أجنبية كثيرة. ....

٣. تقع منطقة الدقي الى الشرق من منطقة المهندسين. ....

٤. لا يسكن المصريون في منطقة الزمالك لأنّ سكانها من الأجانب فقط. ....

٥. تقع منطقة مركز المدينة على نهر النيل. ....

٦. توجد سفارات أجنبية في منطقة الزمالك ومنطقة جاردن ستي. ....

٧. من أفضل المناطق للتسوّق في القاهرة هي منطقة جاردن ستي. ....

٨. يقع سوق خان الخليلي في منطقة العتبة. ....

٩. منطقة الحسين لم تتغير كثيراً منذ العصور الوسطى. ....

١٠. تكثر الأشجار في مناطق جاردن ستي ومصر الجديدة. ....

١١. من المناطق الهادئة في القاهرة منطقة الصحفيين والعتبة. ....

١٢. لا يسكن أهل القرافة في تلك المنطقة ولكن يعملون فيها فقط. ....

كلمات جديدة

طَبَقة	(social) class	هادئ	quiet
بالنسبة لـ	relative to	نوعاً ما	somewhat
أجنبي	foreign	صَحيفة (ج. صُحُف)	newspaper
مَسرَح (ج. مسارِح)	theater	مُزْدَحِم	crowded
ماشي (ج. مُشاة)	pedestrian	صاخِب	noisy
تَسَوُّق	shopping	تَميَّز-يتميّز	to be characterized by
هُدوء	quietness	ضَريح (ج. أضرِحة)	tomb

نشاطات إضافيّة

١. دراسة الكلمات

أ.

Look up the words مُهَندِسين and صَحَفيّين.

ب.

For each of the following nouns and adjectives, identify the root and indicate how it is derived: is it the active or passive participle of a certain form, is it a noun of place, or is it a مَصدر?

هادِئة	....	....
مَطاعِم (جمع مَطعَم)	....	....
مناطِق	....	....
الماضي	....	....
المَحَلاّت	....	....
مَكاتِب	....	....
مَتاحِف	....	....
والمَسارِح	....	....
مُزدَحِمة	....	....

ب.

For the following verbs, identify the root, the basic form, and the pattern.

الفعل	الجذر	الصيغة المجرّدة	الوزن
تَقَع	....	....	....
يتَكَلَّمون	....	....	....
تَكْثُر	....	....	....
تَتَغيّر	....	....	....
تَمتَدّ	....	....	....

٢. إملاء

في الماضي كان سُكّان الزمالك من الأجانب فقط، أما الآن فيسكن فيها أغنياء المصريين. ويقع فيها الكثير من السفارات الأجنبية، ويكثر فيها الطعام الأجنبي. وأكثر أصحاب المحلاّت التجارية فيها يتكلّمون الإنجليزية.

٣. ترجم الى العربية

It is estimated that Cairo had 245,000 inhabitants at the end of the eighteenth century. In 1882 the population was 396,683, and in 1907 it was 678,433. In 1927 it was 1,070,857, and in 1960, 3,348,799. Now some people think that the population of Cairo exceeds fifteen million.

....

....

....

....

....

....

٤. ما هو عكس؟

حارّ ....

صيف ....

مَشتى ....

كُبرى ....

أحدَث ....

صاخِب ....

شمال ....

أقصَر ....

نظيف ....

غالي ....

٥.

كلمات متقاطعة

١٠	٩	٨	٧	٦	٥	٤	٣	٢	١	
				■	■					١
	■	■		■		■	■			٢
		■					■		■	٣
■		■	■		■		■	■		٤
		■								٥
■			■	■	■		■	■		٦
		■			■				■	٧
						■		■		٨
■	■		■	■		■				٩
■						■	■	■		١٠

أفقي

١. لون؛ عكس كثير

٢. متشابهان (two similar letters)

٣. حارّ؛ والد

٥. عاصمة مصر؛ حرف جرّ

٦. للنفي (for negation)

٧. نسكن فيها؛ جذر "احتلال"؛ في جسمنا (in our body)

٨. أقدم جامعة في العالم

٩. جذر "تعبير"

١٠. وسيلة نقل

عمودي

١. والدة؛ ليس فيه ماء/عكس رطب (humid)؛ عكس "لا"

٢. يعيش في الماء

٣. يعيش فيه الملك

٤. عكس "بُرودة"

٥. للنفي؛ "مبارح" بالفصحى

٦. دولة عربية كبيرة؛ جذر "احتلّ"

٧. عكس ضعيف؛ للنفي

٨. جذر "ازدهر"

٩. أولاد أولاده

١٠. جذر "ألعاب"؛ جذر "استمرّ"

٦. اقرأ: من كتاب "تحفة النظّار في غرائب الأمصار" لابن بطوطة

...من هذه المدينة (سمنود) ركبت النيل مُصعداً الى مصر ما بين مدائن وقرى منتظمة متّصل بعضها ببعض، ولا يفتَقر راكِب النيل الى استصحاب الزاد لأنه مهما أراد النزول بالشاطئ نزل للوضوء والصلاة وشراء الزاد وغير ذلك، والأسواق متّصلة من مدينة الإسكندرية الى مصر ومن مصر الى مدينة أسوان من الصعيد.

ثم وصلتُ الى مدينة مصر، هي أمّ البلاد وقرارة فرعون ذي الأوتاد، ذات الأقاليم العريضة والبلاد الأريضة المتناهية في كثرة العمارة المتباهية بالحسن والنضارة، مَجمع الوارد والصادر، ومحطّ رحل الضعيف والقادر، وبها ما شئتَ من عالم وجاهل، وجاد وهازل، وحليم وسفيه، ووضيع ونبيه، وشريف ومشروف، ومنكر ومعروف، تموج موج البحر بسكّانها، وتكاد تضيق بهم على سعة مكانها وإمكانها...

ويُقال إن بمصر من السقائين على الجمال اثني عشر ألفاً، وأن بها ثلاثين ألف مُكارٍ، وأنّ بنيلها من المراكب ستة وثلاثين ألفاً للسلطان، والرعيّة تمرّ صاعدة الى الصعيد ومُنحدرة الى الاسكندرية ودمياط بأنواع الخيرات والمرافق، وعلى ضفّة النيل مما يواجه مصر الموضع المعروف بالروضة وهو مكان النزهة والتفرّج وبه البساتين الكثيرة الحسنة.

وأهل مصر ذوو طرب وسرور ولهو، شاهدتُ بها مرة فرجة بسبب بُرء الملك الناصر من كسر أصاب يده فزيّن كل أهل سوق سوقهم وعلقوا بحوانيتهم الحلل والحلي وثياب الحرير وبقوا على ذلك أيّاماً.

بعض الكلمات الجديدة

مُصعِد	going up, rising	مُنتظِم	ordered
افتقر-يفتقِر	to need احتاج،	استِصحاب	accompanying
زاد	food طعام،	مهما	whenever, wherever
قَرارة	satisfaction	ذات	characterized by
أقليم (ج. أقاليم)	area منطقة،	عَريض	wide
أريض	spacious	متناهي	reaching far
مُتباهي	proud	نضارة	freshness
وارِد	coming, incoming	صادِر	going out
رَحل	means of transport	جاهِل	ignorant
جادّ	serious	حَليم	well-mannered
سَفيه	ill-mannered	وضيع	low, from a low class
مُنكَر	unknown	ماج-يموج	to move like a wave
ضاق-يضيق	to be too small	إمكان	ability قُدرة،
سقّاء	water carrier	مُكار	cart driver
رعيّة	subjects	مُنحدِر	going down
مَرافق	facilities, needs	تفرُّج	sightseeing
بُستان (ج. بساتين)	garden	ذَوو	characterized by (m. pl.)
طَرَب	enjoyment	لهو	entertainment
فُرجة	scene	بُرء	recovery
زَيّن-يزيِّن	to decorate	حوانيت	shops دكاكين،
حِلَل	pieces of clothing	حُلي	jewelry
ثِياب	clothes مَلابس،		

الدرس رقم ١٦

اسمع: رحلة السندباد الخامسة–٢

1. How long did Sindbad sleep on the beach?

....

2. Who was sitting beside the river?

....

2. What did the old man ask Sindbad to do?

....

3. What did the old man do when Sindbad asked him to get down?

....

كلمات جديدة

شاطئ	shore, beach	عَجوز	old (man)
اقترب-يقتَرِب	to get close to	رَدّ-يرُدّ السلام	to answer the greeting
حرّك-يحرِّك	to move	أشار-يشير	to point to
كأنّ	as if	جانِب	side
لَفّ-يلِفّ	to wrap around	اذا همّ	they turned out to be
جِلْد	hide, skin	شَدّ-يشِدّ	to squeeze
اِسْودّت الدنيا في وَجهي	the world darkened in my face (became depressed)		
أُغْمي عليّ	I fainted	أوجع-يوجِع	to hurt
شَديد	intense		

اقرأ: دليل القاهرة

عزيزي الطالب، أهلاً بك في القاهرة، عاصمة مصر والعالم العربي!
سَتَجد فيما يلي بعض المعلومات التي ستحتاجها خلال إقامتك في مصر.

التسجيل عند الشرطة

عند وصولك الى مصر يجب التسجيل عند الشرطة، والتسجيل يعني ختم جواز السفر في محطّة الشرطة، وهذا يسمح لك بالإقامة في مصر لمدة شهر. ولا يمكنك السفر من القاهرة الى المدن المصرية الأخرى بدون جواز سفر.

استئجار شقّة

هناك شُقق مفروشة كثيرة في القاهرة. وننصحك باستئجار شقة بالاشتراك مع طلاب آخرين. هناك سمسار يمكنه مساعدتك في البحث عن شقة مقابل "بخشيش" يبلغ حوالي عشرين جنيهاً مصرياً.

البريد والتلفون والفاكس

تأخذ الرسائل حوالي أسبوع الى عشرة أيام حتى تصل للعنوان المرسلة اليه. وتأخذ الطرود وقتاً أطول، وقد تصل ممزّقة. ومن المعروف أن بعض الرسائل والطرود تضيع في البريد المصري.

أما بالنسبة للتلفونات فإن أكثرها للاستعمال المحلّي فقط، أي في داخل القاهرة. وهناك أماكن كثيرة في القاهرة يمكن الاتصال منها تلفونياً وإرسال الفاكس الى كل بلاد العالم.

الطعام والشراب

لا بُدّ لكل زائر لمصر أن يمرض إذا بقي في البلد أكثر من يوم أو يومين. فبالإضافة الى حرارة الشمس والجفاف هناك مشكلة الطعام والشراب. تجنّب شراء الطعام من البائعين المتجوّلين! وتأكّد أنّ الخضار واللحم التي تأكلها مطبوخة جيّداً، ولا "تسبح في بحر من الزيت". وبالنسبة للماء، فمن الأفضل شرب ماء القوارير المتوفّر في كل مكان.

المواصلات

التاكسي: ربّما هذه أفضل وأسهل وسيلة للمواصلات في القاهرة لأنها متوفرة طول الوقت، في الليل والنهار. (لكن توقّع سواقة مُخيفة، ومعركة كلامية في نهاية الرحلة، اذا لم تتّفق مع السائق على الأجرة أولاً!)

الاوتوبيس الصغير (ميكروبس): أرخص من التاكسي بكثير، ويمكنك أن تركب وتنزل أينما تريد. أحياناً يصعب سماع وفهم ما يقوله السائق بسبب كثرة الركّاب والصوت، فعدد الواقفين قد يزيد على عدد الجالسين.

الاوتوبيس: رخيص جداً ومزدحم جداً أيضاً. اذا وَجَدتَ مقعداً قد يصعب عليك الخروج بسبب كثرة الواقفين.

الترام: مزدحم وقذر، لكنه رخيص مثل الاوتوبيس.

المترو: حديث ونظيف ورخيص أيضاً، ولكن خطوطه محدودة. ويمكنك السفر فيه الى المعادي ومركز المدينة. وفيه عربة خاصة للنساء.

اوتوبيس الماء: ينقل المسافرين على ضفتي نهر النيل، رخيص ومُريح ومنعِش. من أفضل وسائل المواصلات في القاهرة.

المصدر: *Cairo Notes*. (Cairo: International Language Institute, n. d.).

أسئلة

١. ماذا يعني التسجيل عند الشرطة؟

....

٢. ماذا يأخذ السمسار مقابل مساعدة الناس في البحث عن شقة؟

....

٣. كم يوماً تأخذ الرسائل حتى تصل للعنوان المرسلة اليه؟

....

٤. هل يُمكن الاتّصال بخارج مصر من أي تلفون في القاهرة؟

....

٥. لماذا يمرض مَن يبقى في مصر أكثر من يوم أو يومين؟

....

٦.

Make a table (in Arabic) showing the advantages and the disadvantages of the different means of transportation in Cairo.

وسيلة المواصلات	Advantages **الحسنات**	Disadvantages **السيّئات**
....	....	....
....	....	....
....	....	....
....	....	....
....	....	....
....	....	....

كلمات جديدة

عزيزي	my dear
سَتَجد	you will find(from وجد)
مَعلومات	information
احتاج-يحتاج	to need
إقامة	residence
تَسجيل	registering
خَتْم	stamping
نَصَح-ينصَح	to recommend
اشتراك	sharing, participating
سِمْسار	agent
مُقابِل	in return for
بَخشيش	tip
طَرد (ج. طُرود)	package
مُمَزّق	torn
لا بُدّ	it is inevitable
جَفاف	dryness
تجَنَّب!	Avoid!
بائع مُتجوِّل	vendor
تأكّد	make sure
قارورة (ج. قوارير)	bottle
مُتَوفِّر	available
توقَّع!	Expect!
سِواقة	driving
مَعْركة كَلامية	verbal fight, argument
أينما	wherever
قَذِر	dirty, filthy ،وسِخ
خَطّ-خُطوط	line
عَرَبة	compartment
نساء	women
مُريح	comfortable
مُنعِش	refreshing

نشاطات إضافيّة

١. دراسة الكلمات

أ.

Most of the nouns and adjectives in the reading selection are participles (active and passive) and verbal nouns. Using the verb derivation Table 1 below as a reference, write the source verb of the derived word in each row of Table 2 in the space provided. Note that in Table 1 the categories that are irregular (the مصدر of Form I verbs) or rare (the passive participles of Forms III, IV, V, VI, VII and the active participle of Form VII) are marked with an x.

Table 1

	الفعل	اسم الفاعل	اسم المفعول	المصدر
I	فعل	فاعل	مَفعول	x
II	فعَّل	مُفَعِّل	مُفَعَّل	تَفعيل
III	فاعَل	مُفاعِل	x	مُفاعَلة
IV	أفعَل	مُفْعِل	x	إفْعال
V	تَفعَّل	مُتفعِّل	x	تَفَعُّل
VI	تَفاعَل	مُتَفاعِل	x	تَفاعُل
VII	انفعَل	x	x	انفِعال
VIII	افتَعَل	مُفتَعِل	مُفْتَعَل	افتِعال
X	استَفعَل	مُستَفعِل	مُستَفعَل	استفعال
Q1	فَعلَل	مُفَعلِل	مُفَعلَل	فَعلَلة

Table 2

	الفعل	اسم الفاعِل	اسم المفعول	المصدر
I	....	البائعين		
	....		المَعلومات	
	....	الجالِسين		
	....		مَطبوخة	
II	....			التسجيل
III	....	مُقابِل		
	....			المُواصَلات
IV	....	مُنْعِش		
	....			وإرسال
V	....	المُتَجوِّلين		
	....	المُتَوَفِّر		
VIII	....			اشتِراك
	....	مُزْدَحِم		
X	....			استئجار
	....			للاستِعمال

ب. Active Participles and Verbal Nouns of Form IV Hollow Verbs

Hollow roots have the shape أفال in Form IV (perfect): the missing ع (or middle consonant) of the root and the following فتحة are replaced by ا. The ا is replaced by ي in the imperfect. The active participle is formed by replacing the prefix ي of the imperfect with م. The verbal noun, when it exists, follows the إفالة pattern:

أدار	يُدير	مُدير	إدارة	to administer
أقام	يُقيم	مُقيم	إقامة	to reside
أخاف	يُخيف	مُخيف	x	to frighten

Give another example of a Form IV verb derived from a hollow root. Show its perfect and imperfect forms, its active participle, and its verbal noun, if it has one.

٢. إملاء

تأخذ الرسائل حوالي أسبوع الى عشرة أيام حتى تصل للعنوان المرسلة اليه. وتأخذ الطرود وقتاً أطول، وقد تصل ممزّقة. ومن المعروف أن بعض الرسائل والطرود تضيع في البريد المصري.

٣. اقرأ

للايجار

شقق ديلوكس وفلل غربية على أجمل
شوارع القاهرة

مفروش وغير مفروش

لمزيد من المعلومات اتصل بالهاتف
٤٨٨٧٤٩٤ تحويلة ١٤٠

مسعود للعقارات

Questions

1. Where are the apartments and villas located?

....

2. Are they furnished, unfurnished, or both?

....

٤. اقرأ

واحة سيوة

أفضل وقت لزيارة الواحة هو ما بين شهري سبتمبر ومايو.

يمكن الوصول لواحة سيوة بأتوبيس سواء من القاهرة أو الاسكندرية أو مرسى مطروح. وتستغرق المسافة بين الاسكندرية وسيوة حوالي سبع ساعات.

أماكن الاقامة هناك بسيطة جداً ويوجد في الواحة فندقان والعديد من المطاعم المحلية. ويوجد فيها مستشفى ومكتب للتليفون والبريد ولكن لا توجد بها بنوك.

يمكن التنقل داخل الواحة باستخدام "الكارته" وباستئجار الدراجات.

Questions

1. When is the best time to visit the Seewa Oasis?

....

2. From which citics can you reach Seewa?

....

3. How long does it take to get from Alexandria to Seewa?

....

4. How many hotels are there in Seewa?

....

5. Are there any banks in it?

....

6. What types of transportation are available in it?

....

٥. أغنية "حبّيتك بالصيف" (فيروز)

On cold days,	بايّام البرد،
On winter and rainy days,	بايّام الشتي،
The sidewalk is confused,	والرصيف بحيرة،
The street is strange,	والشارع غريب،
There comes the girl,	تيجي هيك البنت،
From her old house,	من بيتها العتيق،
He tells her, “Wait for me”	ويقول لها "انطريني"
And she waits on the road,	وتنطر عالطريق،
And he goes and forgets her,	ويروح وينساها،
And she gets wet in the rain.	وتتبل بالشتي.
I loved you in the summer,	حبّيتك بالصيف،
I loved you in the winter,	حبّيتك بالشتي،
I waited for you in the summer,	نطرتَك بالصيف،
I waited for you in the winter,	نطرتك بالشتي،
Your eyes are the summer,	وعيونك الصيف،
My eyes are the winter,	وعيوني الشتي،
And our meeting my love,	ملقانا يا حبيبي،
Is after the summer,	خلف الصيف،
And the winter,	وخلف الشتي.
The strange one passed by,	مرقت الغريبة،
She gave me a letter,	عطيتني رسالة،
Which my beloved had written,	كتبها حبيبي،
With tears of sadness,	بالدمع الحزين،
I opened the letter,	فتحت الرسالة،
Its letters are lost,	حروفها ضايعين،
Many days passed,	ومرقت ايّام،
And years made us into strangers,	وغرّبتنا سنين،
And the letters of the letter,	وحروف الرسالة،
Were erased by the rain.	محيها الشتي.

٦. املأ الفراغات

Listen to the paragraph and write the missing words.

الإسكندرية مدينة مصرية كبيرة، وهي ثاني .... بعد العاصمة القاهرة. يبلغ عدد سكّانها .... ثلاثة ملايين .... تقع الإسكندرية في شمال الدولة على ساحل البحر .... المتوسط، وفيها ميناء كبير.

أسّس الاسكندرية القائد اليوناني الاسكندر .... سنة ٣٣٢ ق.م. وكانت مركزاً تجارياً هاماً .... للثقافة اليونانية. وكانت مُلتقى الأفكار اليهودية .... والعربية، وكانت مشهورة بمكتبتها التي بناها بطليموس. ويُقال إنها .... أكبر مكتبة في ذلك الوقت. وقد احترقت تلك .... عندما احتلّ القيصر الإسكندرية .... ٤٨ ق.م.

دخل .... المسلمون الاسكندرية سنة ٦٤٠ م. .... جزءاً من الدولة العربية ....

٧. أكتب

Write one or two paragraphs (60-100 words) describing the city that you live in, a city that you are familiar with, or a city that you like. Use the reading selections on بغداد and القاهرة and the following questions as guides.

١. ما هو اسم المدينة؟

٢. أين تقع؟

٣. كيف الطقس فيها؟

٤. ما هي أقسامها (its parts) أو أحياؤها (quarters, areas)؟

٥. ما هو تكوينها السكّاني (الاقتصاد، الدين، التكوين العِرقي)

٦. هل هي مدينة مشهورة؟ لماذا؟

٧. ماذا يوجد فيها؟ (جامعات، مصانع، مكاتب حكوميّة، شركات هامّة، الخ.)

٨. هل تفكّر أنّك ستسكن أو تعمل فيها في المستقبل؟

الدرس رقم ١٧

اسمع: رحلة السندباد الخامسة–٣

1. What did the old man do to Sindbad while Sindbad was carrying him?

....

2. What did the old man do when Sindbad did not do what he wanted him to?

....

3. What did Sindbad put inside the pumpkin?

....

4. How did Sindbad get rid of the old man?

....

كلمات جديدة

أكتاف	shoulders	استمرّ–يستمرّ	to continue
تأخّر–يتأخّر	to be late	ظَهر	back
تمنّى–يتمنّى	to wish for	يَقطين	pumpkin, gourd
مَلا–يملا	to fill	عِنَب	grapes
كم يوم	a few days	خَمر	wine
مُصيبة	disaster	غنّى–يغنّي	to sing
رقَص–يرقُص	to dance	أعطيته ايّاها.	I gave it to him.
ارتَخى–يرتخي	to relax	نَزّل–ينزِّل	to put down
صَخرة	rock		

حوار: يا سيدي كان واقف في نصّ الشارع

(Note: The second driver puts some money inside his ID card as a bribe when he gives it to the policeman.)

كلمات جديدة

شُرطَة	police
إشارة	traffic sign
نُصّ الشارع	the middle of the street
رُخصة (ج. رُخَص) سواقة	driver's license
نسي-ينسى	to forget
ساق-يسوق	to drive
تأمين	insurance
هَويّة مدنيّة	civil ID
شَهادة	certificate
ضرَب-يضرُب	to hit
اسكُت!	Shut up!
مُرور	traffic

اذا كان الكلام من فِضّة فالسكوت من ذَهَب!

اقرأ: سلّة ليمون–أحمد عبد المعطي حجازي

سَلّةُ لَيمونْ!
تحتَ شُعاعِ الشمسِ المسنونْ،
والولدُ يُنادي بالصوتِ المحزونْ،
"عشرونَ بقرشْ،
بالقرشِ الواحدِ عشرونْ!"
...
سلّةُ ليمونْ، غادرتِ القريةَ في الفجرْ،
كانتْ حتّى هذا الوقتِ الملعونْ،
خضراءَ، منداّةً بالطلّْ،
سابحةً في أمواجِ الظلّْ،
كانتْ في قهوتِها الخضراء عروسَ الطيرْ،
أوّاه!
مَن رَوّعَها؟
أيُّ يدٍ جاءت؟ قَطفتْها هذا الفجرْ!
حَمَلتْها في غبشِ الإصباحْ،
لِشوارعَ مُختنقات، مزدحمات
أقدامٌ لا تتوقّف، سيّارات؟
تمشي بحريقِ البنزينْ،
مسكينْ!
لا أحدُ يَشمّكَ يا ليمون!
والشمسُ تُجفّف طلّكَ يا ليمون!
والولدُ الأسمرُ يجري، لا يلحقُ بالسيارات،
"عشرون بقرش،
بالقرش الواحد عشرون!"
...
سلّة ليمون!
تحت شعاع الشمس المسنون،
وقعَتْ فيها عيني،
تذكّرتُ القرية.

كلمات جديدة

سلّة	basket	شُعاع	ray
مَسنون	sharp	نادى-ينادي	to call
مَحزون	sad ،حزين	غادَر-يغادِر	to depart, leave
مُندّى	covered with dew	طَلّ	dew
ظلّ	shade	غَفْوة	sleep, nap
أوّاه	oh	رَوّع-يروِّع	to frighten ،خوّف
قَطف-يقطِف	to pick	غَبَش	twilight
إصباح	morning ،صَباح	مُختنِق	suffocating
أقدام	feet	حَريق	burning
شَمّ-يشمّ	to smell	جفّف-يجفِّف	to dry
جرى-يجري	to run ،ركض	لحِق-يلحَق	to catch up with

نشاطات إضافيّة

١. دراسة الكلمات

أ.

The following words have been taken from the poem you have just read. For each, identify the basic form and indicate how the word is derived. The first one is given as an example. Remember to remove grammatical affixes (the definite article, number and gender markers, etc.).

الكلمة	الصيغة المُجَرّدة	Method of Derivation كيفية الإشتقاق
الإصباح	إصباح	verbal noun of the Form IV verb أصبح
المَحزون	....	....
سابِحة	....	....
المَسنون	....	....
مُختَنِقات	....	....
الملعون	....	....
مُزدَحِمات	....	....
شارِع	....	....

ب.

For the following verbs, identify the root, the basic form, and the pattern.

الفعل	الجذر	الصيغة المجرّدة	الوزن
غادَرَت	....	....	....
رَوَّعها	....	....	....
حَمَلَتها	....	....	....
تتَوقّف	....	....	....
تُجَفِّف	....	....	....
يَلحَق	....	....	....
وَقَعَت	....	....	....
فتَذَكّرْت	....	....	....

٢. اقرأ

بدين يلجأ لرجال الإطفاء
للذهاب الى المستشفى

غادر محروس محمد (٤٥ عاماً) الذي يبلغ وزنه ٤٠٠ كيلوجرام شقته في الاسكندرية للمرة الاولى منذ سبع سنوات أمس الأول بمساعدة عشرة من رجال الإطفاء وثلاثة ضباط ونقالتين وبعض الجيران.

وقالت صحف حكومية أمس ان رجال الإطفاء اضطروا الى توسيع الباب حتى يتمكن محمد من الخروج والذهاب الى المستشفى للعلاج من مرض الفيل. وقالت صباح زوجة محمد انه يتمتع بشهية كبيرة للأكل. وقالت لصحيفة الجمهورية اليومية "في الوجبة الواحدة يتناول خمسة أرغفة، بالإضافة الى الأرز والحلوى. انه لا يمل أبداً من الأكل".

بعض الكلمات الجديدة

رجال الإطفاء	firemen	نقّالة	stretcher
اضطُرّ	to be forced	مَرض الفيل	elephantitis
تمتّع-يتمتّع	to enjoy	شَهيّة	appetite
وجبة	meal	تَناول-يتناوَل	to eat ،أكل
رغيف (ج. أرغفة)	loaf	مَلّ-يمَلّ	to be bored with

Questions

1. How much docs Mahrous Muhammad weigh?

....

2. How long has it been since he left his apartment?

....

3. How many firemen helped him to get out?

....

4. Why did he need to leave the apartment?

....

5. What is his wife's name?

....

6. What did she say about his eating habits?

....

٣. احفظ

سَلّةُ لَيمونْ!
تحتَ شُعاعِ الشمسِ المسنونْ،
والولدُ يُنادي بالصوتِ المحزونْ،
"عشرونَ بقرشْ،
بالقرشِ الواحدِ عشرون!"
...
لا أحدُ يَشمّكَ يا ليمون!
والشمسُ تُجفّف طلّكَ يا ليمون!
والولدُ الأسمرُ يجري، لا يلحقُ بالسيارات،
"عشرون بقرش،
بالقرش الواحد عشرون!"

الدرس رقم ١٨

اسمع: ستّ الكلّ وزهرة البيت–١

1. What did the woman not like?

....

2. What was the man wearing around his neck?

....

3. What was he selling?

....

4. How much money was in Kanfousheh's house?

....

5. What name did Kanfousheh buy?

....

6. Why didn't Kanfousheh answer her husband when he returned from work?

....

7. Under what condition would Kanfousheh's husband return?

....

كلمات جديدة

كَنْفوشة	one with ruffled hair	تمنّى-يتمنّى	to wish for
مَلعون ابن حرام	mischievous rascal	غَريب	strange
طَربوش	fez	رَقبة	neck
قلادة	necklace	خَرَز	beads
من اليوم وطالع	from now on	مَغرِب	sunset
نادى-ينادي	to call	رَدّ-يرُدّ	to answer
جواب	answer	تا	until ،حتى
زَهْرة	flower	بَيّاع	seller
الله يسامحِك!	May God forgive you!	عاجِب	pleasing
طُريق	road	لاقى-يلاقي	to meet
غَبي	stupid		

إقرأ: العدل المقلوب

مَنَحت مَحكمة في ولاية نيويورك لِصاً مَبلغ ٤,٣ مليون دولاراً بعد أن حكَمَت أنّ شرطيّاً تجاوز القانون عندما أطلق النار عليه. اللص هو "برنارد كمنگز" وعمره ٣٢ سنة، وهو من سُكّان مدينة نيويورك. في سنة ١٩٨٤ هَجَم هو وشابّان على "جيروم سادوسكي"، في محطّة "سبواي" في "مانهاتن"، وضربوه على رأسه وطرحوه على الأرض، ثم فتّشوا جيوبه وسرقوا ما كان فيها؛ كان معه ٣٠ دولاراً فقط. وعندما صاح سادوسكي يطلب المساعدة سمعه شُرطيّان يعملان في سُلطة نقل نيويورك، وأسرعا الى المكان فوجدا سادوسكي مطروحاً على الأرض والدم ينزف من أنفه، واللصّ برنارد كمنگز هارِباً، فأطلق شرطي النار على كمنگز وأصابه، ونتج عن ذلك شلل النصف الأسفل من جسمه.

وقد اعترف كمنگز بجريمته ضدّ سادوسكي وحُكم عليه بالسجن لأكثر من سَنَتين. كذلك اعترف الشرطي "مانويل رودريگس" بأنّه أطلق النار على كمنگز.

بعد خُروج كمنگز من السجن رفع قضيّة على سُلطة النقل في ولاية نيويورك، وكسِب القضيّة، ومنحته المحكمة ٤,٣ مليون دولاراً مُقابل الشلل الذي أصابه نتيجة إطلاق النار عليه.

عندما سمع سادوسكي بقرار المحكمة جُنّ جُنونُه، وقال في مُقابلة تلفونية من بيته في ولاية نيوجرزي: "هذا هو العدل المقلوب، يعطون المُجرِم ملايين الدولارات وأنا الضحيّة لم يدفعوا لي ثَمَن مِعطفي الّذي تمزّق أو ثمن نظّارتي الّتي تَكسّرت."

أسئلة

١. كم دولاراً منحت المحكمة اللص؟

....

٢. ماذا فعل برنارد كمنكز في سنة ١٩٨٤؟

....

٣. كم دولاراً كان مع جيروم سادوسكي؟

....

٤. كيف كانت حالة سادوسكي عندما وصل رجال الشرطة؟

....

٥. أين أصيب كمنكز؟ ماذا نتج عن ذلك؟

....

٦. هل اعترف كمنكز بسرقة سادوسكي؟

....

٧. من هو مانول رودريكز؟

....

٨. ماذا قال سادوسكي عندما سمع أن محكمة الولايات المتحدة العليا أكدت قرار محكمة نيويورك بمنح ال ٣. ٤ مليون دولار لكمنكز؟

....

كلمات جديدة

مَنَح-يمنَح	to grant	مَبلَغ	amount
حَكَم-يحكُم	to rule	تجاوَز	to exceed, go beyond
قانون	law	أطلق النار	to fire
طرَح-يطرَح	to push down	جُيوب	pockets
سُلطة نَقل	transit authority	أسرَع	to hurry
دَم	blood	نزف-ينزِف	to bleed
أنْف	nose	أصاب	to hit
نَتَج-ينتُج	to result	شَلل	paralysis
أسفَل	lower	جَريمة	crime
رفع قضيّة	to sue	كَسِب-يكسَب	to win
مُقابل	in return for	نتيجة	result
جُنّ جُنونه	to go crazy, be enraged	مُقابَلة	interview
عدل مقلوب	upside-down justice	ضَحيّة	victim
ثَمَن	price	تَمَزّق	to be torn
نَظّارة	glasses		

نشاطات إضافيّة

١. دراسة الكلمات

أ.

Identify the roots and forms of the following verbs taken from the reading selection.

الفعل	الجذر	الوزن
تجاوز	....	....
أطلَق	....	....
وَطرحوه	....	....
فَتّشوا		....
أسْرَعا	....	....
أصاب	....	....
اعتَرَف	....	....
يُعطون	....	....
تَمَزّق	....	....
تَكَسّرَت	....	....

ب. وزن مفعول The Passive Participle of Form I Verbs

There are two examples of the مفعول (Passive Participle of Form I) pattern in the reading selection. Identify them and indicate what their source verbs are.

٢. املاء

مَنحت محكمة في ولاية نيويورك لِصّاً مبلغ ٤,٣ مليون دولاراً بعد أن حكَمَت أنّ رجُلاً من رِجال الشرطة تجاوز القانون عندما أطلق النار عليه.

٣. ما هو عكس؟

كَسِب ....

خاصّ ....

نظيف ....

سَمح ....

خُروج ....

مَساء ....

قُوّة ....

كَثرة ....

فقير ....

مُنخفض ....

فَوق ....

أقلّيّة ....

١٤ اكتب

Imagine yourself in a situation similar to that of Mr. Sadawsky: you were the victim of a crime in which the criminal was injured (like Bernard Cummings of this story or the thief in the Karakoush story), and a court awarded him or her compensation for the injury. Write a letter to your local Arabic newspaper complaining about the injustice of such a ruling. Tell what happened and why you are unhappy about the court's decision.

الدرس رقم ١٩

اسمع: ستّ الكلّ وزهرة البيت–٢

1. What question was Kanfousheh's husband asking people on his way?

....

2. After Kanfousheh's husband said he was coming back from "hell," what did the lady ask him?

....

3. What did she want him to do for her?

....

4. What did the woman tell her husband when he came back from work?

....

5. Were her parents nice to him when they were alive?

....

كلمات جديدة

مَرّ	to pass	جهنّم	hell
زِفت	terrible	مَصاري	money ،فلوس
عمِل–يعمَل معروف	to do a favor	هديّة	present, gift
مَلعون	cursed	كَذّاب	liar
تعَذّب–يتعذّب	to be tortured	عايِش	living, alive
زَلَمة	man ،راجل		

حوار: استنّى لبعد بكرة، على ايش مستعجِل؟

كلمات جديدة

زَيّ	مثل، like
ولا يهمّك	don't worry
صبر -يصبْر	to be patient
مَحَلّ	مَكان، place
فاتورة	bill
يا ريت لو	I wish
تأخّر	to be late
مستَعجِل	hurrying, in a hurry
وَسَخ	dirt
بَهدَلة	lousy treatment
انّ الله مع الصابرين.	God is with those who are patient.

الصبْر مِفْتاح الفَرَج

إقرأ: أصل العربية وانتشارها

اللغة العربية من اللغات السامية التي تنتمي الى عائلة اللغات الأفريقية-الآسيوية أو الحامية-السامية.

تنقسم اللغات السامية الى أربع مجموعات رئيسية هي المجموعة الشمالية (الأكّادية)، المجموعة الشمالية الغربية (العبرية والفينيقية والآرامية)، المجموعة الوسطى (العربية)، والمجموعة الجنوبية. وتنقسم المجموعة الجنوبية الى مجموعتين هما مجموعة لغات جنوب شبه الجزيرة العربية (الشهرية والحضرموتية والسقطرية)، ومجموعة لغات إثيوبيا (التغرينية والأمهرية والتغري).

لا يعرف المؤرّخون الكثير عن تاريخ اللغة العربية قبل الإسلام، ولكن من المعروف أن العرب كانوا يسكنون في شبه الجزيرة العربية وجنوب سوريا والعراق، وكانوا يستعملون لهجات عربية مُختلفة. ومن المعروف أيضاً أن اللغة العربية الفُصحى كانت لغة العرب العامّة، يستعملونها في الشعر وفي بعض المناسبات التي تلتَقي فيها القبائل العربية.

انتشار العربية

عندما ظهر الإسلام في القرن السابع الميلادي اكتسبت اللغة العربية مكانة خاصة لأنها لغة القرآن، كتاب الإسلام المقدّس، و انتشرت مع انتشار الإسلام الى بلاد كثيرة مثل بلاد الشام، العراق، مصر، وشمال إفريقيا.

ومع زيادة قوّة الدولة الإسلامية زاد الإهتمام باللغة العربية وتُرجم لها الكثير من الكتب من اليونانية والسِريانية والفارسية، وكُتبت بها كتب كثيرة. واستمرّت نهضة اللغة العربية حتى أصبحت من أهمّ لغات العالم في الفترة بين القرن التاسع والثالث عشر. ودخلت كلمات عربية كثيرة الى اللغات الأخرى مثل: الكحول، الجبر، اللوغاريذم (نسبة الى عالم الرياضيات المسلم الخوارزمي)، الكيمياء، صِفر، الإكسير، حَبل (cable)، راحة اليد (racket)، أمير البحر (admiral)، الخ.

عصر الانحطاط وعصر النهضة

يُعتَبر تدمير بغداد في سنة ١٢٥٨ نهاية عصر ازدهار اللغة العربية وبداية عصر الانحطاط الذي استمرّ الى القرن التاسع عشر.

وقد بدأت نهضة اللغة العربية الحديثة في نهاية القرن الثامن عشر وبداية القرن التاسع عشر بعد حملة نابليون على مصر في سنة ١٧٩٨. ففي هذه الفترة دخلت أوّل مطبعة عربية الى العالم العربي، وسافر كثير من الطلاب المصريين الى اوروبا للدراسة، وتُرجم الكثير من الكتب الأوروبية الى اللغة العربية.

أسئلة

أ.

١. الى أيّة عائلة تنتمي اللغة العربية؟

....

٢. الى أيّة مجموعة في اللغات السامية تنتمي العربية؟

....

٣. الى أيّة مجموعة تنتمي اللغة الحضرموتية؟

....

٤. ماذا كان يستعمل العرب قبل الإسلام؟

....

٥. ماذا كانوا يستعلمون في الشعر؟

....

٦. متى ظهر الإسلام؟

....

٧. لماذا اكتسبت العربية مكانة خاصّة؟

....

٨. من أية لغات تُرجمت الكتب الى العربية؟

....

٩. في أيّة فترة كانت العربية من أهمّ لغات العالم؟

....

١٠. متى دُمّرت بغداد؟

....

١١. متى كان عصر انحطاط اللغة العربية؟

....

١٢. متى بدأت النهضة الحديثة؟

....

١٣. ماذ حدث في سنة ١٧٩٨؟

....

١٤. لماذا تُعتبر حملة نابليون بداية عصر النهضة الحديثة؟

....

كلمات جديدة

سامي	Semitic	انتَمى-ينتمي	to belong
انقَسم-ينقسِم	to be divided into	لَهْجة	dialect
عامّ	general	مَكانة	status
سِرياني	Syriac	حَمْلة	campaign

خَيْرُ الكلامِ ما قَلّ ودَلّ

ب.

Read the selection on the Arabic language again and complete the following diagram.

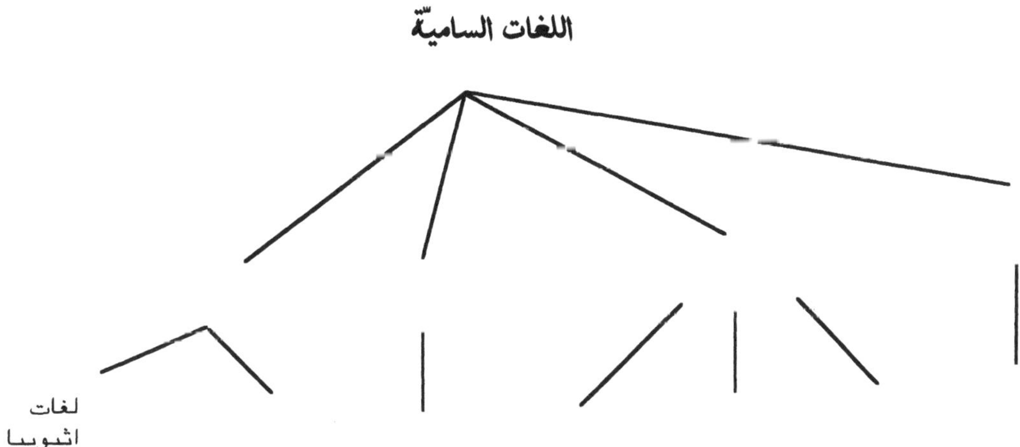

نشاطات إضافيّة

١. دراسة الكلمات

أ.

Look up the words مُناسَبة، اهتِمام، مُقَدّس.

ب.

The following words are taken from the reading selection on the Arabic language. For each of them, identify the basic form, the morphological category, (that is, active participle, passive participle, verbal noun, noun of place) and method of derivation. The first word is given as an example.

الكلمة	الصيغة المُجرّدة	Method of Derivation كيفية الإشتقاق
المؤرِّخون	مُؤَرِّخ	active participle of the Form II verb أرَّخ
المَجموعات	....	....
المَعروف	....	....
مُخْتَلفة	....	....
مُناسَبات	....	....
انتِشار	....	....
الاهتِمام	....	....
مَطبَعة	....	....
الانحطاط	....	....
تَدمير	....	....
ازدِهار	....	....

ج.

For the following verbs, identify the root, the basic form, and the pattern. The first one is given as an example.

الفعل	الجذر	الصيغة المجرّدة	الوزن
يستعملون	عمل	استعمَل	استفعَل، X
تَنقَسِم	....	....	....
تلتقي	....	....	....
اكتسبَت	....	....	....
انتشَرَت	....	....	....
واستمرّت	....	....	....
أصبحت	....	....	....
يُعْتَبَر	....	....	....

Arabic Words in English **د. كلمات عربية دخلت اللغة الانجليزية**

Many words of Arabic origin have made their way into modern English. You can tell the Arabic origin of many of these words because they start with the *al-* (the Arabic definite article ال التعريف). Many others such as *racket* or *cable* are not easily identifiable. Look through an English dictionary and identify five words of Arabic origin. Show what changes these words have undergone as they became anglicized.

٢. إملاء

عندما ظهر الإسلام في القرن السابع الميلادي اكتسبت اللغة العربية مكانة خاصة لأنها لغة القرآن، كتاب الإسلام المقدّس. و انتشرت مع انتشار الإسلام الى بلاد كثيرة مثل بلاد الشام والعراق ومصر وشمال إفريقيا.

٣. ترجم الى العربية

The Arabic language is important for a number of reasons (لعدّة أسباب). The most important of these are, first, that it is spoken by more than 240 million people, and second, that it is the religious language of more than one billion Muslims, who comprise the majority of the population in more than fifty countries in Asia and Africa.

....

....

....

....

....

....

....

....

الدرس رقم ٢٠

اسمع: ستّ الكلّ وزهرة البيت–٣

1. How did the man go to look for Kanfousheh's husband?

....

2. What did Kanfousheh's husband do when he saw the man approaching on the horse?

....

3. How did Kanfousheh's husband trick the man into leaving his horse?

....

4. Did Kanfousheh's husband accept his wife's new name?

....

كلمات جديدة

فَرَس	horse	خَبّا–يخبّي	to hide
لحِق–يلحَق	to catch up with	رِجل (ج. ارجُل)	leg
حَرّك–يحرِّك	to move	حافي	barefoot
صوت	sound, noise	هرَب–يهرُب	to run away
هَيّني	Here I am.		

اقرأ: العربية في العصر الحديث

العربية لغة العرب والمسلمين

يَستعمِل اللغة العربية الآن أكثر من ٢٠٠ مليون شخص، يعيش أكثرهم في العالم العربي. وتُستعمَل اللغة العربية أيضاً في بعض مناطق إفريقيا غير العربية مثل زنجبار، ويوغندا، وفي جزيرة مالطا، وفي مناطق جنوب غرب ايران وجنوب تركيا. وقد استُعملت في جزيرة صقلية حتّى القرن الثامن عشر وفي جنوب إسبانيا حتى القرن الخامس عشر. واللغة العربية الآن من اللغات الستّ الرسمية في الأمم المتّحدة. وأخيراً فإنّ للّغة العربية أهمّيّة دينية لأكثر من ألف مليون مُسلم في جميع بلاد العالم.

الفصحى والعامّيّة

لا يختلف الوضع اللغوي في العالم العربي الآن كثيراً عن الوضع في أيّة فترة معروفة في تاريخ اللغة العربية. فالعرب يستعملون لهجات محكيّة مختلفة في حياتهم اليومية كما كان أجدادهم يستعملون لهجات قبليّة قبل الإسلام وبعده. ويستعملون الفصحى في القراءة والكتابة وللاستماع للراديو والتلفزيون والخُطَب السياسيّة والدينيّة والمحاضرات كما كان أجدادهم يستعملون الفصحى في الشِعر والخُطب والدروس وكتابة الكُتُب.

والفصحى واحدة في كل البلاد العربية كما كانت مُنذُ الفترة التي جاءت قبل الإسلام، واللهجات تختلف من بلد الى بلد مثلما اختلفت لهجات القبائل العربية القديمة. ويُبيّن الجدول التالي بعض الكلمات وكيفيّة نُطْقها في عدد من اللهجات العربية.

الفصحى	دمشق	بغداد	جدة	القاهرة	الدار البيضاء
جيّد	منيح	زين	طيّب	كويّس	مْزيان
كَيف	كِيف	شْلون	كيف	إزّاي	كِيف/كِيفَش
يسار/شمال	يسار/شمال	يِسرى	أيسر/شُمال	شِمال	يِسار
رَجُل	رجّال	رجّال	رجّال	راكِل	رَجَل
قريب	أريب	گريب	گريب	أُرَيِّب	حْدا
أنف/مُنخار	مَنخار	خَشِم	خُشُم	مَناخير	مَنخَر
مطَرت	مْطْرِت	مُطرَت	مطَّرَت	مطَّرِت	طَح شتّا
هُناك	هُنِيك	هْناك	هِناك	هِناك	تَمّا

چ = s في كلمة pleasure

گ = g

لهجات كثيرة ولكن اللغة واحدة

ورغم الاختلافات بين اللهجات العربية الحديثة فإنّ العرب الذين يتكلمون لهجات مختلفة يستطيعون التفاهم مع بعضهم البعض في أكثر الأحوال، فالمصري يتفاهم مع العراقي والسعودي مع الليبي، ويستعملون في ذلك لهجاتهم. وهناك بعض الصعوبات في التفاهم، خاصّة اذا كان المتكلّمون غير متعلّمين أو اذا كانوا من دول بعيدة مثل العراق والمغرب.

العربية الفصحى مهمّة جداً عند العرب لأنها لغة القرآن الكريم والحديث الشريف، ولأنّها لغة الكتب القديمة والحديثة. ويعتقد الكثير من العرب أن اللهجات العربية خطر على الوحدة العربية بسبب كثرتها واختلافها من بلد الى بلد ومن منطقة الى منطقة في نفس البلد.

أسئلة

١. أين تُستعمل اللغة العربية الآن ؟

....

٢. الى متى استعلمت اللغة العربية في اسبانيا؟

....

٣. كم عدد المسلمين في العالم؟

....

٤. ماذا يستعمل العرب للتفاهم (for communication) في حياتهم اليومية ؟

....

٥. ماذا كانوا يستعملون في حياتهم اليومية قبل الإسلام ؟

....

٦. كيف يستعمل العرب اللغة العربية في القرن العشرين؟

....

٧. هل هناك فرق بين استعمالها في القرن العشرين وقبل الإسلام؟

....

٨. هل يتفاهم العرب مع بعضهم البعض عندما يستعملون لهجاتهم المختلفة ؟

....

٩. أين توجد الصعوبات في التفاهم؟

....

١٠. لماذا تُعتَبَر اللغة العربية الفصحى سهلة جداً ؟

....

كلمات جديدة

استعمل-يستعمِل	to use	صِقلْية	Sicily
مَحكي	spoken	أجداد	ancestors
خُطبة (ج. خُطَب)	speech	مُحاضرة	lecture
بيّن-يبيّن	to show	كيفية	how, manner
نُطق	pronunciation	تَفاهَم-يتفاهَم	to communicate
مع بَعضهم البَعض	with one another	حال (ج. أحوال)	situation
خَطَر	danger		

نشاطات إضافيّة

١. دراسة الكلمات

أ.

As was pointed out earlier, the active participle (اسم الفاعل) category generally denotes the doer of an action, the passive participle (اسم المفعول) denotes the recipient, and the verbal noun (مصدر) the action that the corresponding verb represents. This is illustrated by the Form II verb وَظّف and its derivatives.

المصدر	اسم المفعول	اسم الفاعل	الفعل
تَوظيف	مُوَظَّف	مُوَظِّف	وَظَّف
employing, employment	employee	employer	to employ

Column أ below lists the verbs from which the words in Column ب are derived. The derived words belong to different morphological categories (participles, verbal nouns, and nouns of place).

On the basis of the meanings given for the source verbs, predict the meanings of the derived words in Column ب. If you are in doubt about the meanings of some words, check your dictionary. The first word is given as an example.

ب		أ	
مُخْتَلِفة	different	اختلف	to differ
اختِلاف	....		
استِماع	....	استَمَع	to listen
مُسْتَمِع	....		
مَعلومات	....	علِم	to learn
تَفاهُم	....	تَفاهَم	to communicate
مُتَكَلِّم	....	تَكَلَّم	to speak
مَطروح	....	طَرَح	to push down
مُتَعَلِّم	....	تَعَلَّم	to learn
مطبوعات	....	طَبَع	to print
مَطبَعة	....		

٢. املأ الفراغات

Listen to the paragraph and write the missing words.

يعتقد كثير من العرب أنّ اللهجات العربية خطر على الوحدة ....، وأنّه يجب على كل العرب أن .... اللغة الفصحى. فاللهجات العربية ....، وليس لكل دولة لهجة واحدة فحسب، بل هناك لهجات كثيرة حتى في الدولة الواحدة. فبالإضافة الى اختلاف اللهجة المصرية عن اللهجة العراقية .... المغربية وغيرها، هناك اختلافات كثيرة .... لهجات المدن ولهجات القرى. لكنّ الفصحى واحدة في كل .... العربية. وهي أيضاً واحدة عبر العصور، لأنها لم .... الا قليلاً منذ مئات السنين، ولا يُتوقّع أن تتغيّر لأنها .... القرآن والتراث العربي الإسلامي.

إن الذين يدعون الى أن .... كل العرب اللغة الفصحى في حياتهم اليومية يجهلون أو يتجاهلون عدة .... منها. أولاً، منذ قديم الزمن يتكلّم العرب لهجات .... في حياتهم اليومية ويستعملون الفصحى للقراءة .... والمناسبات الرسمية. ثانياً، لو أصبحت الفصحى لغة كلام لتغيّرت مع .... كما تتغير كل اللغات، لأن التغيّر في .... اللغة. إنّ الفصحى لم تتغيّر عبر .... لأنها لغة مكتوبة وليست لغة محكيّة.

كلمات متقاطعة

	١	٢	٣	٤	٥	٦	٧	٨	٩	١٠
١				■		■				
٢		■		■		■		■	■	
٣				■		■			■	
٤		■						■		
٥				■	■	■		■	■	
٦	■	■		■		■	■		■	■
٧							■			
٨		■	■	■					■	
٩		■	■		■		■			
١٠						■	■	■	■	

أفقي

١. العربية؛ عكس "جنوب"

٣. حرف عربي

٤. فَرع (branch) رياضيات اخترعه العرب؛ جذر "حبيب"

٥. حرف عربي (معكوس)

٧. تمشي بحريق البنزين؛ مُفرد "رِجال"

٨. أمام (معكوسة)

٩. وجد (معكوسة)

١٠. المدينة الرئيسية في الدولة

عمودي

١. فاكهة (في سلّة الولد الأسمر)؛ من "سبعة"

٣. عائلة لغات معروفة (معكوسة)

٤. جذر "اهتمام"

٥. عكس "دُخول"؛ عكس "خاصّ"

٦. تُوُفّي (معكوسة)

٧. تمشي فيها السيارات

٨. عكس "غربي"

١٠. جمع "قبيلة (معكوسة)؛ عكس "كثير" (معكوسة)

الدرس رقم ٢١

اسمع: ابن آدَم–١

1. Why did the birds have a nice life on the island?

....

2. What did the duck dream of?

....

3. What did the voice tell the duck in her sleep?

....

4. How is the "Son of Adam" (man) described?

....

كلمات جديدة

نوع (ج. أنواع)	kind
حَيَوان	animal
ابن آدم	Son of Adam; man
بَطّة	duck
سَبح-يسبَح	to swim
بُحَيرة	lake
ثَمَر	fruit
حلِم-يحلَم	to dream
ذَكي	clever
غَدّار	treacherous

حوار: كان وأخواتها

كلمات جديدة

تأخّر-يتأخّر	to be late
قِصّة	story
تبهدَل-يتبَهدَل	to be treated badly
ما صدّقت وأنا أطلع.	I couldn't wait to get out.
اللي مَضى	last (which passed)
شو صار	what happened
طلِع-يطلَع	to turn out to bc
حَلَق-يحلِق	shave
اعتذَر-يعتَذر	to apologize
على فِكرة	by the way
جُملة	sentence
مَمنوع من الصَرف	diptotes
زِيارة	visit
شركة النفط الوطنية	national oil company
طَوّل-يطوِّل	to stay a long time

اقرأ: الأرقام العربية

قبل اختراع الرموز ١–١٠ كان العرب، مثل الشعوب السامية الأخرى ومثل اليونان والرومان، يستعملون الحروف الهجائية في كتابة الأعداد، وكان لكل حرف بقيمة عددية كما يلي

ا–١	ب–٢	ج–٣	د–٤	هـ–٥
و–٦	ز–٧	ح–٨	ط–٩	ي–١٠
ك–٢٠	ل–٣٠	م–٤٠	ن–٥٠	س–٦٠
ع–٧٠	ف–٨٠	ص–٩٠	ق–١٠٠	ر–٢٠٠
ش–٣٠٠	ت–٤٠٠	ث–٥٠٠	خ–٦٠٠	ذ–٧٠٠
ض–٨٠٠	ظ–٩٠٠	غ–١٠٠٠		

فمثلاً كان يُكتب الرقم ٣٢٤ "شكد" والرقم ١٣٢٤ "غشكد".

وكان النظام العربي في الأصل مبنياً على الحروف الهجائية العبرية، التي يبلغ عددها ٢٢ حرفاً، والتي يمكن الإشارة لها بالكلمات "ابجد، هوز، حطي، كلمن، سعفص، قرشت". وأضاف العرب الى النظام العبري ستة حروف توجد في العربية ولا توجد في العبرية وهي: ث، خ، ذ، ض، ظ، غ.

وبعد انتشار الإسلام في بلاد الشرق الأوسط وشمال إفريقيا، أصبحت بغداد مركزاً ثقافياً هاماً يلتقي فيه العلماء العرب واليونان والفُرس والهنود واليهود. وفي القرن الثامن الميلادي وصل الى بغداد عالم هندي ومعه كتاب يستعمل نظاماً للأرقام يختلف عن الأنظمة المستعملة في الدولة الإسلامية وفي اوروبا في ذلك الوقت. وكان ذلك النظام يستعمل رمزاً واحداً لكل خانة،

فالرقم ٧٥٢٣ كان يُكتَب:

|٧|٥|٢|٣|

أي سبعة في خانة الآلاف وخمسة في خانة المئات واثنين في خانة العشرات وثلاثة في خانة الآحاد.

كان النظام الهندي أسهل من أنظمة العدّ والحساب الأخرى، ولكن كانت فيه مشكلة. فقد كانت الأرقام تُكتَب في خانات وكانت قيمة العدد تُعرف من الخانة المكتوب فيها، وللتمييز بين عددين مثل ٣١ و ٣٠١ كانت تُترك خانة خالية في العدد ٣٠١، كما يلي:

|١|٣| =٣١

|١| |٣| =٣٠١

ولحلّ المشكة اخترع علماء بغداد مفهوم الصفر، أي المكان الذي ليس فيه شيء، للتعبير عن الخانة الخالية، وبذلك انتهت الحاجة الى أعمدة الخانات.

وقد قام عالم الرياضيات المسلم أبو جعفر محمد ابن موسى الخوارزمي بشرح النظام الهندي في القرن التاسع الميلادي، وانتشر ذلك النظام من بغداد الى مناطق الدولة الإسلامية الأخرى ومنها الى أوروبا.

وقد استُعمِلت كلمة algorithm للتعبير عن ذلك النوع من الرياضيات الذي شرحه الخوارزمي، والكلمة مُشتقّة من اسمه. كذلك فإن كلمة zero الانجليزية وما يقابلها في اللغات الأوروبية الأخرى ترجع الى كلمة "صفر" العربية.

وعلى الرغم من أنّ العرب استعملوا الطريقة الهندية في كتابة الأرقام فإنّهم استمرّوا في استعمال الحروف العربية للتعبير عنها. ويقول المؤرّخون إنّ الأرقام المعروفة بالأرقام العربية، والتي تُستَعمل الآن في العالم العربي وفي اوروبا، يرجع أصلها الى الحروف العربية.

أسئلة

١. ماذا كان يستعمل العرب للعدّ قبل اختراع الرموز ١-١٠؟

....

٢. ماذا أضاف العرب الى نظام العدّ العبري ؟

....

٣. مَن وصَل الى بغداد في القرن الثامن الميلادي؟ ماذا كان معه ؟

....

٤. لماذا كان النظام الهندي أسهل من النظام العربي؟

....

٥. ماذا كانت مشكلة النظام الهندي؟

....

٦. ماذا اخترع علماء بغداد؟

....

٧. ما هو أصل كلمة algorithm؟

....

٨. الى ماذا يرجع أصل الأرقام العربية ١-١٠؟

....

٩. كيف تكتب الرقمين ١٩٠٧ و ١٩٩٧ حسب النظام العربي والنظام الهندي قبل اختراع مفهوم الصفر؟

....

كلمات جديدة

اختِراع	invention
رمز (ج. رموز)	symbol
شَعب (ج. شُعوب)	people
حَرف (ج. حُروف)	letter
هِجائي	alphabetic
قيمة	value
نِظام (ج. أنظمة)	system
مَبني	built, based
إشارة	referring
أضاف-يُضيف	to add
خانة	place (as in place value)
آحاد	ones, units
حِساب	arithmetic, calculating
تَمييز	distinguishing
تُرِك-يُترَك	to be left
خالي	empty
مَفهوم	concept
تعبير	expressing
حاجة	need
عَمود (ج. أعمِدة)	column
قام-يقوم بـ	to undertake
شَرْح	explaining
نوع	type
مُشتَقّ	derived
قابَل-يقابِل	to correspond to

نشاطات إضافيّة

١. دراسة الكلمات

It was pointed out in Lesson 3 that knowledge of verb forms and derivations plays an important role in developing your mastery of Arabic. In addition to developing the skill of using the dictionary, such knowledge helps you in two other important respects. First, as was shown in the word study exercise of Lesson 20, meanings of words can be predicted on the basis of your knowledge of related ones. If you know the meaning of مُخْتَلِف, you can predict the meaning of اختلاف, and so on. Second, the different patterns are distinguished by specific consonant structures and vowel melodies. For example, Form II verbs derived from sound roots always have the shape CaCCaC in the perfect and xuCaCCiC in the imperfect (where x stands for any of the imperfect subject markers *y*, *t*, *ʔ*, *n*); the verbal noun of Form X verbs always has the shape istiCCaaC, and so on. Consequently, if you see the verb يستعمل "he uses" for the first time, you can guess that it is pronounced *yastaʕmil*, because it follows the pattern of Form X verbs in the imperfect. Of course, it is not always easy to be sure of the correct pronunciation. For example, the same word can be pronounced *yustaʕmal*, which is the passive counterpart of *yastaʕmil*. Only context or the ضمّة on يـ will determine which form is intended. Even native speakers of Arabic have trouble with passive/active verb forms like يَستَعْمِل/يُستَعْمَل when they read Arabic; it is not uncommon to hear a radio announcer correcting himself or herself in the middle of a sentence, realizing that what was meant was the other form of the verb. Radio announcers and public speakers frequently put the necessary diacritics in the text they are going to read before reading it aloud.

أ.

For the following nouns and adjectives, supply the short vowels (ضمّة، فتحة، كسرة) to indicate the correct pronunciation, and indicate what morphological category each belongs to. Ignore the case endings (that is, the vowels accompanying the last consonant of the word). Follow the example.

مثال	انتشار	انْتِشار	verbal noun of the Form VIII verb انتَشَر
	اختراع	....	....
	مركز	....	....
	تعبير	....	....
	المكتوب	....	....
	تمييز	....	....
	استعمال	....	....
	المؤرّخون	....	....
	احتفاظ	....	....

ب.

For the following verbs, supply the short vowels (ضمّة، فتحة، كسرة) to indicate the correct pronunciation, and identify the form each belongs to. Ignore the mood endings (that is, the vowels accompanying the last consonant of the verb). Follow the example.

مثال	يعبّر	يُعَبِّر، II
	أصبح	....
	يلتقي	....
	اخترع	....
	استمرّ	....
	تمكّن	....
	استعمل	....

٢. إملاء

وبعد انتشار الإسلام في بلاد الشرق الأوسط وشمال إفريقيا، أصبحت بغداد مركزاً ثقافياً هامّاً يلتقي فيه العلماء العرب واليونان والفُرس والهنود واليهود.

٣. ترجم الى الإنجليزية

كان النظام الهندي أسهل من النظام العربي بكثير، فهو يستعمل عشرة رموز بدلاً من ٢٨ حرفاً.

وعلى الرغم من أنّ العرب استعملوا الطريقة الهندية في كتابة الأرقام فإنّهم استمرّوا في استعمال الحروف العربية للتعبير عنها.

....

....

....

....

....

٤. ترجم الى العربية

The number system that is used in most countries of the world today was developed in India. It is called the Arabic system because the Arabs transmitted it to Europe through Spain.

....

....

....

....

....

٥. مُتَرادِفات

Match the word in the first column with its synonym in the second.

عودة	صِفر
قَذر	مَحَلّ
حامي	فَتَح
مَحزون	رُجوع
ليس فيه شيء	وسِخ
أعطى	حارّ
احتلّ	طيّارة
مَكان	سَنة
طائرة	مَنَح
أمام	حَزين
عام	عُمر
سِنّ	قُدّام

٦. أغنية "كُنّا وكنتوا" (جيل جيلالة)

We were, and you were,	كنا وكنتوا،
You have become, and we have become,	وصرنا وصرتوا،
The concern,	فالهَمّ، الهمّ، الهمّ،
And everybody's concern,	وكلّها وهمّه،
Is to follow what interests him,	تابع اللي كايهمّه،
This is what has become of mankind.	هكذا صار بن آدم.
Companionship, brotherhood, and blood,	العشرة والخوّة والدمّ،
All around you, O Dirham [money].	عليك يا الدرهم،
Around you they dispersed and around you they gathered,	تفارقوا وعليك تلمّوا،
This is what has become of mankind.	هكذا صار بن آدم.
The days were pleasant, full of goodness,	كانت الأيام هانيه بخير،
The neighbor asked about his neighbor,	وكان الجار يسأل على جاره،
But today, who asks about others?	واليوم شكون سوّل على الغير،
The neighbor dies and nobody brings his news.	يموت الجار ومن يجيب اخباره.
The markets were full of good things,	كانت الأسواق عامرة بالخير،
The biggest merchant was reasonable in his prices,	وكبير التجار ميسّر في اسعاره،
The buyer never faces cheating,	الشاري ما يصادف التزوير،
And the seller making his scales overflow,	والبايع زايد موفّي في أعباره،
People went to school on simple mats,	والناس قرات غير على الحصير،
But mastered the art of living and learned its secrets well.	وعاقت علم النجا وعرفت اسراره.

الدرس رقم ٢٢

اسمع: ابن آدَم–٢

1. What was the lion cub doing when the duck reached the mountain?

....

2. What did the lion cub do when the duck told him her story?

....

3. What did the duck and the lion cub see in the distance?

....

6. Whom did they meet?

....

كلمات جديدة

to sun himself	تشمّس-يتشمّس
creature	مَخلوق
mouth	ثِمّ
to show	بَيّن-يبيِّن
fangs	أنياب
deserts	صَحاري
dust cloud	زوبَعة
ear	ذان (ج. آذان)

اقرأ: "أحكي للعالم" للشاعر الفلسطيني سميح القاسم

أحْكي للعالَمِ أحكي لَهْ،
عن بيتٍ كَسروا قَنديلَهْ،
عن فأسٍ قَتلَتْ زنبقةً،
وحريقٍ أوْدى بجَديلةْ.

أحْكي عن شاةٍ لمْ تُحلَبْ،
عن قَهوةِ صُبحٍ لم تُشرَبْ،
عن عَجنةِ أمٍّ ما خُبزَتْ،
عن سطحٍ طينيٍّ أعشبْ،
أحكي للعالمِ أحكي له.

يا بنتَ الجارِ المَنسيّةْ،
الدميةُ عِندي مَحميّةْ،
الدميةُ عندي فتَعالي،
في باصِ الريحِ الشرقيّةْ.

حنّا، لا أذكرُ قَسَماتِكْ،
لكنّي أشقى كي أذكُرْ،
في قَلبي خَفقةَ خَطَواتِك،
عُصفورُ يدرُجُ أو ينقُرْ.

كُنّا، ما أجملَ ما كنّا،
يا بنتَ الجارِ، ويا حنّا،
كُنّا، فلماذا أعيُنُنا،
صارتْ بالغربةِ مَجبولَةْ،
ولماذا صارتْ أيدينا،
بحبالِ اللعنةِ مَجدولةْ،
أحكي للعالمِ أحكي لَهْ.

كلمات جديدة

قَنْديل	candle, light	فَأس	axe
زَنْبَقة	lily	حريق	fire
أوْدى	to destroy	جَديلة	braid
شاة	sheep	حلَب-يحْلِب	to milk
عَجْنة	dough	خَبز-يخْبِز	to bake
سَطح	roof	طيني	made of mud
أعْشَب	covered with grass, weedy	مَنسي	forgotten
دُمْية	doll	مَحمي	protected
قَسَمات	features	شقي-يشقى	to strive
كَي	in order to	خَفقة	beat, sound
خَطَوات	steps	درَج-يدرُج	to walk
نقَر-ينقُر	to peck	ما أجمل!	How beautiful!
غُربة	exile	مَجْبول	mixed
لَعنة	curse	مَجْدول	woven

Note

Exclamations equivalent to English "how beautiful!" are expressed in Arabic by the particle ما followed by the أفْعَل form:

ما أجمل البيت! How beautiful the house is!

نشاطات إضافيّة

١. دراسة الكلمات

The following seven words include five derived from tri-consonantal roots and two from four-consonantal roots. For each word identify the root, and for the five tri-consonantal ones identify the pattern as well.

الكلمة	الجذر	الوزن
قَنديله	....	....
زِنبقة	....	....
بجَديلة	....	....
مَنسيّة	....	....
مَحميّة	....	....
مَجْبولة	....	....
مَجْدولة	....	....

If you had some difficulty with the two words مَنسيّة and مَحميّة, it is because they are derived from lame roots, that is, roots that have ي or و in the third consonant position (نسي، حمي). Such roots have their Form I passive participles following the modified مفعول pattern مَفْعِيّ.

٢. اقرأ: أبو العلاء المعري

اسمه الكامل أبو العلاء أحمد بن عبدالله بن سليمان المعرّي، وهو شاعر وفيلسوف عربي مشهور. وُلِد سنة ٣٦٣ هجرية، الموافق سنة ٩٧٣ ميلادية، في "معرّة النعمان"، وهي مدينة تقع بين حلب وحمص في شمال سوريا. أُصيب أبو العلاء بمرض الجُدَري وفَقَدَ بصَره عندما كان عمره أربع سنوات.

بعد دراسته في مدينة المعرّة ومدينة حلب، سافر أبو العلاء الى بغداد سنة ٣٩٨هـ لكثرة علمائها ومكتباتها. وعلى الرغم من حبّه لبغداد، فقد غادرها بعد سنة ونصف من وصوله. وعندما رجع الى المعرّة وجد أنّ أمّه قد

ماتت، فحزن عليها حزناً شديداً.

كان أبو العلاء فيلسوفاً مُتشائماً، وكان يعتقد أن أفضل أمل للبشرية هو في فنائها، لذلك لم يتزوّج، واعتبر إنجاب الأطفال خطيئة. وقد طلب أن يُكتب على قبره "هذا جناه أبي عليّ، وما جنيتُ على أحد". ومن شعره الذي يظهر فيه تشاؤمه في الحياة:

غير مُجدٍ في ملّتي واعتقادي ... نوح باكٍ ولا ترنّم شادِ...
خفِّف الوطءَ ما أظنّ أديم ال ... أرض الا من هذه الأجساد...
رُبّ لحدٍ قد صار لحداً مِراراً ... ضاحِك من تَزاحُم الأضداد

كان أبو العلاء نباتياً، ولم يأكل اللحم في آخر ٤٥ سنة من حياته. وكان يعتقد أن قتل الحيوانات و شرب حليبها و أكل بيضها خطيئة. ومن شعره في ذلك:

فلا تأكلنّ ما أخرج الماء ظالماً ... ولا تبغَ قوتاً من غريض الذبائح
ولا تفجعنّ الطير وهي غوافلِ ... بما وضعت، فالظلم شرّ القبائح
ودع ضرب النحل الذي بكرت له ... كواسِب من أزهارِ نبتٍ فوائح
فما أحرزَته كي يكون لغيرِها ... ولا جمعَته للندى والمنائح

على الرغم من ايمان أبو العلاء بإله واحد فإنّه لم يُظهر ايماناً قويّاً بما جاء به الأنبياء، وكان في نفسه كثير من الشكوك. ومن شعره في ذلك:

في اللاذقيّة ضَجّةٌ ... ما بين أحمدَ والمسيحْ
هذا بناقوسٍ يدقُّ ... وذا بمئذنةٍ يصيحْ
كُلٌّ يُمَجِّد دينَه ... يا ليتَ شعري ما الصحيحْ

مات أبو العلاء موتاً طبيعياً سنة ٤٤٩ هـ.

Questions

1. When was Abu al-'Alaa' born? Where?

....

2. Why did he travel to Baghdad? How long did he stay there?

....

3. Did Abu al-'Alaa' get married?

....

4. Was Abu al-'Alaa' a strong believer?

....

6. When did he die? What did he die of?

....

٣. احفظ

Try memorizing the following lines from أحْكي للعالم.

أحْكي للعالَمِ أحكي لَهْ،
عن بيتٍ كَسروا قَنديلَهْ،
عن فأسٍ قَتلَتْ زنبقةً،
وحريقٍ أوْدى بجَديلةْ.

أحْكي عن شاةٍ لمْ تُحلَبْ،
عن قَهوةِ صُبحٍ لم تُشرَبْ،
عن عَجنةِ أمٍّ ما خُبزَتْ،
عن سطحٍ طينيٍّ أعشبْ،
أحكي للعالمِ أحكي له.

يا بنتَ الجارِ المَنسيّةْ،
الدميةُ عِندي مَحميّةْ،
الدميةُ عندي فتَعالي،
في باصِ الريحِ الشرقيّةْ.

الدرس رقم ٢٣

اسمع: ابن آدَم–٣

1. What did the lion cub promise the donkey, the horse, and the camel?

....

2. What was the old man carrying?

....

3. Whom is the carpenter afraid of?

....

4. Where was the carpenter going?

....

5. Why did the leopard need a house?

....

كلمات جديدة

حَمى–يحْمي	to protect
قرّب–يقَرِّب	to become closer
حِصان	horse, stallion
كَتف	shoulder
لوح (ج. ألواح)	board
عِدّة	tools
رجَف–يرجِف	to shiver
زأر–يزأر	to roar
فَهد	leopard
وَزير	minister, assistant

لسانَك حصانَك، إنْ صُنْتَهُ صانك وانْ خنتهُ خانَك

حوار: اللي بيصدّق الناس بيموت من الجوع

كلمات جديدة

يبدو	it seems
مَحفظة	wallet
غَريب	strange
أكيد	certainly
ثِقة	trust, confidence
صَدّق-يصدّق	to believe
الحيط بالحيط	next door (wall-to-wall)
ذكَر-يذكُر	to remember
سُبحان الله!	May God be exalted!
زَلَمة	man راجِل،
أخبار	news

فتِّش عَن الجار قَبل الدار

اقرأ: مدينة القدس

مدينة القدس مُقدَّسة في نظر اليهود والمسيحيين والمسلمين. بالنسبة لليهود فإنّ القدس هي القِبلة التي يتوجّهون اليها في صلاتهم. وتحتوي على بقايا "جبل البيت" الذي كانوا يقدّمون الأضاحي الى الله عليه في الزمن القديم. ويجتمع اليهود من كل بلاد العالم للصلاة في ذلك المكان الذي يُعرف الآن بالحائط الغربي أو حائط المبكى. وقد اكتسبت القدس أهمّية سياسية نتيجة لأهميتها الدينية، فقد كانت عاصمة دولة اسرائيل القديمة، وتعتبرها دولة اسرائيل الحديثة عاصمتها في الوقت الحاضر.

وبالنسبة للمسيحيين، فإنّ أهمّية القدس ترجع الى سببين رئيسيين. أولاً، أهمّيتها في الدين اليهودي، وثانياً، لأنّها مكان صلب المسيح وبعثه. ورغم انتشار المسيحية في كل بلاد العالم، فإنّ مكانة القدس الخاصّة بقيت في نفوس المسيحيين أينما كانوا. وقد شنّ بعض المسيحيّين الأوروبيين في العصور الوسطى حروباً تُعرف بالحروب الصليبية لاسترجاع القدس من المسلمين، واحتلوها وأقاموا فيها مملكة مسيحية استمرّت من ١١٠٩ الى ١١٨٧

م.، عندما هزمَهم المسلمون في معركة حطين وأخرجوهم من فلسطين.

وفي هذه الأيام ينظر المسيحيون الى فلسطين، بما فيها مدينة القدس، على أنّها مَولد دينهم.

أمّا بالنسبة للمسلمين، فإنّ أهمّيّة القدس ترجع الى سببين أيضاً. أولاً، أهمّيتها في اليهودية والمسيحية، وثانياً، وجود الحرم الشريف فيها، وهو مَكان عُروج النبي مُحمَّد الى السماء في ليلة الإسراء.

وقد فتح المسلمون مدينة القدس سنة ٦٣٧ ميلادية في زمن الخليفة عمر ابن الخطاب، ومن سنة ٦٣٧ م. الى سنة ١٩١٧ كانت في يد المسلمين باستثناء الفترة ما بين ١١٠٩ و١١٨٧، عندما كانت تحت حكم الصليبيين.

كانت القدس في بداية الدعوة الإسلامية قِبلة المسلمين، وبعد ذلك أصبحت مكّة القبلة، ولا زال المسلمون يسمّون القدس القبلة الأولى.

ومع أنّ القدس لم تكُن العاصمة السياسيّة للدولة الإسلامية، فقد اعتنى بها الحكّام المسلمون عناية خاصّة، وبنوا فيها المساجد والمدارس والمستشفيات والمكتبات والحمّامات العامّة والمَتاحف. وفي القرن السادس عشر بنى السلطان العثماني سليمان سوراً حولها. لهذه الأسباب فإنّه يغلب على القدس القديمة الطابع الإسلامي.

أسئلة

١. لماذا تُعتبَر القدس مقدّسة عند اليهود والمسيحيين والمسلمين؟

....

....

....

٢. أين كان اليهود يقدّمون الأضاحي في الزمن القديم؟

....

٣. ماذا نتج عن أهمّيّة القدس الدينية بالنسبة لليهود؟

....

٤. مَن شنّ الحروب الصليبية؟ متى؟

....

٥. كم سنة استمرّت المملكة المسيحية في القدس في العصور الوسطى؟

....

٦. ماذا يسمّي المسلمون القدس ؟

....

٧. ماذا بنى الحكّام المسلمون في القدس عبر العصور ؟

....

٨. ماذا بنى السلطان العثماني في القدس في القرن السادس عشر ؟

....

كلمات جديدة

في نظر	in the eyes of	قِبلة	direction of prayer
تَوَجّه-يتوجّه	to face	احتَوى-يحْتَوي	to contain
أضاحي	sacrifices	حائط المبكى	Wailing Wall
سَبَب	reason	صَلْب	crucifixion
بَعْث	resurrection	أينَما	wherever ،اين ما
شَنّ-يشُنّ	to wage (war)	أقام-يُقيم	to set up
استِثناء	exception	الصليبيين	the Crusaders
اعتنى-يعتني	to look after	غلب-يغلِب.	to dominate
طابِع	character		

النشاطات الإضافية

١. دراسة الكلمات

أ.

Look up the following two words:

مَولِد

الحُروب الصليبيّة

ب.

Write the root and pattern of the following verbs from the reading passage, following the example.

	الفعل	الجذر	الوزن والرقم
مثال	يتوجّهون	وجه	تفعّل، V
	تَحتَوي	....	....
	يُقَدّمون	....	....
	ويَجتَمِع	....	....
	اكتسبَت	....	....
	وتعتبرها	....	....
	احتلّوا	....	....
	وأقاموا	....	....
	واستمرَّت	....	....
	وأخرَجوهم	....	....
	يحُجّون	....	....
	تَرجِع	....	....
	فَتَح	....	....
	يُسَمّون	....	....
	اعتَنى	....	....

ج.

The two words استثناء and إسراء are verbal nouns derived from استثنى (Form X) "to make an exception" and أسرى (Form IV) "to undertake a journey at night." What are the roots of these two words?

د.

Identify the two passive participles in the reading selection that are derived from Form II verbs.

٢. إملاء

يبلغ عدد المسلمين في العالم الآن حوالي ألف مليون نسمة، وهم أكثرية السكّان في أكثر من خمسين دولة. يَعتَبر المسلمون القدس مدينة مقدّسة ويحتفلون في كل سنة بعيد المِعراج، وهو عُروج النبيّ محمّد من القدس الى السماء.

٣. املأ الفراغات

Listen to the paragraph and write the missing words.

يقول المؤرّخون إنّ الخليفة .... ابن الخطّاب جاء بنفسه لتسلّم مدينة .... من البيزنطيين عندما فتحها المسلمون في .... ٦٣٧، وزار المكان المعروف الآن بالحرم الشريف، .... ذلك المكان خراباً، فأمر بتنظيفه .... في ذلك بنفسه، ثمّ صلّى هو وأتباعه فيه. وبعد ذلك بأربع .... سنة، أيْ في سنة ٦٩١، بنى المهندسون والبنّاؤون الشاميّون في .... المكان أوّل أعجوبة هندسية إسلامية، وهي قبّة ....، وكان ذلك في زمن الخليفة الأموي عبد الملك ابن .... وفي زمن ابنه الوليد، الذي حكم .... سنة ٧٠٥ الى سنة ٧١٥ ميلادية، تمّ بناء .... الثاني في الحرم وهو المسجد ....

٤. اقرأ

ابن بطوطة في القدس

ثم وصلنا الى بيت المقدس، شرّفه الله، ثالث المسجدين الشريفين في رُتبة الفضل، ومَصعد رسول الله، صلى الله عليه وسلم تسليماً، ومعرجه الى السماء. والبلدة كبيرة منيفة بالصخر المنحوت...

و [المسجد المقدّس] هو من المساجد العجيبة الرائقة الفائقة الحسن، يُقال إنه ليس على وجه الأرض مسجد أكبر منه، وأنّ طوله من شرق الى غرب سبعمائة وثنتان وخمسون ذراعاً بالذراع المالكية، وعرضه من القبلة الى الجوف أربعمائة ذراع وخمس وثلاثون ذراعاً. وله أبواب كثيرة في جهاته الثلاث، وأما الجهة القبلية منه فلا أعلم بها الا باباً واحداً، وهو الذي يدخل منه الإمام. والمسجد كلّه فضاء وغير مسقّف الا المسجد الأقصى فهو مسقّف في النهاية من إحكام الفعل وإتقان الصنعة، مموّه بالذهب والأصبغة الرائقة، وفي المسجد مواضع سواه مسقّفة.

بعض الكلمات الجديدة

رُتبة	status	فَضْل	grace, favor
مَصعَد	place of ascent	مُنيف	high, lofty
مَنحوت	carved	رائق	beautiful ،جميل
فائق	exceeding	ذراع	arm
جَوف	inside ،داخِل	فَضاء	open space
مُسَقَّف	roofed	إتْقان	mastery
مُمَوَّه	coated, plated	صِباغ (ج. أصبِغة)	color
مَوضِع	place ،مَكان	سِوى	other than ،غير

٥. اكتب

اكتب فقرة أو فقرتين (حوالي ٨٠-١٠٠ كلمة) تتحدّث فيها عن مدينة القدس. هل لتلك المدينة مكانة خاصّة في نظرك؟ لماذا؟

Write a paragraph or two (60-100 words) about Jerusalem. Does Jerusalem have a special importance for you? How? (If it does not, write about another city that you have a special attachment to, religious, emotional, or otherwise.)

الدرس رقم ٢٤

اسمع: ابن آدمَ-٤

1. What did the lion cub say when the carpenter told him that he was going to build a house for the leopard?

....

2. What did the lion cub do when the carpenter said he had already made a promise to the leopard?

....

3. What happened to the carpenter when the lion cub hit him lightly?

....

4. What did the carpenter say after the lion cub hit him?

....

5. What did the lion cub say?

....

6. Why did the carpenter want the lion to get inside the cage?

....

7. What did the carpenter tell the lion cub when he asked to get out?

....

8. What did the duck, the donkey, the horse, and the camel do when they saw what happened to the lion cub?

....

كلمات جديدة

وَعَدَ-يَعِدُ	to promise	خفيف	light
ما أقْواك!	How strong you are!	ما أضْعَفَك!	How weak you are!
قَفَص	cage	خلّى-يخلّي	to leave
مُناسِب	suitable	سَمَّر-يسمِّر	to put nails in
ضحِك-يضحَك	to laugh	أطاع-يطيع	to obey

اقرأ: باص برطعة

بَرْطَعة قرية صغيرة في شمال فلسطين، وباص برطعة واحد من عشرات الباصات التي تَربط القُرى والمدن الفلسطينية بعضها ببعض.

بدأ باص برطعة رحلاته اليوميّة الى مدينة جنين سنة ١٩٦٥، عندما كانت برطعة وجنين تحت الحكم الأردني. وجاء الاحتلال الاسرائيلي في سنة ١٩٦٧، ثمّ دخلت السلطة الفلسطينية الى جنين في سنة ١٩٩٥، ولم يتوقّف باص برطعة عن رحلاته. تغيّرت الحكومات، وتغيّر الناس وبقي باص برطعة كما كان؛ فقد تغيّر سائقه عدّة مرّات، ومات الكثير ووُلِد الكثير، وصار الأولاد شباباً والشباب شيوخاً. في الحقيقة تغيّر الباص نفسه أكثر من مرّة، فكلّما هرم باص حلّ محلّه باص جديد. ولكن هناك شيء واحد لم يتغيّر في باص برطعة منذ بدء رحلاته حتى الآن وهو "أبو وصفي" وطريقته في إدارة الباص وطريقة الناس في الركوب والجلوس والحديث.

أبو وصفي هو "الكنترول"، والكنترول في الباصات الفلسطينية مسؤول عن كل شيء في الباص عدا سواقته. فهو يجمع الأجرة من الركّاب

ويشتري كل ما يلزم الباص، ويقوم بصيانته والمحافظة عليه.

يشكو الناس أحياناً من باص برطعة لأن رحلته من برطعة الى جنين تأخذ ساعتين، بينما لا تزيد المسافة التي يقطعها على ٣٠ كيلومتراً. ويشكو الأولاد من أنّ أبو وصفي يطلب منهم الوقوف حتى يجلس الكبار والبنات عندما يكثر الركاب. ويسخر الكثيرون من أنّ بعض الركّاب يصطحبون الدجاج والحمام، وحتى الماعز في الباص. لكن الجميع يعرفون أنّ باص برطعة دائماً مملوء بالركّاب. وإذا نظرتَ الى وجوه أولئك الركّاب لاحظتَ أنّ وقفات الباص المتكرّرة ووجود الدجاج والحمام وأكياس الطحين لا تزعجهم أبداً، فالكلّ مشغول بالحديث والنكات والضحك. فالباص مقهى برطعة وإذاعتها وجريدتها ولوحة إعلاناتها؛ فلا يولَد مولود ولا يموت رجل أو امرأة ولا ينجح طالب أو طالبة، ولا يدخل شابّ السجن أو يخرج منه، ولا يسافر مُسافِر أو يرجع مُغتَرِب الا ويسمع به ركّاب الباص.

قد يفضّل البعض باصات "ايجد" الإسرائيلية لدقّة مواعيدها وسُرعتها وعدم وجود الدجاج والحمام والماعز فيها، ولكن مَن يركب تلك الباصات لن يجد فيها كنترولاً مثل أبو وصفي يُحدّث الركّاب ويستمع لأحاديثهم، ويسأل عن أحوالهم وأخبارهم كواحد منهم، ينتظر من يتأخّر، ويدلّ من لا يعرف طريقه، ويساعد مَن يحتاج المساعدة، ويأخذ الأجرة بيده ممّن يقدر على دفعها، ولا يأخذها ممّن لا يقدر.

أسئلة

١. ماذا تعني عبارة "تغيّرت الحكومات وتغيّر الناس وبقي باص برطعة كما كان"؟

....

....

....

٢. ما هي وظيفة الكنترول في الباصات الفلسطينية؟

....

....

٣. ما هي المسافة بين برطعة وجنين؟

....

٤. لماذا يشكو الأولاد من باص برطعة؟

....

٥. ماذا تعني عبارة "فالباص مقهى برطعة وإذاعتها وجريدتها ولوحة إعلاناتها؟"

....

....

....

كلمات جديدة

ربط-يربِط	to connect	بعضها ببعض	with one another
سُلطة	authority	شيخ (ج. شُيوخ)	old man
هَرِم-يهرَم	to become old	حَلّ-يحِل مَحَلّ	to replace
عَدا	except ،الاّ	سِواقة	driving
لَزِم-يلزَم	to be needed for	قام-يقوم ب	to undertake
صيانة	maintenance	شكا-يشكو	to complain
سَخِر-يسخَر	to make fun of	اِصطَحَب-يصْطَحِب	to accompany
حَمام	pigeons	ماعِز	goats

نشاطات إضافيّة

١. دراسة الكلمات

أ.

Based on the meanings of the verbs in Column أ, predict the meanings of the words in Column ب.

أ		ب	
سَأل	to ask	مَسؤول	....
احتلّ	to occupy	الاحتِلال	....
ركِب	to ride	راكِب (الجمع رُكّاب)	....
حافَظ	to protect	مُحافَظة	....
ملأ	to fill	مَملوء	....
أعلَن	to announce	لوحة (board) إعلانات	....
سافَر	to travel	مُسافِر	....
ساعَد	to help	المُساعَدة	....

ب.

Explain how the verb يصطحِبون "they accompany" is derived. (Hint: think of ازدهر.)

٢. اكتب

اكتب فقرة قصيرة تُقارن فيها بين باص برطعة وباصات "ايجد" الإسرائيلية، أو بين الباصات الأمريكية دقيقة المواعيد (punctual) وباصات دولة في العالم الثالث. أيّهما تفضّل؟ لماذا؟

Write a paragraph or two (about 100 words) comparing Barta'a's bus with the "Eged" buses or the bus system of any third world country to a punctual bus system in the United States. Which do you prefer? Why?

....

....

....

....

....

....

....

....

....

....

....

....

.٣

كلمات متقاطعة

١٠	٩	٨	٧	٦	٥	٤	٣	٢	١	
				■						١
■	■	■		■	■	■				٢
■					■	■		■		٣
	■	■								٤
			■		■		■		■	٥
	■	■	■		■					٦
	■						■	■		٧
			■		■	■		■		٨
	■		■	■						٩
	■				■	■		■		١٠

أفقي

١. قِبلة اليهود والمسيحيين والمسلمين؛ طائفة إسلامية
٢. جذر "سفارة"
٣. جبريل
٤. مصدر مشتقّ (derived) من "قبل"
٥. فلوس، نقود
٦. من ممالك العراق القديمة
٧. لا تلبس حذاء (shoes)
٨. أصبح (معكوسة)
٩. وزن افتعل من "نشر"
١٠. حرف عربي

عمودي

١. عكس "أصعب"؛ عاصمة عربية
٢. جذر "التفّ"؛ ضمير مُنفصل (separate, independent pronoun)
٣. عكس "بعيد"؛ بحث عن
٤. نتوجّه لها عند الصلاة
٦. ننام فيه عندما نمرض
٧. أبو الأب أو أبو الأم (معكوسة)
٨. جمع "حرف"
٩. مدينة هامّة للمسيحيين، الآن في شمال إسرائيل

الدرس رقم ٢٥

اسمع: بنت الحدّاد ولا بنت القاضي؟-١

1. What was written on the door of the shop?

....

2. What did the girl decide to do?

....

3. What did she do after she greeted the merchant?

....

4. Was the girl beautiful?

....

5. What did the merchant say about the girl's eyes?

....

6. What did he say about her hair?

....

7. What does her father say to young men who ask for her hand?

....

8. What do young men do when they hear what her father says?

....

كلمات جديدة

ذَكاء	cleverness
أعظَم	greater
حِيلة (ج. حِيَل)	trick
نِساء	women
حَدّاد	blacksmith
ذكي	clever
بَكى-يبكي	to cry
غزال	gazelle
شَعر	hair
حَرير	silk
قاضي	judge
خطَب-يخطُب	to ask for the hand in marriage
مكَرسَح	crippled
حولاء	cross-eyed

حوار: بيك وبلاك متعشّيين

كلمات جديدة

إجازة	vacation, leave
جاي (ج. جايين)	coming
لِقي-يلقى	to find، وجد
ضروري	necessary
غلّب-يغلِّب	to cause trouble
بيك وبلاك	with and without you
مِتعَشّي	eating supper
أخوة	brothers
مُبروك	congratulations
صَفّ	class, grade
عَروس	bride
نَجَح-ينجَح	to pass an exam, succeed

اقرأ: الملك حسين، ملك الأردن

وُلد الملك حُسين ملك الأردن بعمان في الرابع عشر من تشرين الثاني عام ١٩٣٥ م. اسم والده الملك طلال، واسم والدته الملكة زين. له أخَوان هما الأمير محمّد والامير حسن، وأخت واحدة هي الأميرة بسمة.

درس في المدرسة الوطنية ومدرسة المطران والكلية الإسلامية في عمان قبل أن يلتحق بكلّية "فكتوريا" بالاسكندرية في مصر لإكمال دراسته الثانوية. وفي عام ١٩٥١ التحق بمدرسة "هارو" بانجلترا.

وقد أصبح ملكاً على المملكة الأردنية الهاشمية في الحادي عشر من آب عام ١٩٥٢. ولأنّه كان في السابعة عشرة من عمره في ذلك الوقت، فقد شُكّل مَجلس وصاية حتى أصبح ملكاً بشكل رسمي في الثاني من أيار عام ١٩٥٣. وقد التحق خلال فترة الوصاية بكلّية "ساندهيرست" العسكريّة الملكيّة بانجلترا، حَيْثُ تَلقّى تعليمه العسكري.

وقد أنجب الملك حسين خمسة أبناء هم: عبدالله في الثلاثين من كانون الثاني عام ١٩٦٢، وفيصل في الحادي عشر من تشرين الأول عام ١٩٦٣، وعلي في الثالث والعشرين من كانون الأول عام ١٩٧٥، وحمزة في التاسع والعشرين من آذار عام ١٩٨٠، وهاشم في العاشر من حزيران عام ١٩٨١.

وأنجب كذلك ست بنات هنّ: عالية، في الثالث عشر من شباط عام ١٩٥٦، والتوأمان زين وعائشة في الثالث والعشرين من نيسان عام ١٩٦٨، وهيا في الثالث من أيار عام ١٩٧٤، وايمان في الرابع والعشرين من نيسان عام ١٩٨٣، وراية في التاسع من شباط عام ١٩٨٦.

وقد تزوّج الملك حسين الملكة نور (اليزابث حلبي سابقاً) في الخامس عشر من حزيران عام ١٩٧٨ وأنجبا أربعة أولاد، هم حمزة وهاشم وايمان وراية.

من هوايات الملك حسين الرياضات المائية والكراتيه والطَيَران وقِيادة السيارات والمبارزة (الشيش) والتصوير واللاسلكي. وهو كذلك شَغوف بقراءة الكتب السياسية وكتب التاريخ والقانون الدولي والعلوم العسكرية. وقد نُشرت سيرة حياته في كتاب بعُنوان "ليس في المُلك راحة".

أسئلة

١. متى وُلد الملك حسين؟

....

٢. ما اسم أبيه وأمّه؟

....

٣. كم أخاً للملك حسن؟ وكم أختاً؟

....

٤. في أية مدارس درس الملك حسين؟

....

٥. لماذا شُكّل مجلس وصاية على العرش؟

....

٦. متى أصبح الملك حسين ملكاً؟

....

٧. كم ولداً للملك حسين؟ ما هي أسماؤهم؟

....

٨. كم بنتاً له؟ ما هي أسماؤهن؟

....

٩. متى تزوج الملك حسين الملكة نور؟

....

١٠. ما هي بعض هوايات الملك حسين؟

....

١١. ما هو عنوان سيرة حياته؟

....

كلمات جديدة

التحق-يلتحق	to enroll at, attend	شُكِّل	was formed
مَجلِس وِصاية	regency council	بشكل رسمي	officially
فَتْرة	period	حَيثُ	where, in which
تَلَقّى-يتلقّى	to receive	أنجب-يُنجِب	to have (children)
توأم	twin	هِواية	hobby
رياضة مائية	water sport	قِيادة	driving
مُبارَزة (شيش)	fencing	لاسلكي	ham radio, wireless
شَغوف	avid	قانون	law
نُشِر	was published	سيرة حياة	biography
عُنوان	title	مُلك	kingship
راحة	rest		

نشاطات إضافيّة

١. دراسة الكلمات

أ.

Based on the meanings of the words in Column أ, predict the meanings of those in Column ب. Check your dictionary for the accuracy of your predictions.

أ		ب	
أكْمَل	to complete	إكمال	....
مُعَلّم	teacher	تَعليم	....
بارَز	to fence with	مُبارَزة	....
صوّر	to take a picture	التصوير	....

ب.

For each of the following verbs, identify the root and pattern.

الفعل	الجذر	الوزن
تَلقّى	....	....
التَحَق	....	....
أنْجب	....	....
تزوّج	....	....

ج.

The following passive verbs are found in the reading selections you have already seen. Identify their active counterparts and indicate what form each one belongs to. The first two are given as examples.

الفعل	The Active Counterpart
استُعمِلَت	The Form X Perfect Verb استَعمَلَ
يُقَدَّر	The Form II Imperfect Verb يُقَدِّر
وُلِد	....
شُكِّل	....
نُشِرت	....
قُتِل	....
بُنِيَت	....
أُعجِب	....
يُعتَبَر	....
أُخرِج	....
تُستَعمَل	....
جُنّ (جُنونه)	....
تُرجِم	....
كُتِبَت	....
تُحلَب	....
تُشرَب	....
خُبِزَت	....

٢. املأ الفراغات

Listen to the paragraph and write the missing words.

وُلدت الملكة نور للسيد نجيب حلبي، وهو من .... عربية أمريكية، في الثالث والعشرين من آب .... ١٩٥١ في مدينة واشنطن. وتلقّت تعليمها في عدد من .... كاليفورنيا وواشنطن ونيويورك وماساشوتس.

وفي عام ١٩٧٤ حصلت على .... البكالوريوس من جامعة "برنستون" في الهندسة المعمارية والتخطيط الحضري، .... شاركت في عدد من المشاريع الدوليّة في .... المتحدة وأستراليا وايران والأردن. وفي عام ١٩٧٧ انضمّت .... مؤسسة عالية–الخطوط الجوية الملكية الأردنية.

تزوّج الملك حسين .... نور في عمان في الخامس عشر من .... حزيران عام ١٩٧٨. وقد أنجبت ولدين هما حمزه .... وُلد في التاسع والعشرين من آذار عام ١٩٨٠، وهاشم الذي وُلد في .... من حزيران عام ١٩٨١، وابنة هي ايمان .... وُلدت في الرابع والعشرين من .... عام ١٩٨٣.

٣. اكتب

Write a short biography (about 100 words) in Arabic of yourself or of a person you know (a relative, a friend, a celebrity, etc.). Use the reading text and the املأ الفراغات exercise as guides.

٤. أغنية "يا ام العيون السود" (ناظم الغزالي)

You with the dark eyes, it is not right that I,	يا امّ العيون السود، ما يجوز ان أنا،
Your wine color is magic to our hearts.	لونك الخمري سحر لقلوبنا،
She came out in her beautiful rose dress,	طلعت بفستانها الوردي الجميل،
And when she showed herself the sun was hidden.	وانزوت حين اسفرت شَمس الأصيل،
Her figure is like a tree branch, swaying in the breeze,	غصن قدها ومنتهي بنسمة يميل،
Her walk is beautiful, slow and careless.	حلوة مشيتها بتأنّي ورهدلة،
She is standing at the door, shouting, O, my God!	واقفة بالباب تصرخ يا لطيف،
I am not crazy or light in the brain.	لا اني مجنونة ولا عقلي خفيف،
From behind the *tannour* she hands me the loaf [of bread],	من وراء التنور تناوشني الرغيف،
The loaf from the beautiful one is enough for me for a year.	يا رغيف الحلوة يكفيني سنة.

٥. اقرأ

الغزال

سمن نباتي نقيّ وَمضمون ١٠٠٪ مَصنوع مِن
أجوَد الزيوت النباتيّة وَعلى أحدث الآلات.
صحّي ونقي

هذا السمن يحتوي على ٢٤ وحدة دوليّة من
فيتامين آ
و ٣ وحدات دولية من فيتامين د لكل غرام
من السمن

الوزن الصافي ٢ كيلوغرام تقريباً

انتاج
شركة مصانع الزيوت النباتية الأردنية المساهمة
نابلس-فلسطين

Questions

1. What is al-Ghazal ghee (fat) made from?

....

2. How many international units of vitamin A does each gram of ghee contain?

....

3. How much does the can weigh?

....

4. Where is it produced?

....

الدرس رقم ٢٦

اسمع: بنت الحدّاد ولا بنت القاضي؟-٢

1. What did the merchant tell the girl he would do?

....

2. What was the merchant thinking of all night?

....

3. Why did the merchant go to the judge's house?

....

4. What did the merchant say when the judge told him that his daughter was crippled, cross-eyed, and had no hair?

....

5. What was the daughter's dowry?

....

كلمات جديدة

طَلَب-يطلُب ايد	to ask for the hand in marriage
بطّل-يبَطِّل	to stop
قدِر-يقدَر	to be able to
مَهر	dowry
اتّفَق-يتَّفِق	to agree
خُطبة	engagement

اقرأ

◆◆ تسلّم الشيخ حمد بن خليفة ال ثاني أمير قطر رسالة خطيّة من خادم الحرمين الشريفين الملك فهد بن عبد العزيز، تتعلق بتطوير العلاقات الثنائية بين البلدين.

قام بتسليم الرسالة الشيخ إبراهيم بن عبدالله النقري المستشار الخاص لخادم الحرمين خلال استقبال أمير قطر له أمس. وحضر المقابلة الشيخ عبدالله بن خليفة نائب رئيس الوزراء ووزير الداخلية والشيخ حمد بن جاسم وزير الخارجية.

أسئلة

١. مَن تسلّم رسالة؟

....

٢. مِن مَن؟

....

٣. بماذا تتعلّق الرسالة؟

....

٤. مَن سَلّم الرسالة؟

....

٥. مَن هو الشيخ عبدالله بن خليفة؟

....

كلمات جديدة

خَطّي	written
خادم الحرَمين الشريفين	Servant of the Two Holy Shrines
تعَلّق-يتعلّق	to be related to
تطوير	developing
ثُنائي	bilateral
مُستَشار	adviser
حَضَر-يحضُر	to attend
نائِب	deputy

نشاطات إضافيّة

١. دراسة الكلمات

أ.

For each of the following words, identify the root, how it is derived, and the meaning of the source verb. The first word is given as an example.

الكلمة	الجذر	Method of Derivation كيفية الإشتقاق
تسليم	سلم	مصدر of the Form II verb سَلّم "to deliver"
تطوير	....	....
استقبال	....	....
المُقابَلة	....	....
نائِب	....	....

ب.

The word مُستَشار is the passive participle of the Form X verb استشار "to consult." It is derived the same way as the word مُستَقبَل "future." The structural difference between the two is due to the nature of their roots: استشار derives from the hollow root شور, and مُستقبَل derives from the sound root قبل. Give another example of the Form X passive participle.

٢. ترجم الى الانجليزية

Translate the above newspaper article into idiomatic English.

....

....

....

....

....

....

....

....

....

....

....

....

.٣

كلمات متقاطعة										
	١	٢	٣	٤	٥	٦	٧	٨	٩	١٠
١				■	■			■		
٢		■								■
٣		■		■		■	■	■		
٤		■						■		■
٥	■		■	■		■				
٦						■		■		■
٧		■	■	■	■					■
٨						■		■	■	
٩		■		■		■	■	■		
١٠		■		■					■	

أفقي

١. أخو الملك حسين؛ أخو الأب

٢. من مراحل (stages, phases) المدرسة

٣. اله (god)

٤. من بنات الملك حسين

٥. يستلمه الموظّف في آخر الشهر

٦. مصدر "سلّم"

٧. جمع "حرف"

٨. مات زوجها

٩. طَقْس

١٠. عكس "قبيح"

عمودي

١. ملك عربي؛ ازدهرت في الحجاز قبل الإسلام

٣. عاصمة عربية (معكوسة)؛ تُوُفّي

٥. مصدر "علّم"؛ أمّ الأب (معكوسة)

٦. جذر "استعداد"

٧. للنفي؛ عكس "برود" (معكوسة)

٩. مدرسة درس فيها الملك حسين (معكوسة)

١٠. لا نرى بدونه

الدرس رقم ٢٧

اسمع: بنت الحدّاد ولا بنت القاضي؟-٣

1. What was in the basket that the porter brought?

....

2. What trick did the blacksmith's daughter play on the merchant?

....

3. How did the merchant sleep that night?

....

4. What was the blacksmith's daughter's response when the merchant asked her why she put him in this predicament?

....

5. What did the merchant write in place of "Men's cleverness is greater than women's intrigue"?

....

كلمات جديدة

حَفلة عرس	wedding party
غنّى-يغنّي	to sing
ليلة دَخْلة	wedding night
حَمّال	porter
عَروس(ة)	bride
أحلى	more beautiful
قَمَر	moon
بِنت الحرام	mischievous woman
كَذب-يكَذِّب	to lie
وقّع-يوقِّع	to make someone fall
تخلّص-يتخلّص	to get out of
خرّب-يخرِّب بيت	to ruin someone's house, to get someone into trouble
أشّر-يؤشِّر	to point
مَحى-يمحى	to erase

حوار: كان في المستشفى وعملوا له عملية

كلمات جديدة

عمِل-يعمَل عمليّة	to perform an operation
معِدة	stomach
قعَد-يقعُد في المستشفى	to stay in the hospital
مليح	good، كويّس
الله يرضى عليك!	May God be pleased with you!
حَسّ-يحِسّ	to feel
هسّة	now، هلأ
وَجَع	pain
حَديد	iron

اقرأ: جميلة

لم تكُن جميلة جميلة؛ كانت نحيفة، سمراء، وجهها مستطيل، وفمها كبير، وشعرها قصير "مكَنفِش"؛ ونساء القرية يُفضّلن البنت المملوءة، البيضاء، ذات الوجه "المربوع" والفَم الصغير "مثل الخاتِم"، والشعر الطويل الناعم.

ولم تكن جميلة مُتعلّمة؛ فقد أخرجها أبوها من المدرسة بعد الصف السادس الابتدائي رغم نجاحها في دروسها، لأنّه كان يعتقد أنّ لا فائدة للبنات من التعليم، فنهاية كل بنت هي الزواج و"فتح بيت" والعناية بالأطفال.

ولم تكن جميلة غنيّة؛ فأبوها فلاّح عنده عائلة كبيرة، ويشتغل هو وزوجته ليل نهار حتى يكفي أولاده وبناته طعامهم ولباسهم. وحتى لو كان غنياً فإنّ ماله سيكون من نصيب أولاده السبعة؛ فعائلته لا تؤمن بتوريث البنات.

لم تتزوّج جميلة ولم تفتح بيتاً، وليس السبب في ذلك أنّها غير جميلة أو غير متعلّمة أو من عائلة فقيرة؛ ولكن في رأي الأب والأم كان هذا ما أراده الله لها. فقد طلب يدها أربعة رجال، ولكن لم يَكتُب لها النصيب أن تتزوّج واحداً منهم؛ فالأوّل كان لاجئاً، ولا أحد يعرف أصله وأصل عائلته، والثاني كان ابن عمّها، وأم جميلة تكره أمّه كما "تكره العمى"، والثالث كان ابن خالها الذي يعمل في الكويت، وأبو جميلة لا يريد أن يزوّج بنته لرجل يعمل في الكويت، فالكويت بعيدة والحرارة والرطوبة لا تُطاق. أمّا الرابع فكان رجلاً أرمل من القرية يزيد عمره على خمسين سنة، وعنده ثمانية أولاد. وافق الأب ولكن الأمّ رفضت. ولم تتزوّج جميلة.

ومضت السنين وزاد عمر جميلة على الخمسين، ولا زالت في بيت أبيها وأمّها. وليس عند الأب والأم شكّ في أنّ عدم زواج جميلة كان إرادة الهية؛ فهل هناك طريق أكثر إرضاء لله من العناية بوالدين عجوزين؟ وماذا يرجو الإنسان في هذه الحياة أكثر من رضاء الله ورضاء الوالدين؟

أسئلة

١. لماذا لم تكن جميلة جميلة في نظر نساء القرية؟

....

٢. هل كانت جميلة متعلّمة؟

....

٣. كم أخاً لجميلة؟

....

٤. كم رجلاً طلب يد جميلة؟

....

٥. لماذا لم تتزوج جميلة ابن عمّها في الكويت؟

....

٦. لماذا لم تتزوّج جميلة في رأي الأب والأم؟

....

كلمات جديدة

نَحيف	thin	سَمراء	dark brown
وجه	face	فَم	mouth
مُكنفِش	curly, ruffled	فَضّل–يفَضِّل	to prefer
مَربوع	square, round (for a face)	خاتِم	ring
ناعِم	soft	عِنايَة	care
أطفال	children	فَلاّح	peasant
كفي–يكفي	to have enough	حتّى لو	even if
نَصيب	share, allotment; luck	لاجِئ	refugee
كره–يكرَه	to hate	عَمى	blindness
أطيق–يُطاق	to be born, tolerated	أرمَل	widower
شَكّ	doubt	إرادة الهية	divine will
إرضاء	pleasing	رِضاء	contentment

نشاطات إضافيّة

١. دراسة الكلمات

أ.

Look up the words مُستطيل، مَملوء، and عِناية.

ب.

Explain how the word مُسْتَطيل is derived.

ج.

Show how the word إرادة is derived from أراد, and give the meaning of each.

د.

The two words رضاء and إرضاء are related both morphologically and semantically. رضاء is the مصدر of the Form I verb رضي "to be content." Show how إرضاء is related to it. How would you characterize the semantic or grammatical relation between the two words? (Hint: the same relation exists between خَرَج–خُروج on the one hand, and أخرَج–إخراج on the other.)

٢. العكس

Find six pairs of words with opposite meanings in the reading selection, like طويل/قصير . They can be adjectives, verbs, or nouns.

١. ....
٢. ....
٣. ....
٤. ....
٥. ....
٦. ....

٣. اقرأ

أفراح عائلة حمدان أبو الفول

سنزفّ عريساً نهواه هو **جميل** ورد البستان
ندعوكم كي تقفوا معنا بل ندعوا كل الخلاّن
لا تنسوا وقد اخترناكم أهلاً في بيت الحمدان

يوسف محمد حمدان أبو الفول واخوانه
يتشرفون بدعوتكم لحضور حفل زفاف ولدهم

وذلك يوم السبت الموافق ١٩٩٧/١١/٨، ولتناول
طعام العشاء على مائدة والد العريس في بيته الكائن
في **قلعة حمدان**

يحيي حفل السهرة المطرب المحبوب **أحمد حمدان**
نأمل تشريفكم ... لا يتمّ فرحنا الا بوجودكم

مطبعة الأمل، نابلس، مقابل بنك الأردن

1. What is the name of the bridegroom?

....

2. Is the name of the bride mentioned?

....

3. When is the wedding scheduled to take place?

....

4. Where?

....

5. What is the name of the print shop?

....

٤. أغنية "زوروني كل سنة مرة" (فيروز)

Visit me once every year,	زوروني كل سنة مرّة،
Haraam, that you should forget me completely,	حرام تنسوني بالمرّة،
Visit me once every year,	زوروني كل سنة مرّة،
How could you forget me completely?	حرام تنسوني بالمرّة.
How could you forget me completely?	حرام تنسوني بالمرّة.
I am afraid, for love is a glance,	يا خوفي والهوى نَظرة،
That comes and vanishes.	تيجي وتروح بالمرّة.
Darling, your absence is bitter.	حبيبي فُرقتك مُرّة،
How could you forget us completely?	حرام تنسونا بالمرّة،
Haraam,	حرام،
Visit me,	زوروني،
Haraam,	حرام،
That you should forget me,	تنسوني،
Haraam,	حرام،
That you should forget me completely.	تنسوني بالمرة.

٥. اكتب

Write a short description (around 100 words) of a person you know or you have read or heard about. Use the reading selection about جميلة as a guide.

الدرس رقم ٢٨

اسمع: بنت الحدّاد ولا بنت القاضي؟–٤

1. What was the blacksmith's daughter's plan to get the merchant out of his predicament?

....

2. Did the merchant follow her advice?

....

3. What did the judge ask the merchant to do when he learned that he (the merchant) was related to the gypsies?

....

4. What did the judge offer to do in return for the merchant divorcing his daughter?

....

كلمات جديدة

غَجَر	gypsies	رَقْص	dancing
ضيف الشرف	guest of honor	أصْل	origin
أكرَم–يكرِم	to be generous with	نَسيب	in-law
عانَق–يعانِق	to embrace	هنّا–يهنّي	to congratulate
نَسَب	being an in-law	طلّق–يطلِّق	to divorce
فوراً	immediately	طَلاق	divorce
تكاليف	costs	رَفَض–يرفُض	to refuse
ضِعْف	double, twice as much		

إقرأ: جنّة الأطفال (نجيب محفوظ)

-بابا.

-نعم.

-أنا وصاحبتي نادية دائماً مع بعض.

-طبعاً يا حبيبتي فهي صاحبتك.

-في الفصل، في الفسحة، وساعة الأكل.

-شيء لطيف، وهي بنت جميلة ومُؤدَّبة.

-لكن في درس الدين أدخل أنا في حجرة وتدخل هي في حجرة أخرى.

لحظ الأم فرآها تبتسم رغم انشغالها بتطريز مفرش، فقال وهو يبتسم:

-هذا في درس الدين فقط.

-لم يا بابا؟

-لأنك لكِ دين وهي لها دين آخر.

-كيف يا بابا؟

-أنتِ مسلمة وهي مسيحيّة.

-لم يا بابا؟

-أنتِ صغيرة وسوف تفهمين فيما بعد.

-أنا كبيرة يا بابا.

-بل صغيرة يا حبيبتي.

-لمَ أنا مسلمة؟

عليه أن يكون واسع الصدر وأن يكون حذراً ولا يكفر بالتربية الحديثة عند أول تجربة. قال:

-بابا مسلم وماما مسلمة ولذلك فأنتِ مسلمة.

-ونادية؟

-باباها مسيحي وأمها مسيحية ولذلك فهي مسيحية.

-هل لأن باباها يلبس نظّارة؟

-كلا، لا دخل للنظارة في ذلك، ولكن لأن جدّها كان مسيحياً كذلك.

وقرّر أن يتابع سلسلة الأجداد الى ما لا نهاية حتى تضجر وتتحوّل الى موضوع آخر، ولكنها سألت:

-مَن أحسن؟

وتفكّر قليلاً ثم قال:

-المسلمة حسنة والمسيحية حسنة.

-ضروري واحدة أحسن.

-هذه حسنة وتلك حسنة.

-هل أعمل مسيحية لنبقى معاً دائماً؟

-كلا، يا حبيبتي، هذا غير ممكن، كل واحدة تظلّ كباباها وماماها.

-ولكن لمَ؟

أسئلة

١. ماذا يحدث (happens) في درس الدين؟

....

٢. لماذا؟

....

٣. ماذا كانت الأم تفعل؟

....

٤. لماذا البنت مسلمة في رأي الأب؟

....

٥. في رأي الأب، هل يمكن لبنته أن تصبح مسيحية حتى تبقى مع صاحبتها نادية دائماً؟

....

كلمات جديدة

بـابـا	daddy	فَصل	classroom
فُسحة	recess	لَطيف	nice
حُجرة	غُرفة، room	لحِظ-يلحَظ	to notice
ابتسم-يبتسِم	to smile	تَطريز	embroidering
مَفرش	bedspread	لِمَ	لماذا، why
تفهَمين	you (f.s.) understand	بَل	لكن، but
عليه	يجب أن، he must	واسع الصدر	patient
حذِر	cautious	كفر-يكفُر	not to believe in
تَجرُبة	experiencc	كلاّ	لا، not at all
لا دخل	not related	تابع-يتابِع	to continue
سِلسِلة	chain, series	ما لا نهاية	without end
ضجِر-يضجَر	to be bored	تحوّل-يتحوّل	to change
مَوضوع	subject	ضَروري	it is necessary, must
عمِل-يعمَل	to act as, be like	مَعاً	مع بعض، together

نشاطات إضافيّة

١. دراسة الكلمات

أ.

Find out the meanings of the two words مُؤدَّبة and انشغال, and show how they are derived: indicate the root of each, the morphological category each belongs to, and the source verb. List any other words you know that are derived from the same two roots. The first word is given as an example.

الكلمة	مُعَلِّم teacher
الجذر	علم
كيفيّة الاشتقاق	active participle of the Form II verb علّم
كلمات من نفس الجذر	تَعَلَّم، تعليم، عِلم، علوم، معلومات

الكلمة	مُؤَدَّبة
الجذر	....
كيفيّة الاشتقاق	....
كلمات من نفس الجذر	....

الكلمة	انشِغال
الجذر	....
كيفيّة الاشتقاق	....
كلمات من نفس الجذر	....

٢. اقرأ

الجائزة الأولى

٣ فائزين – تذاكر سفر لأمريكا لقضاء إجازة عائلية في عالم ديزني (أربعة أفراد لكل عائلة–٢ كبار و ٢ أطفال)

الجائزة الثانية

٥ فائزين– جهاز كمبيوتر مع طابعة

الجائزة الثالثة

٣٠ فائز–جهاز ألعاب باناسونيك 3D0

جائزة فورية

لكل مشترك وهي عبارة عن قسيمة خصم بمقدار ٣٥٪ على كافة مشترياتكم لدى محلات بلاد الألعاب (ما عدا الألعاب الإلكترونية وأدواتها)

Questions

1. What are the values of the first three prizes, and how many potential winners of each are there?

....

2. What is the instant prize?

....

٣. ترجم الى العربية

Naguib Mahfouz, the giant of the Arabic novel (رواية) and short story, received (حصل على) the Nobel Prize for literature. He is the first Arab to receive a Nobel Prize, with the exception of the Egyptian president Anwar Sadat, who won the Nobel Prize for peace together with the Israeli prime minister Menahem Bcgin.

....

....

....

....

....

....

الدرس رقم ٢٩

اسمع: معروف–١

1. What did the man tell Ma'ruuf?

....

2. Where did Ma'ruuf shelter himself from the rain?

....

3. Where did the Jinni take Ma'ruuf?

....

4. How far was Egypt from the city?

....

5. What did the merchant do when he saw the people gathered around Ali?

....

6. What kind of a house did the merchant have?

....

كلمات جديدة

شَكا-يشكي	to complain
مهجور	abandoned
شِدّة	intensity
جنّي	jinni (demon)
مُخيف	frightening
عِملاق	giant
غريب	strange
ضحِك-يضحَك	to laugh
مسافة	distance
طرد-يطرُد	to drive away
خادِم (ج. خُدّام)	servant

حوار: لو باتديّن مصاري رايح أعلّم عبدالله

كلمات جديدة

ناوي	intending
إدارة أعمال	business administration
بِعثة	scholarship
كفّى-يكَفّي	to be enough
كلّف-يكلّف	to cost
تديّن-يتديّن	to borrow
بَعَث-يبعَث	to send
تَهريب	illegally
غَسيل صحون	washing dishes
سلاح	weapons
حُرّيّة	freedom
ايدها على قَلبها	she is worried, scared
ما هي مصدّقة وهمّ يرجعوا	she cannot wait for them to come back
مَصْلَحة	interest

اطلب العلم ولو في الصين

(حديث شريف)

إقرأ: جنّة الأطفال (٢)

حقّ إن التربية الحديثة طاغية! وسألها:

-ألا تنتظرين حتى تكبري؟

-لا يا بابا.

-حسن، أنت تعرفين الموضة، واحدة تحب موضة وواحدة تفضّل موضة، وكونك مُسلمة هو آخِر موضة، لذلك يجب أن تبقي مسلمة.

-يعني نادية موضة قديمة؟

الله يقطعك أنت ونادية في يوم واحد. الظاهر أنه يخطئ رغم الحذر، وأنه يُدفع بلا رحمة الى عنق زجاجة. وقال:

-المسألة مسألة أذواق ولكن يجب أن تبقى كل واحدة كباباها وماماها...

-هل أقول لها إنها موضة قديمة وإنني موضة جديدة؟

فبادرها:

-كل دين حسن، المسلمة تعبد الله والمسيحية تعبد الله.

-ولمَ تعبده هي في حجرة وأعبده أنا في حجرة؟

-هنا يُعبد بطريقة وهناك يعبد بطريقة.

-وما الفرق بينهما؟

-ستعرفينه في العام القادم أو الذي يليه. وكفاية أن تعرفي الآن أن المسلمة تعبد الله والمسيحيّة تعبد الله.

-ومن هو الله يا بابا؟

وأُخذ. وفكّر ملياً. ثم قال مُستزيداً من الهدنة:

-ماذا قالت أبلة في المدرسة؟

-تقرأ السورة وتعلّمنا الصلاة ولكني لا أعرف. فمَن هو الله يا بابا؟

فتفكّر وهو يبتسم ابتسامة غامضة، وقال:

-هو خالق الدنيا كلها.

-كلها؟

-كلها.

-معنى خالق يا بابا؟

-يعني أنه صنع كل شيء.

-كيف يا بابا؟

-بقدرة عظيمة.

-وأين يعيش؟

-في الدنيا كلها.

-وقبل الدنيا؟

-فوق.

-في السماء؟

-نعم.

-أريد أن أراه.

-غير ممكن.

-ولو في التلفزيون؟

-غير ممكن أيضاً.

-ألم يره أحد؟

-كلا.

أسئلة

١. هل تريد البنت أن تنتظر حتى تكبر وتفهم الإجابات على أسئلتها؟

....

٢. لماذا ذكر الأب كلمة موضة؟

....

٣. هل اقتنعت البنت بإجابات الأب؟

....

٤. هل يعتقد الأب أن الإسلام أفضل من المسيحية أو المسيحية أفضل من الإسلام؟

....

٥. ماذا تفعل المعلّمة (أبلة) في درس الدين؟

....

٦. مَن هو الله في رأي الأب؟

....

٧. أين يعيش الله حسب (according to) إجابة الأب؟

....

كلمات جديدة

حَقّ	truly	طاغي	oppressive, unjust
ألا	don't, doesn't ،هل لا	موضة	fashion
فَضّل-يفضِّل	to prefer	كَوْنُكِ	your being
الله يقطعك!	May God put an end to you!	أخطأ-يخطئ	to make a mistake
حَذَر	caution	دُفع-يدفَع	to be pushed
بلا رحمة	without mercy	عُنق زجاجة	bottleneck
ذوق (ج. أذواق)	taste	بادَر-يبادِر	to initiate
أُخذ	to be taken aback	مَلِيّاً	fully
هُدنة	truce	أبلة	teacher ،معلّمة
غامض	vague	خالق	creator
صَنَع-يصنَع	to make ،عمِل	قُدرة	ability

نشاطات إضافيّة

١. دراسة الكلمات

أ.

Find out the meaning of the word مُستَزيداً and show how it is derived: indicate what the root is, what morphological category it belongs to, and its source verb. List any other words you know that are derived from the same root. Follow the example in the previous lesson.

الكلمة	مُستَزيداً
الجذر	....
كيفيّة الاشتقاق	....
كلمات من نفس الجذر	....

ب.

Predict the meanings of the words in Column ب on the basis of those in Column أ. Check your dictionary for the accuracy of your predictions.

	ب		أ
....	الظاهِر	to appear	ظَهَر
....	مُفَكِّر	to think	فَكَّر
....	خَلَق	creator	خالِق
....	مُبادَرة	to initiate	بادَر
....	انتِظار	to wait	انتَظَر

٢. ترجم الى الانجليزية (مقابلة مع نجيب محفوظ)

نجيب محفوظ: أنا اسمي نجيب محفوظ عبد العزيز إبراهيم أحمد الباشا. مولدي كان ١١ من ديسمبر سنة ١٩١١ في الجمالية بمدينة القاهرة. قضيت من عمري في هذا الحي حوالي ٧ أو ٨ سنوات، تعلّمت فيها في كُتّاب الشيخ الهيري قبل أن ننتقل الى العبّاسيّة.

...

النيل دا (the, this Nile) أجمل ما في القاهرة. أنا طول عمري وأنا في العبّاسيّة كانت متعتي اني آخذ سلّة في ايدي، مِتهيّأ لي (I believe) زي (like) الشنطة كِدا (thus)، عشان (so that, because) ما حدّش ياخد باله (nobody will pay attention) وأفرش على الأعشاب، واقعد يمكن لنصّ الليل في الحتت (areas) اللي قامت فيه الكازينوهات الآن... فكنت أحب النيل واحب القمر ع (=على) النيل وكان دايماً أمنيتي انّي أسكن يوم قدّام النيل.

٣. اقرأ

الشيخ معروف
الإسكافي

يضع نفسه تحت تصرفكم بإذنّ الله تعالى لفكّ المربوط والمسحور واستحضار الجن أمام أعينكم خلال دقائق، وهو مستعد لحل مشاكلكم العاطفية والعائلية.

عمان، شارع المخابرات، خلف مطعم التقدّم، مقابل ملحمة الإخلاص. تلفون ٦٦٦٥٧٤٦/٣.

Questions

1. How long does it take Sheikh Ma'ruuf to bring in the Jinn?

....

2. What kinds of problems can Sheikh Ma'ruuf help with?

....

3. Where is his business located?

....

الدرس رقم ٣٠

اسمع: معروف–٢

1. Which neighborhood is Ma'ruuf from?

....

2. How many children did Ahmad al-Attar have?

....

3. Who is Ali?

....

4. What is Ali going to give Ma'ruuf to make him look like a rich merchant?

....

5. What is Ali going to do when he sees Ma'ruuf at the marketplace?

....

6. What is Ma'ruuf supposed to say when Ali asks him if he has a certain kind of cloth?

....

كلمات جديدة

استراح-يستريح	to rest	حارة	neighborhood
هرب-يهرُب	to run away	لعب-يلعَب	to play
حَمل-يحمِل	to carry	اسكافي	shoemaker
باس-يبوس	to kiss	نوع (ج. أنواع)	type
بِضاعة	merchandise	شَحّاد	beggar

إقرأ: جنّة الأطفال (٣)

-وكيف عرفت أنه فوق؟

-هو كذلك.

-مَن عرف أنه فوق؟

-الأنبياء.

-الأنبياء؟

-نعم. مثل سيّدنا محمّد.

-وكيف يا بابا؟

-بقدرة خاصّة به.

-عيناه قويّتان؟

-نعم.

-لم يا بابا؟

-الله خلقه كذلك.

-لمَ يا بابا؟

وأجاب وهو يروّض نفاذ صبره.

-هو حرّ يفعل ما يشاء.

-وكيف رآه؟

-عظيم جداً، قوي جداً، قادر على كل شيء.

-مثلك يا بابا؟

فأجاب وهو يداري ضِحكة:

-لا مَثيل له.

-ولمَ يعيش فوق؟

-الأرض لا تسعه ولكنه يرى كل شيء.

وسرحت قليلاً ثم قالت:

-ولكن نادية قالت لي إنه عاش على الأرض.

-لأنه يرى كل مكان فكأنّه يعيش في كل مكان.

-وقالت إن الناس قتلوه.

-ولكنه حيّ لا يموت.

-نادية قالت انّهم قتلوه.

-كلا يا حبيبتي، ظنّوا أنهم قتلوه ولكنّه حيّ لا يموت.

-وجدي حيّ أيضاً؟

-جدّك مات.

-هل قتله الناس؟

-كلا، مات وحده.

-كيف؟

-مرض ثم مات.

-وأختي ستموت لأنها مريضة؟

وقطّب قائلاً وهو يلحظ حركة احتجاج آتية من ناحية الأم:

-كلاّ، ستشفى إن شاء الله.

-ولمَ مات جدي؟

-مرض وهو كبير.

-وأنت مرضت وأنت كبير فلمَ لم تمت؟

أسئلة

١. مَن عرف أنّ الله فوق؟

....

٢. كيف وصف (describe)الأب الله؟

....

٣. لماذا يعيش الله فوق، حسب جواب الأب؟

....

٤. ماذا قالت نادية عن الله؟

....

٥. ماذا كان ردّ الأب عندما قالت البنت إنّ نادية قالت لها إن الناس قتلوا الله؟

....

٦. كيف مات جدّ البنت؟

....

كلمات جديدة

أنبياء	prophets	نفاذ صبره	his lack of patience
شاء-يشاء	to want أراد،	داری-يُداري	to hide
ضحكَة	laugh	مَثيل	equal, similar
سَرَح-يسرَح	to wander	كأنّ	as if
ظنّ-يظُنّ	to think فكّر،	قطّب-يقطّب	to frown
احتِجاج	protest	آتي	coming قادِم،

نشاطات إضافيّة

١. دراسة الكلمات

أ.

The following verbs are found in the reading selection. Look up their meanings, then write their roots, patterns (أوزان), and form numbers. Finally, list any other words you know that are derived from the same root.

الفعل أجاب

الجذر ....

الوزن ....

كلمات من نفس الجذر ....

الفعل يُرَوِّض

الجذر ....

الوزن ....

كلمات من نفس الجذر ....

الفعل	تَسَعه
الجذر	....
الوزن	....
كلمات من نفس الجذر	....

الفعل	سَتَشفى
الجذر	....
الوزن	....
كلمات من نفس الجذر	....

Remember that the س in ستشفى is a prefix denoting future tense, the equivalent of "will."

١٠.٢ اكتب

Write a paragraph (about 100 words) commenting on the father's responses to his daughter's questions. What would you do if you were in his position? Would you answer these questions differently? How?

٣. أغنية "شادي" (فيروز)

A long time ago, when I was little,	من زمان أنا وصغيرة،
There was a boy,	كان فيه صبي،
He came from the woods,	يجي من الاحراش،
He and I played together,	العب انا واياه،
His name was Shadi.	كان اسمه شادي.
Shadi and I sang together,	انا وشادي غنينا سوى،
We played on the snow, ran in the wind,	لعبنا على الثلج ركضنا بالهواء،
We wrote on the stones,	كتبنا على الحجار،
Little stories,	قصص صغار،
And love was strong between us.	ولوّعنا الهوى.
One day the world went up in flames,	ويوم من الأيام ولعت الدني،
People against people fought,	ناس ضد ناس علقوا بهالدني،
And the fighting,	وصار القتال،
Got closer to the hills,	يقرّب عَ التلال،
And everything got worse.	والدني دني.
And the fighting reached the edge of the valley,	وعلقت عَ اطراف الوادي،
Shadi ran to watch,	شادي ركض يتفرّج،
I got scared and started calling him,	خفت وصرت انده له،
Where are you going, Shadi?	وينك رايح يا شادي؟
I called but he did not hear me.	انده له وما يسمعني.
And he got farther and farther in the valley,	ويبعد يبعد بالوادي.
And since that day,	ومن يومتها،
I haven't seen him,	ما عدت شفته،
Shadi disappeared,	ضاع شادي،
The snow came and the snow went away,	والثلج اجا وراح الثلج،
Twenty times the snow came and went away,	عشرين مرّة اجا وراح الثلج،
And I grew older,	وانا صرت اكبر،
But Shadi is still little,	وشادي بعده صغيّر،
Playing on the snow,	عم يلعب عَ الثلج،
On the snow.	عالثلج.

الدرس رقم ٣١

اسمع: معروف–٣

1. How much money did Ali give Ma'ruuf?

....

2. What did Ma'ruuf say when Ali asked him if he had a certain kind of cloth?

....

3. How much money did the merchants give the poor man?

....

4. What did Ma'ruuf give him?

....

5. What would Ma'ruuf have done if he had known that all the people of this city are poor?

....

6. What did the men do when Ma'ruuf ran out of money?

....

7. What did the men think when Ma'ruuf was giving all that gold to the poor people?

....

8. How much money did Ma'ruuf spend that day?

....

كلمات جديدة

رَكّب–يرَكّب	to make someone ride	قدّم–يقدّم	to introduce
قماش	cloth	فُلاني	so and so
خلال	during	حَديث	conversation
مَلا–يملا	to fill	لو كنت أعرف	if I had known
كان جِبت	I would have brought	تَعجّب–يتعجّب	to wonder, be impressed

حوار: ستّة وعشرين سنة ومش متجوّز؟

كلمات جديدة

تذكّر-يتذكّر	to remember
عَجّز-يعَجِّز	to become old
مثل ما انت شايف	as you see
بعدني	I am still
دوَّر-يدوِّر	to look for، فتّش
غلّب-يغَلِّب	to trouble
مُحْتَرَم	respected
خَطَب-يخطُب	to get engaged
كتَب-يكتُب الكتاب	to sign the marriage contract
طَلّع-يطَلِّع	to get (something) out

أَلا ليتَ الشبابَ يعودُ يوماً   فأُخبِرُه بما فَعلَ المَشيب

إقرأ: جنّة الأطفال (٤)

ونهرتها أمها فنقلت عينيها بينهما في حَيْرة، وقال هو:

-نموت إذا أراد الله لنا الموت.

-ولِمَ يريد الله أن نموت؟

-هو حُرّ يفعل ما يشاء.

-والموت حلو؟

-كلاّ يا عزيزتي.

-ولمَ يريد الله شيئاً غير حلو؟

-هو حلو ما دام الله يُريده لنا.

-ولكنّك قلت إنه غير حلو.

-أخطأت يا حبيبتي.

-ولم زعلتْ ماما لما قلت إنّك تموت؟

-لأن الله لم يُرد ذلك بعد.

-ولم يريده يا بابا؟

-هو يأتي بنا الى هنا ثم يذهب بنا.

-لِمَ يا بابا؟

-لنعمل أشياء جَميلة هنا قبل أن نذهب.

-ولمَ لا نبقى؟

-لا تتّسع الدنيا للناس اذا بقوا.

-ونترك الأشياء الجميلة؟

-سنذهب الى أشياء أجمل منها.

-أين؟

-فوق.

-عند الله؟

-نعم.

-ونراه؟

-نعم.

-وهل هذا حلو؟

-طبعاً.

-إذن يجب أن نذهب؟

-لكننا لم نفعل أشياء جميلة بَعْد.

-وجدّي فعل؟

-نعم.

-ماذا فعل؟

-بنى بيتاً وزرع حديقة.

-وتوتو ابن خالي ماذا فعل؟

وتجهّم وجهه لحظة، واسترَق الى الأم نظرة مُشفِقة، ثم قال:

-هو أيضاً بنى بيتاً صغيراً قبل أن يذهب.

-لكن لولو جارنا يضربني ولا يفعل شيئاً جميلاً.

-ولد شقي.

-ولكنه لن يموت.

-الاّ اذا أراد الله.

-رغم أنه لا يفعل أشياء جميلة؟

-الكلّ يموت، فمَن يفعل أشياء جميلة يذهب الى الله ومَن يفعل أشياء قَبيحة يذهب الى النار.

وتنهّدت ثم صمتت، فشعر بمدى ما حلّ به من إرهاق. ولم يدرِ كم أصاب ولا كم أخطأ. وحرّك تيّارُ الأسئلة علامات استفهام راسبة في أعماقه. ولكن الصغيرة ما لبثت أن هَتفت:

-أريد أن أبقى دائماً مع نادية.

فنظر اليها مُستطلعاً فقالت:

-حتى في درس الدين.

وضحك ضحكة عالية، وضحكت أمّها أيضاً. وقال وهو يتثاءب:

-لم أتَصوّر أنّه من المُمكن مُناقشة هذه الأسئلة على ذاك المُستوى.

فقالت المرأة:

-ستكبر البنت يوماً فتستطيع أن تُدلي لها بما عندك من حقائق.

والتفت نحوها بِحِدّة ليرى مدى ما ينطوي عليه قولها من صدق أو سُخرية، فوجد أنّها قد انهمكت مرة أخرى في التطريز.

أسئلة

١. في رأي الأب، متى يكون الموت حلواً؟

....

٢. في رأي الأب، لماذا لا يبقى الناس في الدنيا؟

....

٣. ما هو الشيء الحلو الذي فعله الجدّ؟

....

٤. مَن هو لولو؟

....

٥. أين يذهب من يفعل أشياء قبيحة؟

....

٦. هل ستذهب البنت الى غرفة غير الغرفة التي ستذهب لها نادية في درس الدين؟

....

٧. هل يعني هذا فشل (failure) أم نجاح الأب في إجاباته على أسئلة بنته؟

....

كلمات جديدة

نَهَر-ينهَر	to scold	في حيرة	puzzled
ما دام	as long as	بَعْدْ	yet
تَجَهّم-يتجهّم	to frown	استرَق-يستَرِق	to steal
شَقي	troublemaker	قَبيح	ugly
تنهَّد-يتنهّد	to sigh	صمَت	to be silent
شَعَر-يشعُر	to feel	مَدى	degree
أصاب-يُصيب	to be correct	حرّك-يحرِّك	to move, steer
تَيّار	current	علامات استفهام	question marks
راسِب	settled	أعماق	depths
ما لبث	still, didn't stop	هتف-يهتِف	to shout
مُستَطلِعاً	scouting, looking for	تثاءَب-يتثاءَب	to yawn
تَصوّر-يتصوَّر	to imagine	ذاك	that ،ذلك
مُستَوى	level	أدلى-يُدلي	to reveal, deliver
حقيقة (ج. حقائق)	truth	التَفت-يلتَفِت	to face, look at
بحِدّة	severely	انطَوى-ينطوي	to contain
سُخرِية	sarcasm	انهمك-ينهمِك	to become absorbed

نشاطات إضافيّة

١. دراسة الكلمات

أ.

Based on the meanings of the words in Column أ, predict the meanings of those in Column ب. Check your dictionary for the accuracy of your predictions.

أ		ب	
أشفَق	to have sympathy for	مُشْفِق	....
أرهَق	to exhaust	إرْهاق	....
ناقَش	to discuss	مُناقَشة	....
أمكَن	to make something possible	مُمْكِن	....

ب.

Write the root and the pattern of the following verbs.

الفعل	الجذر	الوزن
يُريد	....	....
أخْطأْت	....	....
سَنذهب	....	....
تجهَّم	....	....
واسترق	....	....
يضربني	....	....
وتنهّدَت	....	....
أصاب	....	....
وحرّك	....	....
يتثاءب	....	....
أتصوّر	....	....
والتَفتَ	....	....
ينطوي	....	....
انهمَكت	....	....

ج.

For each of the following participles and verbal nouns, identify the root and the source verb with its pattern (فعل and the roman numeral). The first word is given as an example.

الوزن	الفعل المشتقة منه الكلمة	الجذر	الكلمة
أفعل، IV	أشفَق	شفق	مُشْفِقة
....	....	....	إرْهاق
....	....	....	استِفهام
....	....	....	مُستطلِعاً
....	....	....	المُمْكِن
....	....	....	مُناقَشَة
....	....	....	المُستَوى
....	....	....	تَطريز

٢. مُتَرادِفات

Match the word in the first column with its synonym in the second.

لِمَ	قنينة، قارورة
حَسَن	حارَة
أفضَل	خاف
لِصّ	لماذا
حَق	جيّد
زُجاجة	غضِب
زعل	أحسن
حيّ	بنك
مَصرف	صاحب، صديق
خَشي	صحيح
رَفيق	حرامي

.٣

١٠	٩	٨	٧	٦	٥	٤	٣	٢	١	
			■		■					١
■		■					■	■		٢
		■		■	■					٣
	■				■		■		■	٤
	■		■		■	■				٥
			■				■	■		٦
■	■		■		■		■	■		٧
			■	■						٨
	■	■		■	■		■		■	٩
					■					١٠

كلمات متقاطعة

أفقي

١. عكس "ماضي"؛ يجلس فيه الطلاب؛
٢. عكس "جميل"
٣. اسم ولد أو رجُل (معكوسة)؛ فقط بالعامّيّة
٤. عكس "حياة"
٥. عكس "تحت"
٦. جذر "ازدياد"؛ جذر "ابتسام"
٨. جمع "خيط"؛ مدينة في غرب السعودية (معكوسة)
١٠. غرفة؛ آباء (fathers) الآباء

عمودي

١. عكس "ضعيف"؛ اسم فاعل من "خاف" (معكوسة)
٢. تقريباً أو باتّجاه؛ أبو أبي (معكوسة)
٤. نشرب فيه القهوة؛ قارورة أو قنّينة
٦. "مثل" باللهجة المصرية؛ اسم مفعول من "أدب"
٧. جميل، طعمه مثل السكّر؛ زار البلاد المقدّسة
٨. مصدر "رَبّى"
٩. جذر "أصاب"
١٠. عكس "حرب"؛ "كويّس" بالفصحى

٤. اكتب

Read the story جنّة الأطفال as a whole and answer two of the following four questions in a short paragraph.

١. ما رأيك في موقف الأب من مسألة الدين؟ هل هو مُتعصّب، منغلق، متفتّح، متسامح، الخ؟

What do you think of the father's attitude toward religion? Is he strict, open-minded, tolerant, intolerant, etc.?

٢. ما رأيك في معرفة البنت بالأمور الدينية؟ هل هي ساذجة، ذكية، ذات معرفة واسعة، الخ؟

What is your opinion of the girl's questions? Does it show that she is clever, ignorant, simple-minded, etc.?

٣. لم تكن الأم مستمعة فقط، بل تدخّلت في الحوار عدة مرات. ما هو رأيك في دورها في القصّة بشكل عام؟

The mother did not say much in the story, but the way she looked, behaved, and commented at the end of the story had an impact on both the father and the girl. What do you think of her role?

....

....

....

....

....

....

....

٤. ما رأيك في ردود الأب على أسئلة البنت؟ هل ترى تناقضاً فيها؟ لماذا أجاب بالطريقة التي أجاب بها؟ لو كنت مكانه هل كنت تجيب بطريقة مختلفة؟

What is your opinion of the father's answers? Were they contradictory? Why did he answer the way he did? Would you have answered the girl's questions differently? How?

....

....

....

....

....

....

....

الدرس رقم ٣٢

اسمع: معروف–٤

1. What did the merchants talk about when Ali invited them to his house?

....

2. What did Ma'ruuf say when the merchants mentioned a certain kind of cloth?

....

3. How much money did Ma'ruuf owe the merchants?

....

4. What did Ali tell the merchants to do when they complained about the money they lent to Ma'ruuf?

....

5. What was Ma'ruuf's response when Ali told him that he was not a merchant and did not have any money?

....

6. What did Ali threaten to do to Ma'ruuf?

....

7. Why did he change his mind?

....

كلمات جديدة

ذَكَر–يذكُر	to mention
بعَضهُم	one another
اصبر!	Be patient!
شو قاعِد بتعمل؟	What are you doing?
الله أكبر!	God is great! (used here to show disbelief)
قَليل الأدب	person with no manners
فَضَح–يفضَح	to expose

اقرأ: "الطُمأنينة" للشاعر اللبناني ميخائيل نعيمة

سَقْفُ بَيتي حَديدْ　　رُكْنُ بيتي حَجَر
فاعْصِفي يا رِياح　　وانتَحِب يا شَجَر
واسْبَحي يا غُيومْ　　واهْطُلي بالمَطَر
واقصِفي يا رُعود　　لَسْتُ أخشى خَطَر
سَقْفُ بَيتي حَديدْ　　رُكْنُ بيتي حَجَر

مِن سِراجي الضَئيلْ　　أسْتَمدّ البَصَر
كلّما الليلُ طالْ　　والظَلام انتَشَر
وإذا الفَجْرُ مات　　والنهارُ انتَحَر
فانْطَفي يا نُجوم　　وانْطَفِئْ يا قَمَر
مِن سِراجي الضَئيلْ　　أسْتَمدّ البَصَر

بابُ قَلبي حَصينْ　　من صُنوفِ الكَدَر
فاهْجِمي يا هُمومْ　　في المَسا والسَحَر
وازحَفي يا نُحوسْ　　بالشَقا والضَجَر
وانزِلي بالألوف　　يا خُطوبَ البَشَر
بابُ قَلبي حَصينْ　　من صُنوفِ الكَدَر

وَحَليفي القَضاءْ　　ورَفيقي القَدَرْ
فاقدَحي يا شُرورْ　　حَولَ قَلبي الشَرَرْ
واحفِري يا مَنون　　حَول بيتي الحُفَرْ
لَسْتُ أخْشى العَذابْ　　لَسْتُ أخْشى الضَرَر
وَحَليفي القَضاءْ　　ورَفيقي القَدَرْ

كلمات جديدة

سَقف	roof, ceiling
رُكن	corner
انتحَب-ينتَحِب	to wail, cry
هَطَل-يهطُل	to fall heavily
رَعْد (ج. رُعود)	thunder
خطَر	danger
ضئيل	feeble, tiny
ظَلام	darkness
اختفى-يختفي	to disappear
انطفأ-ينطفئ	to be extinguished
صِنف (ج. صُنوف)	type, kind
هَمّ (ج. هُموم)	worry
زَحَف-يزحَف	to crawl, creep
شقا	wretchedness
خَطب (ج. خُطوب)	trouble
حَليف	ally
قدَح-يقدَح	to strike fire
شَرَر	sparks
مَنون	destiny, death
ضَرَر	harm
حَديد	iron
عَصَف-يعصِف	to blow in a storm
غُيوم	clouds
قَصَف-يقصِف	to rumble
خشي-يخشى	to be afraid of
سِراج	candle
استمدّ-يستمِدّ	to draw, derive
انتحَر-ينتَحِر	to commit suicide
نَجم (ج. نُجوم)	star
حَصين	strong, fortified
كَدَر	grief, worry
سَحَر	early morning
نَحس	ill-omened
ضَجَر	boredom
بَشَر	people, humankind
قَضاء وقَدَر	fate and divine decree
شَرّ (ج. شُرور)	evil
حَفَر-يحفِر	to dig
عَذاب	torture

نشاطات إضافيّة

١. دراسة الكلمات

The following are all the verbs found in the poem you have read. Identify the root of each one, its basic form (third person masculine singular in the perfect), and its pattern and form number. Follow the example.

	الفعل	الجذر	الصيغة المجرّدة	الوزن
مثال	وانتَحِب	نحب	انتحَب	افتعل، I
	فاعْصِفي	....	....	....
	واسْبَحي	....	....	....
	واهْطُلي	....	....	....
	واقصِفي	....	....	....
	أخشى	....	....	....
	أسْتَمِدّ	....	....	....
	طالْ	....	....	....
	انتَشَر	....	....	....
	مات	....	....	....
	انتَحَر	....	....	....
	فاخْتَفي	....	....	....
	وانْطَفِئ	....	....	....
	فاهْجمي	....	....	....
	وازحَفي	....	....	....
	وانزِلي	....	....	....
	فاقدَحي	....	....	....
	واحفِري	....	....	....

An ا or أ is found at the beginning of most of these verbs (after removing the conjunctions و and ف.) A distinction is usually made between أ (همزة) and ا, a plain vowel. The first, generally known as همزة القطع, is pronounced when preceded by a vowel, but the second, همزة الوَصل, is not. همزة القطع is found, among other things, at the beginning of Form IV verbs in the perfect, in the word أنا, and in the first person imperfect subject marker (أسكن "I live").

همزة الوصل is prefixed to verbs in Forms VII, VIII, and X because they have initial two-consonant sequences, which are not allowed in Arabic. This explains why the ا disappears in the imperfect variants of these forms, where it is not needed to prevent an impermissible cluster:

ا+نْكَسَر (ينكسر)، ا+ستَمَع (يستَمِع)، ا+سْتَعمَل (يستعمل)

همزة الوصل is also prefixed to verbs in the imperatives of Forms I, VII, VIII, and X to prevent the occurrence of such impermissible consonant sequences:

اكتُب، استَمِع، استَعْمِل

Note that in استَمَع the ا is part of the Form VIII affix, but in استَمِع it is the imperative prefix. The imperative in Arabic is based on the imperfect.

Divide the following verbs into two groups, according to whether the initial ا is part of a certain form or whether it is the imperative prefix.

انتَحِب، اعْصِفي، اسْبَحي، اهْطُلي، اقصِفي،انتَشَر، انتَحَر، اخْتَفي، انْطَفئ، اهْجِمي، ازحَفي، انزِلي، اقدَحي، احفِري

٢. ترجم الى الانجليزية

Translate **الطمأنينة** into idiomatic (poetic, if possible) English.

٣. احفظ

سَقْفُ بَيتي حَديدْ — رُكْنُ بيتي حَجَر
فاعْصِفي يا رِياح — وانتَحِب يا شَجَر
واسْبَحي يا غُيومْ — واهْطُلي بالمَطَر
واقصِفي يا رُعود — لَسْتُ أخشى خَطَر
سَقْفُ بَيتي حَديدْ — رُكْنُ بيتي حَجَر

بابُ قَلبي حَصينْ — من صُنوفِ الكَدَر
فاهْجِمي يا هُمومْ — في المَسا والسَحَر
وازحَفي يا نُحوسْ — بالشَقا والضَجَر
وانزِلي بالألوف — يا خُطوبَ البَشَر
بابُ قَلبي حَصينْ — من صُنوفِ الكَدَر

٤. املأ الفراغات

Listen to the paragraph and write the missing words.

وُلد الكاتب والشاعر اللبناني .... "ميخائيل نعيمة" في قرية "بسكنتا" في .... سنة ١٨٨٩. وقد هاجر أبوه الى .... وهو في السنة الأولى من عمره، وغاب ست ....

درس ميخائيل في .... القرية، ثم حصل على بعثة للدراسة في .... الناصرة في فلسطين، وبعد ذلك في روسيا. وبعد إكمال دراسته في روسيا .... الى أمريكا. وعندما قامت .... العالمية الأولى انضمّ الى الجيش الأمريكي، .... ضد الألمان في فرنسا.

بعد انتهاء الحرب .... ميخائيل نعيمة الى أمريكا، وعاش وعمل .... فيها حتى وصل سنّ الثالثة ....، حينما قرّر العودة الى بسكنتا ليعيش .... هادئة بسيطة بين أهله وأقاربه، وظلّ فيها حتى وافاه الأجل عن .... يناهز التسعين. وقد كتب كتباً ....، من أشهرها سيرة حياته .... "سبعون"، التي نُشرت عندما أكمل .... من عمره.

٥. أغنية "أقول لطفلتي" (فيروز)

English	Arabic
I say to my girl if the night is cold,	أقول لطفلتي اذا الليل بردُ،
And the silence of the hills, hills with no end,	وصمتُ الرّبى ربىً لا تُحدّ،
Let's pray; you are little,	نصلّي فأنتِ صغيرة،
And the prayer of the little ones is never rejected.	وإن الصغار صلاتهم لا تُردّ.
I say to my neighbor, "Why don't you come to spend the evening?"	أقول لجارتي ألا جئتِ نسهر ؟
I have figs, almonds, and sugar.	فعندي تين ولوز وسكّر.
We will sing; you are alone,	نُغَنّي فأنت وحيدة،
Singing will make your waiting shorter.	وإنّ الغناء يخلّي انتظارك أقصر.
I have a house and a small piece of land.	عندي بيت وأرض صغيرة.
So now peace lives inside me.	فأنا الآن يسكنني الأمان.
I will not sell my land for the gold of the earth.	لا أبيع أرضي بذهب الأرض.
The soil of my country is the soil of paradise.	تراب بلادي تراب الجنان.
And in it time goes to sleep.	وفيه ينام الزمان.
I say to our house, if I was alone,	أقول لبيتنا إذا صرتُ وحدي،
And nights blew with snow and cold,	وهبّت ليالٍ بثلجٍ وبرد،
The nights and my house are like fire.	ليالي وبيتي نار.
And the winter passes	ويمضي الشتاء
Gentle like a forest of roses.	رفيقاً كغابة وردِ.

ملحق أ

الحروف والأصوات

APPENDIX A
PHONETIC SYMBOLS USED IN THE BOOK AND THEIR ARABIC EQUIVALENTS

ʔ	ء	(هَمزة)	aa	ا	
b	ب		t	ت	
θ	ث		ǰ	ج	
ɦ	ح		x	خ	
d	د		ð	ذ	
r	ر		z	ز	
s	س		š	ش	
ṣ	ص		ḍ	ض	
ṭ	ط		ð̣	ظ	
ʕ	ع		ɣ	غ	
f	ف		ḳ	ق	
k	ك		l	ل	
m	م		n	ن	
h	هـ		w	و	
uu	و		y	ي	
ii	ي		a	ـَ	(فتحة)
u	ـُ	(ضَمّة)	i	ـِ	(كسرة)

ملحق ب

القواعد

APPENDIX B
GRAMMAR NOTES

The grammar notes in this appendix are intended as a quick reference and include only those details that will help you understand the material in the book and do the writing exercises. For a more comprehensive discussion of Arabic grammar, refer to any of the following:
Elementary Modern Standard Arabic (Parts One and Two). Ed. P. Abboud and E. McCarus. (New York: Cambridge University Press, 1988).
A Grammar of the Arabic Language. Trans. and ed. W. Wright. (London: Williams and Norgate, 1859).
A New Arabic Grammar of the Written Language, by J. A. Haywood and H. M. Nahmad. (Cambridge: Harvard University Press, 1965).

1. ROOT TYPES AND VERB CONJUGATIONS

Arabic roots are divided into three-consonant (or triliteral) roots and four-consonant (quadriliteral) roots. Three-consonant roots are in turn divided into weak roots and sound roots according to their consonant structure, and weak roots are further subcategorized into four types. The type of root determines the verb's conjugational pattern.

Assimilated roots have و (rarely ي) in the first consonant position: وصل، وعد، وجد.

Hollow roots have و or ي in the second position. The و and ي generally appear as ا in the perfect: كان، راح، نام، جاب.

Lame roots have و or ي as the third consonant. It is generally realized as ى (less frequently ا) in the perfect form of the verb: مشى، بنى.

Doubled roots have identical second and third consonants: حبّ، عدّ.

Sound roots have three consonants in the three root positions, no doubling of any two consonants, and no و or ي in any of the three consonant positions: كتب, سمع, عرف.

The following tables show how verbs based on different root types are conjugated in the different persons in the perfect and the imperfect in both spoken Levantine Arabic and Modern Standard Arabic (MSA). Notice in particular the behavior of the various types of weak roots. Four-consonant roots behave like sound three-consonant roots in that no changes occur in their consonant structure as a result of adding subject / person markers. The dual and feminine plural persons are not included in the table because of their rare occurrence.

The Sound Verb

MSA *Imperfect*	*Perfect*		**Levantine** *Imperfect*	*Perfect*	
يَكتُب	كتب		يِكتُب	كتب	هو
تَكتُب	كتبَت		تِكتُب	كتبَت	هي
يَكتُبون	كتبوا		يِكتُبوا	كتبوا	هم
تَكتُب	كتبتَ		تِكتُب	كتَبْتَ	انتَ
تَكتُبين	كتبتِ		تِكتُبي	كتبْتِ	انتِ
تكتُبون	كتبتم	انتم	تِكتُبوا	كتبتوا	انتو
أكتُب	كتبتُ		أكتُب	كتبتْ	أنا
نَكتُب	كتبنا	نحن	نِكتُب	كتبنا	احنا

The Assimilated Verb
(وعد "to promise")

MSA *Imperfect*	*Perfect*		**Levantine** *Imperfect*	*Perfect*	
يَعِد	وَعَد		يوعِد	وَعَد	هو
تَعِد	وَعَدَت		توْعِد	وَعْدَت	هي
يَعِدون	وَعَدوا		يوْعِدوا	وَعَدوا	هم
تَعِد	وَعَدتَ		توْعِد	وَعَدْتَ	انتَ
تَعِدين	وَعَدتِ		توعِدي	وَعَدْتِ	انتِ
تَعِدون	وَعَدتُم	انتُم	توعِدوا	وَعَدتوا	انتو
أعِد	وَعَدتُ		أوْعِد	وَعَدْت	أنا
نَعِد	وَعَدنا	نحنُ	نوعِد	وَعَدنا	احنا

MSA			Levantine		
Imperfect	*Perfect*		*Imperfect*	*Perfect*	
The Hollow Verb					
يَكون	كان		يكون	كان	هو
تَكون	كانت		تكون	كانت	هي
يَكونوا	كانوا		يكونوا	كانوا	هم
تَكون	كنتَ		تكون	كنتْ	انتَ
تَكونين	كنتِ		تكوني	كنتِ	انتِ
تكونون	كنتُم	انتُم	تكونوا	كنتوا	انتو
أكون	كنتُ		أكون	كنتْ	أنا
نَكون	كُنّا	نحنُ	نَكون	كُنّا	احنا
The Lame Verb					
يَمشي	مَشى		يِمشي	مَشى	هو
تَمشي	مَشَت		تِمشي	مَشَت	هي
يَمشون	مشوا		يِمشوا	مشوا	هم
تَمشي	مشيتَ		تِمشي	مشيتْ	انتَ
تَمشين	مشيتِ		تِمشي	مشيتِ	انتِ
تَمشون	مشيتُم	انتُم	تِمشوا	مشيتوا	انتو
أمشي	مَشَيتُ		أمشي	مشيت	أنا
نَمشي	مَشَينا	نحنُ	نِمشي	مشينا	احنا

MSA			Levantine		
Imperfect	*Perfect*		*Imperfect*	*Perfect*	

The Doubled Verb

(مرّ "to pass")

يَمُرّ	مَرّ		يمُرّ	مَرّ	هو
تَمُرّ	مَرَّت		تمُرّ	مرَّت	هي
يمُرّون	مَرّوا		يمُرّوا	مَرّوا	هم
تمُرّ	مَرَرْتَ		تمُرّ	مَرّيتْ	انتَ
تمُرّين	مَرَرْتِ		تمُرّي	مَرّيتِ	انتِ
تمُرّون	مَرَرتُم	انتُم	تمُرّوا	مَرّيتوا	انتو
أمُرّ	مَرَرتُ		أمُرّ	مَرّيتْ	أنا
نَمُرّ	مَرَرْنا	نحن	نمُرّ	مَرّينا	احنا

The Quadriliteral Verb

يُتَرجِم	تَرجَم		يترجِم	ترجَم	هو
تُتَرجِم	ترجمَت		تترجِم	ترجمَت	هي
يُتَرجِمون	ترجموا		يترجِموا	ترجموا	هم
تُتَرجِم	ترجمتَ		تترجِم	ترجمتْ	انتَ
تُتَرجِمين	ترجمتِ		تترجِمي	ترجَمتِ	انتِ
تُتَرجِمون	ترجمتُم	انتم	تترجِموا	ترجمتوا	انتو
أُتَرجِم	ترجمتُ		أترجِم	ترجمت	أنا
نُتَرجِم	تَرجَمنا	نحن	نْترجِم	ترجَمنا	احنا

2. PRONOMINAL SUFFIXES

A set of pronoun suffixes can be attached to nouns, verbs, prepositions and particles like إنّ، أنّ "that," and لكنّ "but." When attached to nouns, these suffixes indicate possession; when attached to verbs or prepositions they function as objects of these verbs and prepositions; and when attached to إنّ, أنّ, and لكنّ they function as the subject of the clause beginning with these particles. The forms of the suffixes are the same in all these cases, with the exception that in the first person singular a ن is inserted between the object suffix and the verb. The same generalizations apply to both MSA and Levantine.

but he, etc.	with him, etc.	she heard him, etc.	his office, etc.
لكنّه	معه	سمعَته	مكتبه
لكنّها	معها	سمعتْها	مكتبها
لكنّهم	معهم	سمعتْهم	مكتبهُم
لكنَّك	معَك	سمعَتَك	مكتبَك
لكنّك	معك	سمعَتك	مكتبك
لكنّكم	معكم	سمعَتْكم	مكتبكُم
لكنّي	معي	سمعَتني	مكتبي
لكنّا	معنا	سمعَتنا	مكتبنا

3. FORMS OF THE VERB

The following tables include the most commonly used verb forms in Arabic and their regular derivatives. The first table gives a summary of the forms and their derivatives using the skeleton فعل. The other four give examples in the different verb types. An *x* indicates that the category under which it appears is of rare occurrence.

Verbal Noun	Passive Participle	Active Participle	Imperfect	Perfect	
المصدر	اسم المفعول	اسم الفاعل	المضارع	الماضي	
many patterns	مَفعول	فاعِل	يَفعِل	فَعَل	I
			يَفعُل	فَعُل	
			يفعَل	فعِل، فعَل	
تفعيل	مُفَعَّل	مُفَعِّل	يُفَعِّل	فعَّل	II
مُفاعَلة	x	مُفاعِل	يُفاعِل	فاعَل	III
إفعال	x	مُفعِل	يُفعِل	أفعَل	IV
تَفَعُّل	x	متفعِّل	يَتَفعَّل	تفعَّل	V
تَفاعُل	x	مُتَفاعِل	يَتَفاعَل	تفاعَل	VI
انفِعال	x	مُنفَعِل	يَنفعِل	انفعَل	VII
افتِعال	مُفتعَل	مُفتعِل	يَفتعِل	افتعَل	VIII
استفعال	مستَفعَل	مُستَفعِل	يستفعِل	استفعَل	X
فَعْلَلة	مُفَعلَل	مُفعلِل	يُفعلِل	فَعلَل	Q1

The examples given in the following four tables are common to both MSA and Levantine. In cases where a difference exists, the Levantine form is given in parenthesis. Note that not all forms are represented in the tables with weak verbs due to lack of examples in the book.

The Sound Verb

I	كتَب	يكتُب	كاتِب	مكتوب	كِتابة
	عرَف	يعرِف	عارِف	معروف	معرِفة
	جمَع	يجمَع	جامع	مجموع	جَمْع
II	حسّن	يُحسِّن	مُحسِّن	مُحسَّن	تحسين
III	قابل	يُقابِل	مُقابِل	x	مُقابَلة
IV	أعلن	يُعلِن	مُعلِن	x	إعلان
V	تعلَّم	يَتَعلّم	متعلِّم	x	تعلُّم
VI	تراسَل	يَتَراسَل	مُتَراسِل	x	تَراسُل
VII	انسحب	يَنسحِب	مُنسَحِب	x	انسحاب
VIII	اجتمع	يَجتمع	مُجتَمِع	مُجتَمَع	اجتماع
X	استقبل	يستقبِل	مُستَقبِل	مستَقبَل	استقبال
Q1	ترجم	يُتَرجِم	مُتَرجِم	مُتَرجَم	تَرجَمة

The Assimilated Verb

I	وجَد	يَجِد (يوجَد)	واجِد	مَوجود	وُجود
II	وحَّد	يُوَحِّد	مُوحِّد	موحَّد	توحيد
III	وافق	يُوافِق	مُوافِق	مُوافَق	مُوافقة
IV	أوجع	يوجِع	مُوجِع	x	x
V	تَوقَّف	يَتوقَّف	متوقِّف	x	تَوَقُّف
VIII	اتّحد	يَتَّحِد	مُتَّحِد	x	اتِّحاد
X	استورَد	يَستورِد	مُستورِد	مُستورَد	استيراد

The Hollow Verb

	الماضي	المضارع	اسم الفاعل	اسم المفعول	المصدر
I	خاف	يَخاف	خائف (خايف)	x	خوف
II	غيّر	يُغيّر	مُغيِّر	x	تغيير
III	حاوَل	يُحاوِل	مُحاوِل	x	مُحاولة
IV	أدار	يُدير	مُدير	x	إدارة
V	تغيّر	يَتغيَّر	مُتغيِّر	x	تغيُّر
VI	تناوَل	يَتناوَل	مُتناوِل	x	x
VII	انْقاد	يَنْقاد	x	x	انقِياد
VIII	اختار	يَختار	مُخْتار	x	اختِيار
X	استشار	يَستشير	مُستشير	مُستَشار	استشارة

The Lame Verb

	الماضي	المضارع	اسم الفاعل	اسم المفعول	المصدر
I	نسي	يَنسى	ناسي	منسي	نِسيان
II	سَمّى	يُسَمّي	مُسمّي	مُسَمّى	تسمية
III	نادى	ينادي	مُنادي	مُنادى	مُناداة
IV	أعطى	يُعطي	مُعطي	x	إعطاء
V	تغطّى	يَتَغطّى	متغطّي	x	x
VII	انقَضى	ينقَضي	مُنقَضي	x	انقضاء
VIII	انتهى	ينتهي	مُنتَهي	x	انتِهاء
X	استثنى	يستثني	مُستَثني	مُستَثنى	استِثناء

The Doubled Verb

	الماضي	المضارع	اسم الفاعل	اسم المفعول	المصدر
I	عَدّ	يعُدّ	عادّ (عادِد)	معدود	عدْ
II	حَدّد	يُحَدِّد	مُحَدِّد	مُحَدَّد	تَحديد
IV	أحبّ	يُحِبّ	مُحِبّ	x	x
V	تخصّص	يَتَخَصّص	مُتَخَصِّص	x	تَخَصُّص
VII	انحلّ	يَنحَلّ	مُنْحَلّ	x	انحِلال
VIII	احتلّ	يحتَلّ	مُحْتَلّ	x	احتِلال
X	اسْتقلّ	يستَقِلّ	مُسْتَقِلّ	x	استِقلال

Certain forms have clear grammatical or semantic associations. This is particularly true of Forms II, V, VI, and VII.

Form II فَعّل is generally associated with one of the following meanings:

a. Transitive / causative of I

رجع	to return	رجَّع	to return something, to cause to return

b. Denominative, that is, creating a verb from a noun or an adjective

كبير	big	كبّر	to enlarge
ثَلج	snow, ice	ثَلَّج	to become cold, icy

c. Intensive of I

كسر	to break	كسَّر	to smash

Form V is generally the reflexive of Form II:

كسّر	to smash	تكسّر	to get smashed

Form VI is the reflexive of Form III:

ساعدوا	they helped	تساعدوا	they helped one another

Form VII is often the passive of Form I:

كسر	to break	انكسر	to be broken

4. THE PASSIVE VOICE IN فُصحى

Whereas in Levantine Arabic passive meaning is generally expressed by Form VII verbs and by the passive participle, in فُصحى a verb can be made to convey passive meaning by an internal vowel change. This type of passive construction has a distinctive vocalic melody in the perfect and another in the imperfect: in the perfect, the melody is ـُـِـ, and in the imperfect it is ـُـَـ. The following list includes the verbal patterns that have passive forms that you have encountered in the reading selections of the book.

Passive		Active		
Imperfect	*Perfect*	*Imperfect*	*Perfect*	
يُفعَل	فُعِل	يفعَل، يفعُل، يفعِل	فعَل، فعِل	I
يُفَعَّل	فُعِّل	يُفَعِّل	فَعَّل	II
يُفاعَل	فوعِل	يُفاعِل	فاعَل	III
يُفْعَل	أُفْعِل	يُفْعِل	أفْعَل	IV
يُفْتَعَل	افْتُعِل	يَفْتَعِل	افْتَعَل	VIII
يُسْتَفعَل	اسْتُفعِل	يستفعِل	استَفْعَل	X
يُفَعْلَل	فُعْلِل	يُفَعْلِل	فَعْلَل	Q1

5. NEGATION

Levantine

Verbs are generally negated by inserting the particle ما before the verb to be negated:

(أنا) ما فتحت الباب.

A more informal way of negation is by adding the suffix ش after the verb to be negated along with the preceding ما:

(أنا) ما فتحتِش الباب.

Verbless (or equational) sentences are negated by inserting مش before the adjective, noun, or prepositional phrase:

الطقس في الكويت مش كويس.

أبوه مش طبيب.

أمّه مش في المكتب.

MSA فُصحى

Perfect verbs are negated in فصحى in one of two ways:

(1) by using the negative particle ما before the verb in its perfect form, like Levantine:

he did not write ما كتب he wrote كتب

(2) by using لم followed by the imperfect form of the verb:

he did not write لم يكتُب.

Imperfect verbs are negated with لا:

they do not know my address لا يعرفون عنواني

Imperfect verbs with future reference are negated with لَن:

she will not travel with me لن تسافر معي

(More on this under *Moods* below.)

Verbless (equational) sentences are negated with ليس or غير. غير is used only with adjectives, while ليس is used with adjectives, nouns, and prepositional phrases:

The address is not known; unknown.	العنوان غير معروف.
The machine is not good for use.	الآلة غير صالحة للاستعمال.
He is not Arab.	هو ليس عربياً.
Tripoli is not in Syria.	طرابلس ليست في سوريا.
Najd is not a city; it is an area.	نجد ليست مدينة، هي منطقة.

While غير has only one form, ليس is a verb and must agree with its subject. It is conjugated like other hollow verbs in the perfect.

هو	لَيْسَ
هي	لَيْسَت
هم	لَيسوا
انتَ	لَسْتَ
انتِ	لَسْتِ
انتُم	لَسْتُم
أنا	لَسْتُ
نحنُ	لَسْنا

6. CASES

Nouns and adjectives in فُصحى may have one of three cases, depending on their function in the sentence: nominative, accusative, or genitive. The case system has many rules and many exceptions to these rules, which can be quite intimidating even to native speakers of Arabic, and can easily discourage the non-native learner. Only those parts of the case system that will help develop your reading and writing skills will be introduced.

Each case is indicated by a specific set of endings, which vary according to the following factors: whether the noun or adjective is definite or indefinite, whether it has a sound plural ending, or whether it ends in التاء المربوطة. In general, the nominative is associated with ـُ, the accusative with ـَ, and the genitive with ـِ. The case endings are shown in the following table.

	Singular and Broken Plural			*Sound Plural*	
	nominative	accusative	genitive	nominative	accusative/genitive
definite (m.)	الطالبُ	الطالبَ	الطالبِ	المعلّمون	المعلّمين
	الطلّابُ	الطلّابَ	الطلّابِ		
definite (f.)	الطالبةُ	الطالبةَ	الطالبةِ	المعلّماتُ	المعلّماتِ
indefinite (m.)	طالبٌ	طالباً	طالبٍ	معلمون	معلّمين
indefinite (f.)	طالبةٌ	طالبةً	طالبةٍ	مُعلّماتٌ	مُعلّماتٍ

One point to keep in mind is that case changes do not change the basic meaning of the word; they are changes only in form. So مُعلّمٌ, مُعلّماً, and مُعلّمٍ all mean "teacher."

The case system has not been emphasized in this book because فصحى has been introduced mainly for silent reading comprehension. As long as you recognize that مُعلّمٌ, مُعلّماً, and مُعلّمٍ refer to the same word and that pairs of words like المعلّمون and المعلّمين are identical in meaning, you do not need to know that معلّمٍ is in the genitive case because it is the object of a preposition or it is the second term of الإضافة, معلّماً is in the accusative case, and so on. Your role at this level is generally restricted to recognizing words and their meanings. In reading materials in the book in which you are expected to pronounce the case endings, that is, the poems and Qur'anic verses, which you are asked to read aloud, they are provided for you.

Knowledge of the case system is important for writing. Using the nominative form المعلّمون where the accusative المعلّمين is required is ungrammatical. For this reason, some basic rules of the case system are presented below, and you are urged to refer to them when you do the writing exercises in the book. Pay special attention to instances where the shape of the word is changed:

a. The sound masculine plural: المعلّمون/المعلّمين.

b. The masculine singular in the accusative case: معلّماً معروفاً.

Nominative

a. Subject of a verb:

وصل المعلِّمُ

وصل المعلّمون.

b. Subject of an equational sentence:

المعلِّمُ جديدٌ.

c. Predicate of an equational (verbless) sentence:

سليمٌ معلّمٌ.

d. Subject of كان and its sisters (صار ، أصبح، ليس):

كان المعلّمُ في البيت.

كان المعلّمون في البيت.

Accusative

a. Object of a verb:

سمعتُ معلّماً يقول...

سمعت المعلّمين يقولون...

b. Predicate of كان and its sisters:

أصبح سليمٌ معلّماً.

أصبح أولاده معلّمين.

c. After interrogative كم. Nouns in this position are always singular indefinite accusative:

كم كتاباً معك؟

Genitive
a. Object of a preposition:

التقيتُ بالمعلّمِ.
التقيتُ بالمعلّمين.

b. Second term of an اضافة construction:

بيت المعلّمِ كبير.
بيوت المعلّمين كبيرة.

Note that an adjective agrees in case with the noun it modifies unless it serves as the predicate of كان and its sisters.

المعلّمُ المعروفُ، المعلّمَ المعروفَ، معلّماً معروفاً، معلّمين معروفين، الخ.

7. MOODS OF THE IMPERFECT VERB IN فُصحى

Only those parts of the فُصحى mood system that will help develop your reading and writing skills will be introduced here. Examples of different types of verbs in these moods are shown in the tables below. There are four moods of the imperfect verb.

The Declarative Mood

This is the basic mood. The verb is in its regular form; no vowels are shortened and no prefixes or suffixes are dropped.

The Jussive Mood

This is the mood of the imperfect verb when it follows the negative particle لم. The most noticeable modifications of verbs in the jussive moods are:

a. The ن of the second person feminine singular and of the third person plural is dropped. In the plural, it is replaced by ا, which is not pronounced.

b. The long vowel of hollow verbs (و and ي in the second consonant position) and of lame verbs (و and ي in the third consonant position) is shortened in pronunciation and deleted in writing.

The Imperative Mood

The form of the verb in the imperative mood is based on the jussive. First, the imperfect prefix is dropped; second, a short vowel is inserted at the beginning of the resulting form if it begins with a two-consonant cluster. This is illustrated by the two verbs كان-يكون and كتب-يكتُب.

	Singular		*Plural*	
Declarative	تَكْتُب	تَكون	تكتُبون	تكونون
Imperfect Jussive	تَكتُب	تَكُن	تكتُبوا	تَكونوا
Imperative	اكْتُب	كُن	اكْتُبوا	كونوا

The pronunciation of the vowel at the beginning of اكتب/اكتبوا depends on the stem vowel of the verb. (The stem vowel is the vowel between the second and third consonants of the root.) If the stem vowel is ُ (u), the inserted vowel is pronounced ـُ (u), and if it is ـِ (i) or ـَ (a), then the inserted vowel is ـِ (i).

اكتب	uktub	Write!
إعرف	iʕrif	Know!
اسمع	ismaʕ	Listen, hear!

Two verbs of particular interest because of their frequent occurrence are أخذ,"he took," and أكل,"he ate." Although these two verbs generally behave like sound verbs, their imperative forms follow the pattern of assimilated verbs. The following table shows their commonly used imperative forms.

كُل	خُذ	انتَ
كُلي	خُذي	انتِ
كُلوا	خُذوا	انتُم

The Subjunctive Mood

This mood involves occurrences of the imperfect form of the verb after certain particles. The most common of these are: لن, "will not" (negation of future tense), أنْ ،لِ ،حتى, "in order to." The modifications accompanying the subjunctive mood are similar to those in the jussive, except that vowels are not shortened in verbs based on hollow and lame roots.

The following tables show a representative sample of verbs conjugated in the different persons in the declarative, jussive, imperative, and subjunctive moods.

Subjunctive	*Imperative*	*Jussive*	*Declarative*	
(after لن، لِ، حتى)		(after لم)		
1. The Sound Verb		(كتب، عرف، سمع، سافر، جمّع، اعترف، الخ.)		
يكتُبَ		يكتُبْ	يَكتُبُ	هو
تكتُبَ		تكتُبْ	تَكتُب	هي
يكتبوا		يكتبوا	يَكتُبون	هم
تكتُبَ	اكتُبْ	تكتُبْ	تَكتُب	انتَ
تكتُبي	اكتُبي	تكتُبي	تَكتُبين	انتِ
تكتُبوا	اكتُبوا	تكتُبوا	تكتُبون	انتُم
أكتُبَ		أكتُبْ	أكتُب	أنا
نكتُبَ		نكتُبْ	نَكتُب	نحنُ

Subjunctive	*Imperative*	*Jussive*	*Declarative*	
(after لن، لِ، حتى)		(after لم)		

2. The Assimilated Verb (وصل، وقف، وجد، اتّفق، اتّحد، وافق، الخ.)

Subjunctive	Imperative	Jussive	Declarative	
يصِلَ		يصِلْ	يَصِلُ	هو
تصِلَ		تصِلْ	تَصِلُ	هي
يصِلوا		يصِلوا	يَصِلون	هم
تصِلَ	صِل	تصِلْ	تَصِل	انتَ
تَصِلي	صِلي	تصِلي	تَصِلين	انتِ
تصِلوا	صِلوا	تصِلوا	تصِلون	انتم
أصِلَ		أصِلْ	أصِلُ	أنا
نصِلَ		نَصِلْ	نَصِلُ	نحنُ

3. The Hollow Verb (قال، كان، استراح، نام، اختار، طار، خاف، الخ.)

Subjunctive	Imperative	Jussive	Declarative	
يقولَ		يقُلْ	يَقولُ	هو
تقولَ		تقُلْ	تَقولُ	هي
يقولوا		يقولوا	يَقولون	هم
تقولَ	قُلْ	تَقُلْ	تَقولُ	انتَ
تقولي	قولي	تقولي	تَقولين	انتِ
تقولوا	قولوا	تقولوا	تقولون	انتُم
أقولَ		أقولْ	أقولُ	أنا
نَقولَ		نَقولْ	نَقولُ	نحنُ

4. The Lame Verb (مشى، التقى، انتهى، بنى، سمّى، الخ.)

Subjunctive	Imperative	Jussive	Declarative	
يمشِيَ		يمشِ	يمشي	هو
تمشِيَ		تمشِ	تمشي	هي
يمشوا		يمشوا	يمشون	هم
تمشيَ	امشِ	تمشِ	تمشي	انتَ
تمشي	امشي	تمشي	تمشين	انتِ
تمشوا	امشوا	تمشوا	تمشون	انتم
أمشيَ		أمشِ	أمشي	أنا
نمشيَ		نمشِ	نمشي	نحنُ

Subjunctive (after لن، لِ، حتى)	Imperative	Jussive (after لم)	Declarative	

5. The Doubled Verb (عدّ، مرّ، أحبّ، استمرّ، احتلّ، أسّس، تأسّس، الخ.)

Subjunctive	Imperative	Jussive	Declarative	
يعدَّ		يعُدّ	يعُدُّ	هو
تعُدَّ		تَعُدّ	تعُدُّ	هي
يعُدّوا		يعُدّوا	يعُدّون	هم
تعُدَّ	عُدّ	تَعُدّ	تعُدُّ	انتَ
تعُدّي	عُدّي	تعُدّي	تعُدّين	انتِ
تعُدّوا	عُدّوا	تعُدّوا	تعُدّون	انتم
أعُدَّ		أعُدّ	أعُدُّ	أنا
نَعُدَّ		نعُدّ	نعُدُّ	نحن

ملحق ج

نصوص الاستماع والحوارات
والتمارين الشفهية وملء الفراغات

APPENDIX C
LISTENING SELECTIONS, DIALOGUES, ORAL EXERCISES, AND FILL IN THE BLANKS

الدرس الأوّل

اسمع : الحق معك!

في يوم مَن الأيام أجا راجل لبيت جحا وقال له انه فيه مشكلة بينه وبين راجل ثاني، وحكى القصة لجحا. لما الراجل خلّص كلامه، جحا قال: "الحق معك." والراجل طلع من بيت جحا. بعد شوية أجا الراجل الثاني وحكى قصته لجحا، فقال له جحا: "الحق معك." زوجة جحا سمعت اللي قاله جحا للراجل الأول والثاني، فقالت: "يا جحا، انت قلت للراجل الأول 'الحق معك' وكمان قلت للراجل الثاني 'الحق معك'، كيف ممكن يكون الحق مع الإثنين؟ " جحا فكر شوية وقال: "الحق معكِ."

تمرين شفهي (oral exercise): الحقّ معكِ!

الأستاذ	انتِ
الطالِب	الحق معكِ.
الأستاذ	جارنا
الطالب	الحقّ معه.

هي، زوجة جحا، هُمّ، انتَ، انتِ، هو، الأستاذ، انتو، أنا، إحنا، جارتنا.

حوار: بلا تاريخ بلا بطّيخ، اقعد اشرب شاي أحسن!

فتحي	يا مسعود، يا مسعود!
مسعود	فتحي؟ السلام عليكم.
فتحي	وعليكم السلام. كيف حالك؟
مسعود	الحمدلله كويس، وانت؟
فتحي	مش بطّال. وين انتَ يا راجل؟ سن زمان ما شفناك.
مسعود	الدراسة يا أخي، محاضرات وواجبات وأبحاث.
فتحي	تفضل، اقعد.
مسعود	لا، ما باقدر، لازم أروح.
فتحي	وين رايح؟
مسعود	عندي محاضرة.
فتحي	محاضرة ايش؟
مسعود	تاريخ.
فتحي	بلا تاريخ بلا بطيخ، اقعد اشرب شاي أحسن.
مسعود	والمحاضرة؟
فتحي	بتسأل الطلاب الثانيين... ايش بتحب تشرب؟
مسعود	قهوة.
فتحي	يا جرسون.
الجرسون	نعم.
فتحي	واحد قهوة، لو سمحت!
الجرسون	حاضر.
فتحي	كم مادة معك في هذا الفصل؟
مسعود	خمسة: أدب أموي وشعر عبّاسي وتاريخ القصّة القصيرة وتاريخ عربي قديم وتربية إسلامية. وانت كم مادة معك؟
فتحي	خمسة كمان.
مسعود	خمسة في التخصّص؟
فتحي	كلها في التخصّص، خمس مواد أحياء.
مسعود	امتى رايح تتخرّج؟
فتحي	في نهاية السنة.
مسعود	كيف الوظايف في الأحياء؟
فتحي	فيه وظايف، لكن ما فيه فلوس مثل الطب والهندسة.
مسعود	بتفكر تصير معلّم؟
فتحي	معلّم أو موظف في مختبر او مستشفى. وانتَ؟
مسعود	معلّم.
فتحي	كيف الوظايف في اللغة العربية؟
مسعود	هون ما فيه وظايف. لازم أسافر للخليج أو ليبيا.
فتحي	ايش بدّك بالخليج وليبيا؟ روح للقاهرة وادرس دكتوراه، أربع خمس سنوات في الأزهر أو جامعة القاهرة وبترجع دكتور.
مسعود	لكن من وين الفلوس؟

تمارين شفهية

١. وين انتَ يا راجل؟ من زمان ما شفناك!

الأستاذ	انتَ
الطالب	وين انتَ؟ من زمان ما شفناك!
الأستاذ	هوّ
الطالب	وين هوّ؟ من زمان ما شفناه.

هيّ، همّ، انتَ، انتِ، انتو، أصحابك، أولادك، معلم اللغة العربية

٢. لازم أروح!

الأستاذ	هي
الطالب	لازم تروح
الأستاذ	انتو
الطالب	لازم تروحوا.

انتَ، انتِ، صاحبتي، جارنا أبو العبد، ياسر عرفات، احنا، انتو، أنا

٣. امتى رايح تتخرّج؟

الأستاذ	هو
الطالب	امتى رايح يتخرّج؟

هم، انتَ، انتِ، انتو، أنا، احنا، أخوك، بنتك، هي، هو

٤. فيه وظايف، لكن ما فيه فلوس!

الأستاذ	شُقَق/بيوت
الطالب	فيه شُقق لكن ما فيه بيوت.

أكل عربي/أكل أمريكي، حمّام غربي/حمّام عربي، كُتُب/دفاتر، مكان لشخص واحد/مكان لشخصين، سيارات تاكسي/باصات، صف فرنسي/صف عربي، غرفة بدون حمام/غرفة بحمام

الدرس الثاني

اسمع: معطف القاضي

في يوم من الأيام كان جحا ماشي في الطريق فشاف قاضي القرية نايم تحت شجرة، وكان سكران. كان القاضي لابس معطف غالي. جحا أخذ المعطف وراح لبيته والقاضي نايم.

لما القاضي رجع لبيته أرسل خادمه حتى يفتش على المعطف. الخادم وجده بسرعة لأن جحا كان لابسه ويمشي في القرية. الخادم أخذ جحا للمحكمة، وكان قاضي المحكمة صاحب المعطف المسروق. القاضي سأل جحا: "لمين هذا المعطف؟ قال جحا: "هذا معطفي". قال القاضي: "لأ، هذا معطفي. انت راجل فقير وما معك فلوس حتى تشتري معطف غالي مثل هذا." قال جحا. "صحيح انا فقير وما عندي فلوس، لكن مبارح كنت ماشي وشفت راجل سكران نايم تحت شجرة، وأخذت معطفه. اذا هذا معطفك، خذه." قال القاضي: "لأ، هذا مش معطفي، يالله، مع السلامة."

تمرين شفهي: هذا معطفي مش معطفَك!

الأستاذ هو
الطالب هذا معطفي مش مِعطفه.

انتِ، هي، الولد، البنت، انتو، هم، انتَ، القاضي، مرة القاضي

الدرس الثالث

اسمع: جحا والديك الرومي

جحا تديّن فلوس من تاجر، وقال انّه رايح يدفعها بعد أسبوع. لكن مرّ الأسبوع وجحا ما دفع الفلوس. التاجر طلب فلوسه من جحا لكن جحا قال: "الأسبوع الجاي، ان شاء الله، بادفع لك فلوسك."

مر أسبوعين، ثلاثة وجحا ما دفع الدين، والتاجر ما شافه، فقرر يروح لبيته ويطلب فلوسه. لما التاجر دخل بيت جحا وجده بياكل ديك رومي، فقال له: "مش معقول، انت ما عندك فلوس؟ قال جحا: "طبعاً ما عندي فلوس." قال التاجر: "اذا ما عندك فلوس كيف بتاكل ديك رومي؟" قال جحا: "ما عندي فلوس حتى اشتري له أكل، فذبحته قبل ما يموت من الجوع."

تمرين شفهي: لا والله، ما عندي فلوس!

الأستاذ	عندك فلوس؟
الطالب	لا والله، ما عندي فلوس.

موز، كُتب، اقلام (pens, pencils)، دفاتِر (notebooks)، قهوة، بقلاوة، غرفة مع حمام

حوار: هون فيه نظام وقوانين، مش فوضى!

موظف السفارة بعدُه.
مسعود تفضّل.
موظف السفارة اسمك؟
مسعود مسعود.
موظف السفارة اسمك الكامل.
مسعود مسعود شعبان محمود أبو العدس.
موظف السفارة طيّب، اعطيني الأوراق.
مسعود تفضّل.
موظف السفارة وين الملفّ؟
مسعود ايش الملفّ؟
موظف السفارة الأوراق لازم يكونوا في ملفّ. انت بتفكرّ هون فوضى؟ بعدُه.
مسعود لكن يا سيدي...
موظف السفارة يالله، مع السلامة، جيب ملفّ وارجع بكرة.
...
موظف السفارة بعدُه.
مسعود صباح الخير.
موظف السفارة اعطيني الأوراق.
مسعود تفضّل.
موظف السفارة هذا الطلب، وهذه الصورة، وهذه شهادة الميلاد، وهذه الطوابع، وهذا عقد العمل...وين جواز سفرك؟
مسعود تفضّل، هذا جواز السفر.
موظف السفارة طيّب، وين شهادة الإعفاء من الخدمة العسكريّة؟
مسعود لازم شهادة إعفاء من الخدمة العسكرية؟
موظف السفارة طبعاً، لازم، انت بتفكّر هون فوضى؟ هون فيه نظام وقوانين. يا الله، مع السلامة. جيب شهادة الإعفاء وارجع بكرة.
مسعود لكن يا سيدي...
موظف السفارة يا الله مع السلامة، قلت لك إرجع بكرة. بعدُه.
...
مسعود صباح الخير.
موظف السفارة اعطيني الأوراق.
مسعود تفضّل.
موظف السفارة طيّب، هذا الطلب، وهذه الصورة، وهذه شهادة الميلاد، وهذه الطوابع، وهذا عقد العمل، وهذه شهادة الإعفاء من الخدمة العسكرية...اعطيني جواز سفرك؟
مسعود تفضّل، هذا جواز السفر.
موظف السفارة ايش اسم الأم قبل الزواج؟
مسعود نزميّة أحمد سلامة.
موظف السفارة ايش قلت؟ نزميّة أحمد؟
مسعود ايوا.
موظف السفارة لكن هون مكتوب نظميّة أحمد.

مسعود　　كل الناس بيكتبوا نظمية لكن بيقولوا نزمية.

موظف السفارة　　هذا مش شغلي، روح صحّح الاسم وارجع بكرة. ياالله مع السلامة. قال نزميّة قال...

تمارين شفهية

١. اعطيني الأوراق!

الأستاذ　　الكتب.

الطالب　　اعطيني الكتُب.

الدفاتر، جواز السفر، الشهادة، ملفّ كبير، طوابع، شهادة الميلاد، الصورة، عقد العمل، سندويشة فلافل، صحن (plate, dish) حُمّص

٢. قُلت لك إرجع بكرة.

الأستاذ　　هو

الطالب　　قلت له ارجع بكرة.

الأستاذ　　هم

الطالب　　قلت لهم ارجعوا بكرة.

هي، هم، انتَ، انتِ، انتو، هو، الطالب الجديد، المديرة، مسعود

٣. هذا مش شغلي.

الأستاذ　　هو

الطالب　　هذا مش شغله.

الأستاذ　　هم

الطالب　　هذا مش شغلهم.

احنا، انا، انتَ، انتِ، انتو، هو، هي، المدير، الرئيس، موظف الجوازات، معلمة اللغة الفرنسية

الدرس الرابع

اسمع: كُل يا ثوبي كُل!

في يوم من الأيام جحا راح لعُرس ، وكان لابس ملابس الشغل. دخل البيت وسلّم على الناس، وكان فيه ناس كثير، لكن ما حد ردّ السلام. بعدين أجا الأكل والناس بدوا ياكلوا لكن ما دعوا جحا حتى ياكل معهم. جحا قام وراح لبيته، وشلح ملابس الشغل، ولبس ملابس نظيفة، ورجع للبيت اللي فيه العُرس. لما سلّم على الناس كلهم ردوا السلام، وكمان دعوه حتى ياكل معهم. جحا قعد حتى ياكل، فبدا يحط الأكل في جيبه ويقول: "كل يا ثوبي كل!". الناس تعجبوا، وواحد منهم سأل جحا: "ايش بتعمل يا جحا؟" جحا قال: "لما جيت بملابس الشغل ما دعيتوني للأكل وما حكيتوا معي، لكن لما لبست هذا الثوب كلكم ردّيتوا السلام ودعيتوني حتى آكل معكم. انتو ما دعيتوني للأكل، لكن دعيتوا ثوبي، وهو لازم ياكل."

تمرين شفهي: هوّ لازم ياكل!

الأستاذ	هوّ
الطالب	هوّ لازم ياكُل.
الأستاذ	انتو.
انتو	انتو لازم تاكلوا.

هيّ، السكرتير، همّ، أخوك، انتَ، انتِ، بنته، انتو، أنا، المهندِس، احنا

املأ الفراغات

حكم الخليفة هارون الرشيد الدولة الإسلامية من سنة ٧٨٦ الى سنة ٨٠٩. وبعد موته أصبح ابنه الأمين خليفة، ولكنّ الأمين لم يحكم مدّة طويلة، فقد قامت حرب أهلية بينه وبين أخيه المأمون وهُزم جيش الأمين، وأصبح المأمون خليفة في سنة ٨١٣. حكم المأمون من سنة ٨١٣ الى سنة ٨٣٣، وفي زمنه ازدهرت العلوم، وتُرجم الكثير من الكتب الى اللغة العربية. وقد أسّس المأمون "دار الحكمة" للعلوم والترجمة، ويُقال إنّه كان يُعطي مَن يترجم كتاباً الى العربية وزنه ذهباً.

الدرس الخامس

اسمع: قنينة ابو نواس

في يوم من الأيام كان الخليفة هارون الرشيد يمشي في شارع من شوارع بغداد، فشاف ابو نواس واقف عند حيط وبيشرب خمر من قنّينة، فسأله: "ايش في ايدك يا ابو نواس؟" ابو نواس مدّ ايده الفاضية للخليفة وقال: "شوف يا أمير المؤمنين، ما في ايدي شيء." فقال الخليفة: "طيب ممكن اشوف ايدك الثانية؟" أبو نواس حط القنينة في ايده اللي ورّاها للخليفة ورفع ايده الثانية وقال: "شوف، ايدي فاضية، ما فيها شيء." فقال الخليفة: "ممكن أشوف ايديك الثنتين مع بعض." أبو نواس حط القنينة بين ظهره وبين الحيط وقال للخليفة: "شوف، هذول ايديّ الثنتين." فقال الخليفة: "طيّب امشي لعندي شويّة." فقال ابو نواس: " اذا مشيت بتنكسر القنينة يا أمير المؤمنين."

تمرين شفهي: كان الخليفة يمشي!

الأستاذ	أنا
الطالب	(أنا) كنت أمشي.

هو، مرة أخوي، هي، السكرتيرة، همّ، أستاذنا، انت، انتِ، أمي، انتو، أنا، احنا

حوار: بلا قوانين بلا بطّيخ!

مسعود	(على التلفون) أبو جَمال، مسعود معك.
أبو جَمال	مسعود؟ انت من وين بتحكي؟
مسعود	من السفارة.
أبو جَمال	يا ساتر، شو فيه؟
مسعود	عندي مشكلة في التأشيرة.
أبو جَمال	شو المشكلة؟
مسعود	جيت للسفارة يوم السبت، قالوا لازم ملفّ، ارجع بكرة، ثاني يوم رجعت، قالوا لازم شهادة إعفاء من الخدمة العسكرية، جبت شهادة إعفاء، قالوا فيه غلط في اسم امّك، بدل نزميّة مكتوب نظميّة. بعدين شو أعمل؟
أبو جَمال	طيب، حطّ خمس دنانير في ايد الموظف، يمكن يعطيك تأشيرة.
مسعود	المكتب مليان ناس، ما باقدر.
أبو جَمال	طيب أنا باحكي مع مدير المكتب.
...	
مدير المكتب	مسعود شعبان أبو العدس.
مسعود	نعم.
مدير المكتب	تفضل، تفضل.

(في غرفة مدير المكتب)

مدير المكتب	أهلاً وسهلاً فيك يا أخ مسعود! شاي ولا قهوة؟
مسعود	شكراً، لا شاي ولا قهوة. اعمل معروف، ساعدني بهالتأشيرة.
مدير المكتب	ولا يهمك، تفضّل، اقعد. انت من وين بتعرف أبو جَمال؟
مسعود	أبو جَمال كان جارنا في نابلس الحيط بالحيط.
مدير المكتب	طيّب، تعال معي....يا عبدالله!
موظف السفارة	نعم سيدي.
مدير المكتب	إعطي الأخ مسعود تأشيرة.
موظف السفارة	أمرك سيدي...لكن القوانين والتعليمات...
مدير المكتب	بلا قوانين بلا بطيخ، اعطيه تأشيرة واسكت.

تمارين شفهية

١. قالوا لازم أرجع بكرة!

الأستاذ	هو
الطالب	قالوا لازم يرجع بكرة.
الأستاذ	انتَ
الطالب	قالوا لازم ترجع بكرة.

انتِ، أنا، انتَ، احنا، انتو، الأستاذ، مسعود، مسعود وأبوه

٢. من وين بتعرف أبو جمال؟

الأستاذ　　　هو

الطالب　　　من وين بيعرف أبو جمال؟

هي، هم، انتَ، انتِ، أنا، احنا، هو، انتو، عمّي، خالَك، زوجِك

٣. اعطيه تأشيرة واسكت!

أ.

الأستاذ　　　هي

الطالب　　　اعطيها تأشيرة واسكت.

الأستاذ　　　احنا

الطالب　　　اعطينا تأشيرة واسكت.

أنا، هم، هو، صاحبي، أبو عزيز، مسعود، أم مسعود، الحجة فاطمة

ب.

الأستاذ　　　مية دولار.

الطالب　　　اعطيه مية دولار واسكت.

سيّارة، الكتاب، الدفتر، قلمين، الأوراق، ملفّ، اللي بدّه ايّاه، كيلو بطاطا، سندويشة فلافل

الدرس السادس

اسمع: رجعت تسكر وتضرب امّك يا ملعون!

في يوم من الأيام كان جحا يقود حماره في طريقه لبيته. كان الحمار مربوط بحبل برقبته، وطرف الحبل في ايد جحا، والحمار وراه. شافوه لصّين، وقرّروا يسرقوا الحمار.

مشوا وراء جحا وهو ما شافهم، ولما وصلوا، اللص الأول فكّ الحبل من رقبة الحمار وربطه على رقبته، وأعطى الحمار للص الثاني. اللص الثاني أخذ الحمار ومشى للجهة الثانية، وجحا ما شافهم.

بعد شويّة اللصّ وقف فجأة، فتطلّع جحا وشاف راجل وراه وعلى رقبته حبل، فتعجّب وقال: "أنت حمار ولا إنسان؟" فقال اللص: "انا حمار، وعندي قصة غريبة. أمّي عجوز، وفي يوم من الأيام رجعت لبيتي سكران وضربتها، فطلبَتْ من الله يحوّلني لحمار، فسمع منها وحوّلني لحمار، وانت اشتريتني. لكن اليوم أمي تذكّرتني وطلبت من الله يحوّلني لانسان مثل ما كنت، فحوّلني لانسان."

جحا اعتذر للص لأنه كان يركبه لما كان حمار، واستمر في طريقه لبيته، وراح اللص لصاحبه.

بعد كم يوم جحا راح للسوق حتى يشتري حمار، فشاف الحمار اللي انسرق منه، فراح وهمس في ذانه: "رجعت تسكر وتضرب امك يا ملعون، والله ما باشتريك ابداً!"

تمرينين شفهيين

١. عندي قصّة غريبة.

الأستاذ	هي
الطالب	عندها قصّة غريبة.

همّ، هو، انتَ، اللصّ، أبو نواس، جحا، زوجة جحا، انتِ، أنا، احنا، انتو

٢. اليوم امّي تذكّرتني.

الأستاذ	هو
الطالب	اليوم امّه تذكّرته.

أنتَ، الأستاذ، صاحبي، انتِ، زوجي، هم، انتو ، هي، أنا، احنا

الدرس السابع

اسمع: قراقوش-١

كان ياما كان، في قديم الزمان، كان في مصر حاكم اسمه قراقوش. كان قراقوش حاكم ظالم، وكانوا الناس يخافوا منّه كثير. في يوم من الأيام دخل حرامي لقصر قراقوش وكانت رجله مكسورة، فصاح فيه قراقوش:

-مين انتَ، وايش بدّك؟

-أنا حرامي، ومبارح حاولت أدخل بيت من الشبّاك حتى أسرق اللي فيه لكن الشبّاك انكسر، فوقعت وانكسرت رجلي.

قراقوش صاح في الحرّاس: "جيبوا صاحب البيت اللي انكسرت فيه رجل الحرامي". راحوا الحرّاس وجابوا صاحب البيت، وكان ميّت من الخوف. قراقوش صاح فيه:

-ليش ما عملت شبّاك بيتك كويّس؟ هذا الحرامي المسكين حاول يدخله لكنّه انكسر فوقع الحرامي وكسر رجله.

-يا سيدي الحاكم الحق مش عليّ، الحق على النجّار اللي عمل الشبّاك.

-جيبوا النجّار!

وصل النجّار وكان ميّت من الخوف كمان، فصاح فيه قراقوش:

-ليش ما عملت الشبّاك كويّس؟ هذا الحرامي المسكين كسر رجله لما حاول يدخل البيت حتى يسرق اللي فيه.

-يا سيدي الحاكم، الحقّ مش عليّ، الحق على الستّ الحلوة امّ الفستان الأحمر اللي مرّت لما كنت أعمل بالشبّاك.

-جيبوا الستّ الحلوة امّ الفستان الأحمر!

تمرينين شفهيين

١. وقع وكسر رجله.

الأستاذ هو

الطالب هو وقع وكسر رجله.

هي، انتَ، أنا، أبو شريف، مسعود، انتِ، اختي، زوجها، جحا، هو

٢. الحق مش عليّ، الحق على النجّار!

الأستاذ المدير (director)

الطالب الحق مش عليّ، الحق على المدير.

أخوي، المعلّم، انتو، الطقس، هو، القانون، انتَ، الحكومة، هي، صاحب الدكان، هم، الشرطة

حوار: يا أخي التعليم ما فيه فلوس!

موظف الجوازات	جواز السفر؟
مسعود	تفضّل.
موظف الجوازات	الأخ مسافر للكويت؟
مسعود	ايوا.
موظف الجوازات	انتَ بتشتغل في الكويت؟
مسعود	رايح أشتغل.
موظف الجوازات	أيش رايح تشتغل؟
مسعود	معلّم.
موظف الجوازات	آ، معلم. أنا كنت معلم كمان. لكن تركت التعليم. يا أخي التعليم ما فيه فلوس...ايش رايح تعلم يا أخ مسعود؟
مسعود	لغة عربية.
موظف الجوازات	لحظة من فضلك، لازم أشوف المسؤول.
مسعود	تفضل، على مهلك.

...

موظف الجوازات	تفضل، اقعد، المسؤول رايح يناديك بعد شوية، بعدُه.
مسعود	لكن الطيارة رايحة تطير بعد نص ساعة.
موظف الجوازات	لا، بعد نص ساعة بتكون خلّصت...بعده.
مسعود	لا حول ولا قوة الا بالله، الطيارة رايحة تطير وانا في مكتب المسؤول.

...

الشرطي	مسعود شعبان أبو العدس.
مسعود	نعم.
الشرطي	تفضل عند المسؤول.

(في مكتب الضابط)

مسعود	السلام عليكم.
الضابط	اسمك الكامل لو سمحت.
مسعود	مسعود شعبان محمود أبو العدس.
الضابط	ايش اسم الأم؟
مسعود	نظميّة.
الضابط	اسمها الكامل قبل الزواج.
مسعود	نظميّة أحمد سلامة.
الضابط	عنوانك الكامل.
مسعود	نابلس، الشارع الرئيسي، قُرب بَقّالة العودة.
الضابط	لوين انت رايح؟
مسعود	للكويت.
الضابط	انت بتشتغل في الكويت؟
مسعود	رايح اشتغل ان شاء الله.

الضابط	ايش رايح تشتغل؟
مسعود	معلم لغة عربية.
الضابط	تفضل، استنى برّة.
مسعود	لا حول ولا قوة الا بالله، الطيارة رايحة تطير قبل ما يرجع الجواز.

...

الشرطي	مسعود شعبان أبو العدس.
مسعود	نعم.
الشرطي	روح بكرة للمخابرات وخذ الجواز من هناك.
مسعود	المخابرات؟ والطيارة؟
الشرطي	هذا مش شغلي. انت مطلوب للمخابرات.
مسعود	إنّا لله وإنّا اليه راجعون.

تمارين شفهية

١. لازم أشوف المسؤول.

الأستاذ	هو
الطالب	لازم يشوف المسؤول.
الأستاذ	انتو
الطالب	لازم تشوفوا المسؤول.

أنا، انتَ، انتِ، انتو، هو، هي، احنا، مسعود، الشرطي، هم

٢. لوين انتَ رايح؟

الأستاذ	هوّ
الطالب	لوين هوّ رايح؟
الأستاذ	انتو
الطالب	لوين انتو رايحين؟

هيّ، همّ، جارنا أبو العبد، أم شريف، انتَ، البنات، أنا، احنا، الراجل، ابنكم الكبير

٣. هذا مش شغلي أنا، هذا شغلك انتَ.

الأستاذ	كتاب
الطالب	هذا مش كتابي أنا، هذه كتابك انتَ.
الأستاذ	سيارة
الطالب	هذه مش سيارتي أنا، هذه سيارتك انتَ.

عنوان، ابن، بنت، بيت، جامعة، جواز سفر، مشكلة، فلوس

املأ الفراغات

تقع مدينة البصرة في جنوب شرق العراق على بُعد حوالي ٧٥ ميلاً من الخليج العربي/ الفارسي. والبصرة هي المركز التجاري والإداري لمنطقة جنوب العراق، وفيها جامعة كبيرة. وفي البصرة أيضاً ميناء على شطّ العرب، ويصل بينها وبين بغداد، العاصمة، خطّ سكّة حديد. عدد سكّان البصرة أكثر من ٦٠٠ الف نسمة.

أسّس البصرة الخليفة عمر ابن الخطّاب سنة ٦٣٨ م. واشتهرت في زمن الدولة العبّاسيّة، وذُكرت في قِصص ألف ليلة وليلة. احتلّها الأتراك العثمانيون سنة ١٦٦٨ وبقيت تحت حكمهم حتى هزيمة تركيا في الحرب العالمية الاولى.

الدرس الثامن

اسمع: قراقوش–٢

أجت الستّ الحلوة امّ الفستان الأحمر، فقال قراقوش:

-انتِ المسؤولة عن كسر رجل هذا الحرامي لأنّك حلوة وكنتِ لابسة فستان أحمر لمّا النجّار كان يعمل في الشبّاك.

-جمالي من الله، لكن الفستان الأحمر من الصبّاغ، الحقّ على الصبّاغ مش عليّ.

-جيبوا الصبّاغ!

أجا الصبّاغ فصاح فيه قراقوش:

-انتَ المسؤول عن كسر رجل هذا الحرامي المسكين لأنّك صبغت فستان هذه الستّ أحمر، ولما مرّت جنب الشبّاك شافها النجّار فما عمل شبّاك كويّس، ولمّا الحرامي حاول يدخل البيت انكسر الشبّاك فانكسرت رجله.

مسكين الصبّاغ، ما قدر يفكّر بجواب بسرعة، فقال قراقوش لحرّاسه:

-خذوه واشنقوه على باب السجن.

الحرّاس أخذوا الصبّاغ حتى يشنقوه، لكن كان طويل كثير، فما قدروا يعلّقوه من الباب، فرجعوا لقراقوش وقالوا له:

-هذا الصبّاغ طويل كثير، ومش ممكن يتعلّق من باب السجن.

-جيبوا صبّاغ قصير واشنقوه مكانه!

تمرين شفهي: تكلّم

أ. يُطلب من الطلاب كتابة وتمثيل مسرحية قصيرة مبنيّة على قصّة قراقوش، تتكون شخصياتها من قراقوش، الحرامي، صاحب البيت، الست أم الفستان الأحمر، والصبّاغَين. يمكنهم التوسّع بالقصّة وتعديلها كيفما أرادوا،

أو

ب. يُطلب منهم تحضير قصّة غريبة مثل قصّة قراقوش.

الدرس التاسع

اسمع: الحمار والثور–١

كان فيه تاجِر، وكان عنده حِمار وثور. في يوم من الأيام الثور قال للحمار: "هنيئاً لك يا حمار! انت بتاكل الشعير نظيف والمية نظيفة باردة ومكانك دائماً نظيف، لكن أنا بياخذوني قبل طلوع الشمس وبيحرثوا عليّ طول النهار وبيضربوني، وبعد التعب والعذاب بيجيبوا لي شوية فول وتبن وسخ، وبانام في الوسخ طول الليل، وانت مستريح، وكل أسبوع أسبوعين صاحبنا التاجر بيركبك للقرية وبيرجع في نفس اليوم. انت مستريح وأنا تعبان، وانت نايم وأنا سهران."

الحمار قال: يا مجنون، بتقتّل نفسك حتّى يستريح غيرك. اذا جابوا لك فول لا تاكله، واذا حاولوا ياخذوك للحقل نام واعمل حالك مريض." الثور شكر الحمار، ولما الحرّاث جاب الفول ما أكله، ولمّا حاول ياخذه للحقل ما قام من مكانه وعمل حاله مريض. راح الحراث للتاجر وقال له الثور مريض وما أكل الفول. فقال التاجر: "احرث على الحمار بدل الثور."

تمرينين شفهيين

١. ما قام من مكانه.

الأستاذ هي

الطالب ما قامت من مكانها.

انتَ، انتِ، أنا، موظّف السفارة، سائق السيّارة، انتو، مديرة المكتب، هو

٢. عمل حاله مريض.

الأستاذ هي

الطالب عملت حالها مريضة.

انتَ، انتِ، أنا، الأستاذ، جارتنا، هو، ابني

حوار: باقي لما نروح للحمّام لازم جواز سفر!

مسعود	تكسي.
سائق التكسي	لوين؟
مسعود	لجهنم.
سائق التكسي	لا يا راجل، ايش المشكلة؟
مسعود	يا سيدي مطلوب للمخابرات. كنت مسافر للكويت، أخذوا جواز سفري وقالوا روح للمخابرات.
سائق التكسي	طيّب بكرة بتروح للمخابرات وبتاخذ الجواز وبتسافر.
مسعود	تصوّر ما فيه معي الا هالقميص وهالبنطلون، كل ملابسي على الطيارة.
سائق التكسي	ولا يهمّك يا راجل. هلأ انت وين رايح؟
مسعود	بتعرف فندق رخيص وقريب للبلد؟
سائق التكسي	انت ونصيبك، اكثر الفنادق مليانة في هالأيام.
مسعود	الله وكيلك نصيب زفت.
سائق التكسي	توكل على الله، كل مشكلة الها حل.

...

سائق التكسي	ايش رأيك بفندق الأندلس؟
مسعود	خليني أشوف.

...

مسعود	(في الفندق) السلام عليكم.
موظف الفندق	وعليكم السلام. تفضل.
مسعود	فيه عندكم غرف فاضية؟
موظف الفندق	فيه غرفة واحدة بسّ على الطابق الثالث، بدون حمّام.
مسعود	كم الأجرة في الليلة؟
موظف الفندق	ثلاثين دينار.
مسعود	ولو، ثلاثين دينار؟ وبدون حمام كمان؟ غالي يا راجل.
موظف الفندق	كيف غالي؟ فندق الأندلس أرخص وأحسن فندق في عمّان.
مسعود	طيب، باخذها.
موظف الفندق	جواز سفرك، لو سمحت.
مسعود	جواز السفر؟ ليش جواز السفر؟
موظف الفندق	طبعاً، لازم جواز سفر، هذه تعليمات وزارة الداخلية.
مسعود	ايش هذا؟ وين ما رحنا وين جواز السفر؟ باقي لما نروح للحمّام لازم جواز سفر.
موظف الفندق	هذا القانون، مش شغلي أنا.
مسعود	جواز سفري في المخابرات.
موظف الفندق	وين؟
مسعود	في المخابرات.
موظف الفندق	في المخابرات؟ آسف، ما باقدر أعطيك غرفة.
مسعود	وبعدين، شو أعمل؟ أنام في الشارع؟
موظف الفندق	والله يا أخي هذا مش شغلي، روح احكي مع المخابرات.
مسعود	على كل حال شكراً.
موظف الفندق	لا شكراً على واجب.

تمارين شفهية

١. انتَ ونصيبك.

الأستاذ	هوّ
الطالب	هوّ ونصيبه.
الأستاذ	موظّفين المكتب
الطالب	همّ ونصيبهم.

هيّ، انتَ، طلاّب اللغة العربية، انتِ، أنا، رُكّاب السفينة، احنا، أهل البلد، انتو

٢. ايش رأيَك؟

الأستاذ	انتِ
الطالب	ايش رأيِك؟
الأستاذ	أبوك
الطالب	ايش رأيه؟

هوّ، هيّ، انتَ، الحجّة مريم، مدير المكتب، همّ، أنا، استاذ التاريخ، مديرة المدرسة، احنا

٣. خليني أشوف.

الأستاذ	هوّ
الطالب	خلّيه يشوف.
الأستاذ	جيراننا
الطالب	خليهم يشوفوا.

هيّ، همّ، انتَ، المهندس، انتِ، صاحبَك، انتو، أنا، الطبيبة، احنا

٤. هذا أرخص اوتيل في البلد!

الأستاذ	غرفة
الطالب	هذه أرخص غرفة في البلد.
الأستاذ	كتاب
الطالب	هذا أرخص كتاب في البلد.

فندق، شقّة، بيت، جامعة، مدرسة، دكّان، طبيب، مهندس، نجّار

٥. آسف، ما باقدر أعطيك غرفة!

الأستاذ	كتاب
الطالب	آسف، ما باقدر أعطيك كتاب.

شقّة، فلوس، دفاتر، قلم، موز، تفاح، سكّر، شاي، حليب، غرفة بحمام

الدرس العاشر

اسمع: الحمار والثور–٢

الحراث أخذ الحمار وحرث عليه من طلوع الشمس حتى الليل. ولما انتهى اليوم كان الحمار ميت من التعب والوجع. والثور كان نايم مستريح طول اليوم، ياكل ويشرب ويشكر الحمار لأنه اشتغل مكانه.

لما رجع الحمار قام الثور وقال له: "مساء الخير يا حمار، انت عملت معي معروف مش رايح أنساه أبداً." وشكره على نصيحته، لكن الحمار قال في نفسه: "أنا جبت لنفسي هذه المصيبة. اذا ما فكرت في حيلة رايح أموت من التعب."

بعد ما استراح شوية قال للثور: "يا ثور، ايش رايح تعمل اذا أجا الحرّاث حتى ياخذك للحقل بكرة؟" قال الثور: "رايح أعمل بنصيحتك، ما آكل الفول، وأقعد، وأعمل حالي مريض." قال الحمار: "دير بالك، أنا سمعت صاحبنا التاجر بيقول: "اذا الثور ما أكل الفول وظل مريض رايح آخذه للحام حتى يذبحه ويسلخ جلده ويقطّعه. وأنا خايف عليك ياثور." فصاح الثور بصوت عالي وأكل الفول ورجع مثل ما كان."

تمارين شفهية

١. كان ميّت من التعب والوجع!

الأستاذ	هو
الطالب	كان ميّت من التعب والوجع.

هي، همّ، انتَ، الشرطي، انتِ، انتو، أنا، موظّف السفارة، احنا، أنا وصاحبي، هو

٢. رجع مثل ما كان!

الأستاذ	هيّ
الطالب	رجعت مثل ما كانت.

انتَ، همّ، انتو، انتِ، أنا، هوّ، احنا، الأولاد، الموظّفات، أصحابنا

٣. حوار (الحمار والثور)

يُطلب من الطلاب كتابة قصّة الحمار والثور على شكل حوار وتمثيله في الصفّ. يمكنهم تغيير الحوار بأي شكل يريدون.

املأ الفراغات

يَخلِط الكثيرون بين العروبة والإسلام، ويعتقدون أنه لا فرق بينهما. لا يعرفون مثلاً أنّ العراق دولة عربية أكثر سكّانها مسلمون، وأنّ ايران دولة إسلامية غير عربية. ولا يعرفون أيضاً أن نسبة المسلمين في الباكستان أعلى من نسبة المسلمين الى مجموع السكان في مصر.

هناك عشرون دولة عربية، يعيش فيها حوالي ٢٤٠ مليون عربي يتكلمون اللغة العربية (بلهجاتها المختلفة طبعاً). أكثر العرب مسلمون، ولكن بينهم الكثير من المسيحيين. أمّا عدد المسلمين في العالم فيزيد على ألف مليون مسلم، ويتكلمون لغات كثيرة. ومن أهمّ الدول الإسلاميّة غير العربية: اندونيسيا، ماليزيا، الباكستان، أفغانستان، ايران، وتركيا. وهناك دول كثيرة فيها نسبة عالية من المسلمين مثل الهند، نيجيريا، سنغافورة، السنغال، والبوسنة.

الدرس رقم ١١

اسمع: رحلة السندباد الأولى-١

قال السندباد:

سافرت من مدينة بغداد مع مجموعة من التجّار. ركبنا السفينة في البصرة ودخلنا البحر. سافرنا من مدينة لمدينة ومن جزيرة لجزيرة، حتى وصلنا جزيرة فيها شجر كثير وفواكه وميّة. نزلنا في الجزيرة حتى نرتاح وناكل ونشرب. مشينا وأكلنا من الفواكه، وبعض الرجال عملوا نار وبدوا يطبخوا. بعد شوية سمعنا صاحب السفينة بيصيح: "يا ركاب السفينة إركبوا بسرعة، السفينة رايحة تمشي. هذه مش جزيرة، هذه سمكة كبيرة كانت نايمه من الاف السنين، ونما الشجر عليها حتى فكروا الناس انها جزيرة، لكن لما عملتوا نار حميت وصحيت من النوم وتحركت ورايحة تنزل في البحر."

بعض الرجال ركضوا وركبوا في السفينة، وبعض الرجال غرقوا وماتوا. أنا ما ركبت في السفينة، لكن وجدت قطعة خشب وركبت عليها وما غرقت.

تمرينين شفهيين

١. سمعنا صاحب السفينة بيصيح.

الأستاذ	انتِ
الطالب	سمعناكِ بتصيحي.
الأستاذ	سائق التكسي
الطالب	سمعنا سائق التكسي (سمعناه) بيصيح.

جارك، انتَ، أختِك، الشرطي، سندباد، صاحب السفينة، أختي الصغيرة، هو، هي

٢. هذه مش جزيرة، هذه سمكة كبيرة.

الأستاذ	مصر/السودان
الطالب	هذه مش مصر، هذه السودان.

جامعة/مدرسة، صفّ العربي/صفّ الفرنسي، أبوي/أخوي، سيارتي/سيارة زوجتي، أوّل مرّة/ثالث مرّة

حوار: كل الناس همّهم المصاري!

أم مسعود — الحق عليك، انتَ اللي شجّعته يروح للكويت.

أبو مسعود — كيف الحق عليّ؟ هو اللي بدّه يروح. بيقول ما فيه مصاري ولا مستقبل هون.

أم مسعود — مصاري، مصاري، مصاري. كل الناس همّهم المصاري.

أبو مسعود — طيّب، مش لازم يبني بيت ويتجوّز؟ كل شباب البلد بنوا بيوت وتجوّزوا.

أم مسعود — وليش ما ظلّ هون؟ كان معلّم محترم، بيمشي للمدرسة الصبح، والساعة ثلاثة ونصّ بيكون في بيته مع أهله. وكل آخر شهر بيستلم ١٠٠ دينار.

أبو مسعود — يا بنت الحلال مية دينار بالشهر شو ممكن يعملوا؟ كيلو اللحمة بعشر دنانير بعظمه، كيلو الجاج بخمس دنانير بريشه، القميص بعشرين دينار. كيف ممكن يتجوّز ويفتح بيت؟

أم مسعود — طيّب، وهلأ، شو نعمل؟

أبو مسعود — أنا بكرة الصبح رايح لدار جميل الحسن. أخو جميل ضابط كبير في الشرطة، هو بيساعد مسعود.

أم مسعود — تصوّر، أخذوا جواز سفره في المطار وقالوا له روح للمخابرات. وكل ملابسه على الطيّارة. مسكين يا مسعود! يا ربّي شو ممكن يعمل بدون جواز سفر، وبدون ملابس؟ والاوتيلات مش ممكن تعطيه غرفة بدون جواز سفر.

أبو مسعود — مسعود شاطر، بيدبّر حاله، لا تخافي عليه!

أم مسعود — وشو فائدة الشطارة اذا كان مطلوب للمخابرات؟

أبو مسعود — يا مرة توكّلي على الله. أنا بكرة الصبح باحكي مع جميل وجميل بيحكي مع أخوه بالتلفون، وبتنتهي المشكلة.

أم مسعود — أنا والله مش عارفة شو عمل حتى المخابرات أخذوا جواز سفره.

أبو مسعود — أكيد فيه غلط. أنا باعرف مسعود مليح. طول حياته ما بيفكّر الا بكتبه ودروسه، لا سياسة ولا كلام فاضي.

تمارين شفهية

١. الحق عليك!

الأستاذ — هي.

الطالب — الحق عليها.

الأستاذ — انتو

الطالب — الحق عليكم.

مسعود، أبو مسعود، أم مسعود، الشرطي، هم، انتَ، انتِ، أنا، احنا، أبو جميل

٢. ما فيه مصاري ولا مستقبل.

الأستاذ	كتب، دفاتر
الطالب	ما فيه كتب ولا دفاتر.

سيارات/باصات، اولاد/بنات، رسائل/طرود، مساجد/كنائس، معلمين/معلمات، حمامات/مطابخ

٣. مسعود شاطر، بيدبّر حاله.

الأستاذ	هي
الطالب	بتدبّر حالها.

هم، انتو، أنا، احنا، الولد، مسعود، أبو جميل، الطالب الجديد، انتَ، انتِ

الدرس رقم ١٢

اسمع: رحلة السندباد الثانية–١

قال السندباد:

ركبت في السفينة مع جماعة من التجار، وسافرنا من بغداد للبصرة، ومن البصرة دخلنا البحر وسافرنا من مدينة لمدينة ومن جزيرة لجزيرة حتى وصلنا جزيرة فيها شجر كثير وميّة، فقعدنا حتى نستريح وقعدت أنا تحت شجرة. أكلت وارتحت وكنت نعسان فنمت. نمت مدة طويلة، ولما صحيت من النوم ما شفت حد من ركّاب السفينة، راحوا لما كنت نايم ونسيوني، فحزنت وبكيت وقلت في نفسي: "أكيد رايح أموت في هذه الجزيرة من الجوع والعطش."

بعدين قمت، وشيت شويّة وطلعت على شجرة كبيرة حتى أشوف ايش في الجريره، فشفت شيء ابيض كبير. نزلت من الشجرة ورحت حتى أشوف ايش هو.

لما وصلت وجدت قبّة كبيرة لكن ما فيها باب. مشيت حواليها وأنا أتعجّب ايش هي. فجأة نزل طير كبير، ما شفت في حياتي أكبر منّه، وقعد على البيضة ونام. فكّيت عمامتي وربطت نفسي برجله، وقلت ممكن هذا الطير يطير فيّ لمكان فيه ناس أحسن ما أموت في هذه الجزيرة.

تمارين شفهية

١. كنت نعسان فنمت.

أ.

الأستاذ جوعان/أكل

الطالب كنت جوعان فأكلت.

تعبان/استراح، عطشان/شرب، نعسان/نام، مبسوط/راح للسينما

ب.

الأستاذ أنا

الطالب كنت جوعان فأكلت.

الأستاذ ابني

الطالب كان جوعان فأكل.

هو، همّ، هيّ، الكلب (dog)، انتَ، بنته، انتو، أنا، القطّة (cat)، احنا، مديرة مكتبنا، زوجها

٢. راحوا لما كنت نايم.

أ.

الأستاذ	في الشغل
الطالب	راحوا لما كنت في الشغل.

في المدرسة، في الجامعة، عند الطبيب، في المكتب، في البيت، في المطعم، آكل، في السيارة، مع السمسار (agent)

ب.

الأستاذ	هو
الطالب	راح لما كنت في الشغل.
الأستاذ	السكرتيرة
الطالب	راحت لما كنت في الشغل.

هي، انتو، هم، هو، أم شريف، انتِ، انتَ، المعلمين، المهندس، النجار، جارتنا

الدرس رقم ١٣

اسمع: رحلة السندباد الثانية–٢

ما نمت في الليل أبداً، لأني كنت خايف الطير يطير وأنا نايم. قبل ما طلعت الشمس قام الطير عن البيضة وصاح صيحة عالية وطار، وارتفع في السماء. طار ساعة ساعتين ما باعرف وأنا مربوط برجله. بعدين نزل بسرعة. ولّما وصل الأرض فكّيت العمامة وهربت، والطير مسك حيّة وطار فيها.

تطلّعت حواليّ واذا أنا بوادي، وادي عميق، مش ممكن أطلع منه، فندمت لأني تركت الجزيرة، لأنه كان فيها شجر وأكل ومية لكن الوادي ما فيه شجر ولا أكل ولا مية.

بعدين شو أعمل؟ مشيت في الوادي، فشفت انّه أرضه من الماس، وفيه حيّات أكبر من الشجر، لكن كلّها كانت نايمة. فتّشت على مكان أتخبّى فيه، فوجدت مغارة ودخلتها وسدّيت الباب بحجر كبير، وقلت في نفسي هذا مكان أمين، بانام لبكرة الصبح، وبكرة باشوف شو ممكن أعمل.

لكن تطلعت جوّة، فشفت حية ضخمة نايمة على بيضها، فمتّ من الخوف. لكن وين أروح؟ ظليت في المغارة وما نمت طول الليل. ثاني يوم الصبح قمت وكنت ميّت من الجوع والعطش والخوف وقلّة النوم.

تمرينين شفهيين

١. كنت خايف.

الأستاذ	هو
الطالب	كان خايف.
الأستاذ	امّ مسعود
الطالب	كانت خايفة.

أنا، انتَ، انتِ، انتو، هم، الطلاب، المدير، اختي، أم أحمد

٢. قُلت في نفسي.

الأستاذ	هو
الطالب	قال في نفسه.

هي، انتَ، التاجر، ابن عمي، بنت خالي، انتِ، الملك، زوجتي، الأسد

حوار: بتفكّر حالك في الهند؟

شرطي	قوم، قوم! بتفكّر حالك في الهند؟ ما بتعرف انّه ممنوع النوم في الشارع؟
مسعود	طيّب شو أعمل؟ وين أنام؟
الشرطي	في بيتك، في فندق، في الجامع.
مسعود	بيتنا في نابلس، والفندق بدّه جواز سفر، والجامع مليان ناس.
الشرطي	انتَ من نابلس؟
مسعود	أيوا.
الشرطي	من بيت مين في نابلس؟
مسعود	من بيت أبو العدس.
الشرطي	انتَ من عائلة أبو العدس؟
مسعود	أيوا. بتعرف حد من عائلة أبو العدس؟
الشرطي	طبعاً. ولو يا راجل؟ جيراننا وقرايبنا وحبايبنا. يا عيب الشوم! من دار أبو العدس ونايم في الشارع؟ تعال! تعال! تعال معي للبيت، بتاخذ دشّ، وبترتاح والصبح بنشوف شو بيصير.

...

الشرطي	(في البيت) ليش أخذوا جواز سفرك؟
مسعود	والله ما باعرف. قالوا مطلوب للمخابرات.
الشرطي	طيّب، خليني أحكي مع المخابرات.

...

الشرطي	ألو، أبو رائد؟ سليم المصري معك.
أبو رائد	سليم؟ أهلاً، أهلاً، كيف حالك؟
سليم (الشرطي)	الحمد لله بخير. وانتَ؟
أبو رائد	الحمد لله، تمام. وين انتَ يا راجل؟ من زمان ما شفناك.
سليم	والله، مثل ما بتعرف، الشغل والعائلة والأولاد والمدارس... أبو رائد، اسمع، فيه عندي شاب اسمه مسعود أبو العدس، كان مسافر للكويت ورجّعوه من المطار، وقالوا انّه مطلوب للمخابرات. ممكن تساعده؟
أبو رائد	ولو يا سليم، على الراس والعين. اعطيني خمس دقايق. أنا باحكي معك.
أبو نديم	تسلم، تسلم يا ابو رائد.

...

أبو رائد	ألو، سليم؟
سليم	أهلاً، أبو رائد، خير ان شاء الله؟
أبو رائد	لا، بسيطة. قول للسيّد مسعود ييجي للمخابرات وياخذ جواز سفره.
سليم	يا مسعود! أبو رائد بيقول روح للمخابرات وخذ جواز سفرك، خلص ما فيه مشكلة.
مسعود	طيّب، ممكن تسأله ايش كانت المشكلة؟
سليم	يا أبو رائد، الأخ مسعود بيسأل ايش كانت المشكلة.
أبو رائد	وليش يسأل؟ خلّيه ييجي ياخذ جواز سفره والله معه.

تمارين شفهية

١. بتفكّر حالك في الهند؟

الأستاذ	هو
الطالب	بيفكّر حاله في الهند.
الأستاذ	انتو
الطالب	بتفكّروا حالكم في الهند؟

البنت، الأستاذ، هم، هي، انتَ وأخوك، التاجر، الشرطي، مديرة المكتب

٢. ليش أخذوا جواز سفرك؟

الأستاذ	هو
الطالب	ليش أخذوا جواز سفره.
الأستاذ	احنا
الطالب	ليش أخذوا جواز سفرنا؟

أنا، انتَ، انتِ، أخوكِ، انتو، طلاب الصفّ الأول، جارتنا، مسعود

٣. كان مسافر للكويت.

الأستاذ	هم
الطالب	كانوا مسافرين للكويت.

هي، انتَ، انتِ، أنا، مسعود، أبوي، أختي، احنا، اولاد عمي، بنات خالي

٤. خلّيه ييجي!

الأستاذ	هي
الطالب	خليها تيجي.
الأستاذ	الطلاب
الطالب	خليهم ييجوا.

هو، هم، البنات، الضيوف، هي، أولاد عمّك، بنات خالي

الدرس رقم ١٤

اسمع: رحلة السندباد الثانية–٣

مشيت في الوادي شوية، فشفت قطعة لحم كبيرة وقعت في الوادي، فقلت في نفسي: "أكيد تجّار الماس رموا قطعة اللحم حتى يلتصق فيها ماس من الوادي، وبعدين بيحملها طير الرخّ للجبل والتجار بياخذوا الماس.

جمعت ماس كثير من الوادي وحطيته في جيوبي، وربطت نفسي بقطعة اللحم واستنّيت حتى ييجي طير الرخ. استنّيت نص ساعة، ساعة، ما باعرف، حتى أجا طير الرُخّ، وحملني مع قطعة اللحم للجبل. لما نزل سمعت صوت عالي، فخاف الطير وطار. وبعد ما طار بشويّة وصل راجل وشافني مربوط بقطعة اللحم وخاف، فقلت له: "لا تخاف، أنا انسان مثلك، ومعي ماس كثير فلا تزعل." ففرح وشكرني. فكّيت نفسي من قطعة اللحم وأعطيته نص الماس اللي كان معي، ومشينا لأصحابه، وحكيت لهم قصتي، فهنّوني بالسلامة، وسافرت معهم من جزيرة لجزيرة، ومن مدينة لمدينة حتى وصلت لبغداد دار السلام.

تمارين شفهية

٢. (وصل راجل و)شافني.

الأستاذ	هي
الطالب	(وصل راجل و)شافها.

همّ، هو، سندباد، أنا، احنا، انتو، انتَ، انتِ، قراقوش، الحرامي، الستّ أم الفستان الأحمر

٢. اللي كان معي

الأستاذ	أحمد
الطالب	اللي كان معه.
الأستاذ	انتَ.
الطالب	اللي كان معَك.

همّ، هي، انتِ، انتو، أنا، المدير، أنا وايّاه (he and I)، الحرّاث، هو، أم السعيد

الدرس رقم ١٥

اسمع: رحلة السندباد الخامسة-١

قال السندباد:

سافرت من بغداد للبصرة، وفي البصرة اشتريت بضاعة وركبت في سفينة مع جماعة من التجّار، وسافرنا من جزيرة لجزيرة ومن مدينة لمدينة، واشترينا وبعنا، حتى جينا لجزيرة كبيرة. نزلنا فيها حتى ناكل ونشرب ونستريح. ما كان فيها حد، لكن كان فيها قبة بيضاء ضخمة. رحنا نشوف ايش القبّة، فوجدنا انها بيضة رخّ، فضربها بعض التجار بالحجارة حتى كسروها، وسحبوا منها فرخ الرخ وذبحوه وأكلوه.

بعد شوية تغطّت الشمس وفكرنا انها غابت، فتطلعنا وشفنا طير الرخ، ولما شاف بيضته المكسورة صاح بصوت عالي، فأجت زوجته، فقلت للركاب: "يالله نهرب قبل ما نموت." لكن قبل ما تحرّكت السفينة شويّة بدا الرخ وزوجته يرموا صخور ضخمة عليها، فكسروها وغرقوا أكثر الركاب، لكني وجدت قطعة خشب، فركبت عليها، وساعدني الريح حتى رمتني الأمواج على جزيرة.

قارن شفهية

١. حطيت فيها بضاعتي.

الأستاذ	هو
الطالب	حط فيها بضاعته.

احنا، همَّ، التُجّار، انتَ، انتِ، انتو، هي، التاجر، سندباد، قُبطان السفينة، ركاب السفينة

٢. فكّرنا انها راحت.

الأستاذ	انتَ
الطالب	فكرنا انّك رُحت.

هي، هم، هو، علي، انتو، انتِ، سُعاد، سُعاد وأمّها

٣. يالله نهرُب!

الأستاذ	درس.
الطالب	يالله ندرُس.

راح للمطعم، راح للسينما، حكى عربي، زار أبو سليم، شرب قهوة، مشى مع بعض

حوار: سيارة حكومة، مش دافعين براسمالها

سليم	مش معقول تروح للكويت بهالقميص وهالبنطلون. يالله نروح نشتري لك شويّة ملابس.
مسعود	خليني أروح للمطار، خايف الطيّارة تطير وأنا في المحلّ.
سليم	يا ابن الحلال، الطيّارات كثيرة، توكّل على الله.
مسعود	طيّب، اللي بتشوفه.
...	
سليم	السلام عليكم.
صاحب المحلّ	وعليكم السلام، أهلاً أبو نديم. كيف حالك؟
سليم	الحمد لله بخير، وانتَ؟
صاحب المحلّ	الحمدلله.
سليم	وكيف المرة والاولاد؟
صاحب المحلّ	الحمد لله بخير. وانتو، ان شاء الله كل شيء تمام؟
سليم	نشكر الله. عارف هذا الشاب؟
صاحب المحلّ	لا، والله، عدم المؤاخذة.
سليم	هذا مسعود ابن شعبان أبو العدس.
صاحب المحلّ	بالله؟ أهلاً، أهلاً، شرّفتونا. كيف حالك يا عمي؟
مسعود	الحمد لله بخير. وانتَ؟
صاحب المحلّ	الحمد لله.
سليم	شوف يا أبو السعيد، الأخ مسعود مسافر للكويت اليوم، وبدّه يشتري قميص وبنطلون، راعيه شويّة، الله يخلّيك.
صاحب المحلّ	على راسي. تفضّل، تفضّل... كم نمرة البنطلون؟
مسعود	٤٠.
صاحب المحلّ	أي لون بتحب؟
مسعود	ايش فيه ألوان؟
صاحب المحلّ	كل شيء موجود: أسود، أزرق، أحمر، رمادي، أخضر، اللي بدّك.
مسعود	أعطيني هذا البنطلون الأسود.
صاحب المحلّ	تفضّل. وبدّك قميص كمان؟
مسعود	أيوا، اذا مُمكن.
صاحب المحلّ	أي لون بتحبّ؟
مسعود	ايش فيه ألوان؟
صاحب المحلّ	فيه أبيض، أصفر، أخضر، رمادي، أحمر، اللي بدّك.
مسعود	اعطيني هذا القميص الأبيض.
صاحب المحلّ	طيّب، بدّك شيء ثاني: كندرة، جاكيت، ملابس داخلية؟
مسعود	لا، خلص، القميص والبنطلون بسّ.
صاحب المحلّ	على كيفك... تفضّل.
مسعود	كم ثمنهم؟
سليم	لا، والله خليها عليّ.

مسعود	لا، مش ممكن.
صاحب المحلّ	يا أخي مش مهمّ، خليها على المحلّ.
سليم	يا راجل مش معقول. انتَ ضيف. خليني أدفع.
مسعود	لا يا أبو نديم، شكراً.
صاحب المحلّ	يا سيدي، البنطلون ب ٢٥ دينار، والقميص ب ١٨.
سليم	قلنا لك راعيه يا ابن الحلال. ٤٣ دينار كثير.
صاحب المحلّ	طيّب، على شان أبو نديم ٤٠ دينار.
سليم	كثير يا راجل، خمسة وثلاثين كافي.
صاحب المحلّ	والله راسمالهم ٣٥ دينار، لكن على شانك وشان الأخ مسعود ب ٣٨.
سليم	طيّب، شكراً يا أبو السعيد.
مسعود	تفضّل، هذه ٣٨ دينار... شكراً.
سليم	سلّم على أم السعيد والأولاد.
صاحب المحلّ	الله يسلّمك، مع السلامة.
...	
سليم	طيّب، خليني أوصّلك للمطار.
مسعود	لا شكراً، بلاش غلبة.
سليم	بلا غلبة بلا بطّيخ. سيارة حكومة مش دافعين براسمالها، يالله اركب.
مسعود	لا، شكراً سيّارات السرفيس كثيرة، بتوصّلني لباب المطار.
سليم	على خاطرك...طيّب، مع السلامة. ان شاء الله بتوصل الكويت بالسلامة. سلّم على القرايب هناك.
مسعود	الله يسلّمك.

تمارين شفهيّة

١. يالله نروح.

الأستاذ	مطار
الطالب	يالله نروح للمطار.

سوق، سينما، بيت أبو العبد، المدرسة، الجامعة، الجامع، الكنيسة، البلد

٢. بدّا يشتري قميص.

الأستاذ	هي
الطالب	بدها تشتري قميص.
الأستاذ	أنا وأخوي
الطالب	بدنا نشتري قميص.

هو، هم، احنا، مسعود، الشرطي، أبو نديم، أم رائد، انتَ، انتِ، انتو، الستّ أم الفستان الأحمر

٣. على شانك، ب ٤٠ دينار.

الأستاذ	هي
الطالب	على شانها.

هم، انتو، انتِ، احنا، الطلاب الجداد، الطالبة الجديدة، مسعود، ام مسعود

٤. خليني أوصّلك.

الأستاذ	هو
الطالب	خلّيه يوصّلك.
الأستاذ	همّ
الطالب	خليهم يوصّلوك.

أنا، احنا، هي، أبوي، امّ مسعود، أبو مسعود، السائق الجديد، مديرة المكتب

الدرس رقم ١٦

اسمع: رحلة السندباد الخامسة–٢

نزلت في الجزيرة وأنا ميت من التعب والجوع والخوف، فنمت عند شاطئ البحر حوالي ساعة. بعدين قمت ومشيت شويّة فوجدت فيها أشجار وأنهار وفواكه وطيور. أكلت وشربت ونمت حتى الصباح.

في الصباح مشيت بين الأشجار فشفت نهر صغير وبجنبه راجل عجوز، ففكرت انه من الركاب اللي كانوا في السفينة، فاقتربت منه، وسلمت عليه، فرد السلام بدون ما يتكلم. سألته ليش هو قاعد عند النهر، فحرّك راسه وأشار بايده كأنه بيقول "احملني للجانب الثاني من النهر." حملته على رقبتي وقطعت النهر، وعلى الجانب الثاني قلت له: "انزل." لكن ما نزل، ولفّ رجليه على رقبتي، فتطلعت على رجليه وإذا همّ مثل جلد البقرة.

خفت، وحاولت أرميه لكنه شدّ على رقبتي وكأنه بدّه يقتلني، فاسودّت الدنيا في وجهي، ووقعت على الأرض وأغمي علي، فضربني برجليه وأوجعني وجع شديد.

تمارين شفهية

١. ردّ السلام بدون ما يتكلّم.

الأستاذ هي

الطالب ردّت السلام بدون ما تتكلّم.

همّ، هو، هم، انتَ، انتِ، انتو، أنا، احنا، الطلاب، سندباد، جحا، جحا ومرته

٢. قلت: "انزل!" لكن ما نزل.

الأستاذ راح

الطالب قُلت "روح" لكن ما راح.

درس، اكتب رسالة، راح لمكتب الجوازات، راح للمطار، صحي متأخّر، نام بدري، اشترى كتاب عربي

٣. اسودّت الدنيا في وجهي.

الأستاذ هي

الطالب اسودّت الدنيا في وجهها.

الأستاذ انتو

الطالب اسودّت الدنيا في وجهكم.

انتَ، انتِ، هو، هي، هم، الأستاذ، جاري ومرته، أهل زوجتي

٢. املأ الفراغات

الإسكندرية مدينة مصرية كبيرة، وهي ثاني مدينة بعد العاصمة القاهرة. يبلغ عدد سكّانها حوالي ثلاثة ملايين نسمة. تقع الإسكندرية في شمال الدولة على ساحل البحر الأبيض المتوسط وفيها ميناء كبير.

أسّس الاسكندرية القائد اليوناني الاسكندر الكبير سنة ٣٣٢ ق.م. وكانت مركزاً تجارياً هاماً ومركزاً للثقافة اليونانية. وكانت ملتقى الأفكار اليهودية واليونانية والعربية، وكانت مشهورة بمكتبتها التي بناها بطليموس. ويُقال إنها كانت أكبر مكتبة في ذلك الوقت. وقد احترقت تلك المكتبة عندما احتل القيصر الإسكندرية سنة ٤٨ ق.م.

دخل العرب المسلمون الاسكندرية سنة ٦٤٠ م. وأصبحت جزءاً من الدولة العربية الإسلامية.

الدرس رقم ١٧

اسمع: رحلة السندباد الخامسة–٣

قُمت وهو راكب على أكتافي، فأشّر بايده اني أمشي بين الأشجار، فمشيت وهو أخذ الفواكه من الأشجار وأكلها، واستمريت أمشي فيه من شجرة لشجرة وهو ياكل، واذا تأخرت كان يضربني، وما ينزل عن ظهري لا ليل ولا نهار. مرّت ايام وأنا حامله وأمشي فيه من مكان لمكان وأنا مثل الميت من الجوع والتعب وقلّة النوم، وكنت أتمنى أموت.

وفي يوم من الأيام وجدت يقطينة، ففتحتها ونظّفتها، ومليتها عنب، وحطيتها في الشمس كم يوم حتى صار العنب خمر.

شربت من الخمر حتى أنسى مصيبتي، فانبسطت وصرت أغني وأرقص، فشافني وأشار بايده "ايش هذا؟" قلت له: "هذا شيء كويس، اللي بيشربه بينبسط." ومشيت ورقصت بين الأشجار وأنا سكران، فطلب مني أعطيه اليقطينة فأعطيته اياها، فشرب كل اللي فيها ورماها على الأرض وسِكر. بعد ما سكر ارتخت رجليه، ففكيتهم من رقبتي، ونزّلته على الأرض وكان نايم، فأخذت صخرة كبيرة وضربته على رأسه فمات.

تمارين شفهية

١. أخذ الفواكه وأكلها.

الأستاذ	الرسالة/حطها في جيبه
الطالب	أخذ الرسالة وحطها في جيبه.

الكتاب/حطه في الشنطة، الموزة/أكلها، السيارة/حطها في الكراج، عنواني/كتبه في دفتر، الفلوس/ حطها في البنك

٢. صرت أغنّي وأرقُص.

الأستاذ	راح كل يوم
الطالب	صرت أروح كل يوم.

درس في المكتبة، كتب رسالة كل أسبوع، أكل في الكافتيريا كل يوم، سبح (swim) كل يوم سبت، سافر لمصر في الصيف

٣. أعطاني اياها.

الأستاذ	هي
الطالب	أعطتني اياها.
الأستاذ	انتو
الطالب	أعطيتوني اياها.

هو، انتَ، انتِ، هم، الطلاب، الأستاذ، أبوي، أمّي، هي، أبوي وأمي

حوار: يا سيدي كان واقف في نصّ الشارع

السائق الأوّل	لا حول ولا قوة الا بالله. يا أخي انت ما بتشوف؟
السائق الثاني	انت اللي ما بتشوف.
السائق الأوّل	لا الحق عليك!
السائق الثاني	لأ، الحق عليك انتَ.
السائق الأوّل	طيب خليني أحكي مع الشرطة وبنشوف الحق على مين.
السائق الثاني	روح احكي مع الشرطة.

...

شرطي المرور	ايش صار؟
السائق الأوّل	كنت واقف على الإشارة...
السائق الثاني	وين واقف على الإشارة؟ يا سيدي كان واقف في نُصّ الشارع.
شرطي المرور	اعطوني رُخص السواقة.
السائق الأوّل	تفضل.
شرطي المرور	وانت وين رخصتك؟
السائق الثاني	مش معي، نسيتها في الفندق.
شرطي المرور	بتسوق بدون رخصة؟
السائق الثاني	الله وكيلك، هذا اول يوم نسيتها.
شرطي المرور	عندك تأمين؟
السائق الثاني	لأ، هذه سيارة سعودية، وفي السعودية ما فيه تأمين سيارات.
شرطي المرور	طيّب، ايش اسمك؟
السائق الثاني	عبد العزيز.
شرطي المرور	عنوانك؟
السائق الثاني	الرياض، السعودية.
شرطي المرور	لأ، مش عنوانك في السعودية، عنوانك هون في الأردن.
السائق الثاني	فندق ريجنسي بالاس.
شرطي المرور	جواز سفرك.
السائق الثاني	نسيته بالفندق كمان. لكن معي هويّة مدنية.

(يخرِج الهويّة المدنيّة ويعطيها للشرطي وبداخلها نقود.)

شرطي المرور	طيّب، انتَ يا أخ عبد العزيز مع السلامة. وانتَ ايش اسمك؟
عبدالله	عبدالله سليمان أبو الفول.
شرطي المرور	جواز سفرك.
السائق الأوّل	تفضّل.
شرطي المرور	شهادة التأمين.
السائق الأوّل	تفضّل.
شرطي المرور	طيّب بكرة الساعة تسعة الصبح بتيجي لمركز الشرطة في البلد.
السائق الأوّل	لكن يا سيدي الحق عليه مش علي أنا، الله وكيلك كنت واقف على الإشارة وهو ضربني من وراء.

شرطي المرور	بلا إشارة بلا بطيخ. بكرة تعال لمركز الشرطة، واسكت.
السائق الأوّل	يا ابن الحلال، حرام عليك، والله هو اللي ضربني.
مسعود	صحيح، سيدي، أنا شفت اللي صار. السيّارة امّ النمرة السعودية ضربت هذه السيارة من وراء لما كانت واقفة على الإشارة.
شرطي المرور	وانت مين سألك؟ وايش بتعرف بالمرور وبقوانين المرور؟ اسكت أحسن ما تروح للسجن.

تمارين شفهية

١. لأ، الحق عليك انتَ.

الأستاذ	انتِ
الطالب	لأ، الحق عليكِ انتِ!
الأستاذ	هم
الطالب	لأ، الحق عليهم هم.

هو، هي، هُمْ، انت، انتِ، انتو، أنا، احنا.

٢. انتَ اللي ما بتشوف!

الأستاذ	هم
الطالب	هم اللي ما بيشوفوا.

هو، هي، انتَ، انتِ، انتو، أنا، احنا، سائق السيارة الثانية، مسعود، الشرطي، ام حسن

٣. كان واقف في نص الشارع.

الأستاذ	هو
الطالب	كان واقف في نص الشارع.
الأستاذ	انتو
الطالب	كنتوا واقفين في نص الشارع.

هي، هو، هم، انتَ، انتِ، انتو، أنا، احنا، مسعود، أبو شريف وابنه

٤. تفضّل، هذا جواز السفر!

الأستاذ جواز السفر.

الطالب الأول أعطيني جواز السفر.

الطالب الثاني تفضّل، هذا جواز السفر.

الأستاذ شهادة التأمين

الطالب الثالث اعطيني شهادة التأمين!

الطالب الرابع تفضّل، هذه شهادة التأمين.

رُخصة السواقة، الهويّة المدنية، التذكرة، كيلو بطاطا، سندويشة فلافل، كيلو تفاح، البنطلون الأسود، الكندرة الحمراء

الدرس رقم ١٨

اسمع: ستّ الكلّ وزهرة البيت-١

كان فيه ستّ اسمها كَنفوشة. وكانت ما بتحبّ اسمها أبداً، وتتمنّى تغيّره. وكان فيه راجل في البلد، ملعون ابن حرام، وكان يعرف انّه كَنفوشة ما بتحب اسمها.

في يوم من الأيام لبس ملابس غريبة، وحطّ على راسه طربوش وفي رقبته قلادة خرز، ومشى قدّام بيت كَنفوشة وبدا يصيح: "أسامي للبيع، أسامي للبيع". كَنفوشة سمعته فطلعت من بيتها وسألته:

-شو بتبيع يا عمي؟

-أسامي.

-بقديش الإسم؟

-بعشر دنانير.

كان في بيت كَنفوشة عشر دنانير بسّ، فأعطته العشر دنانير، والراجل أعطاها خرزة من قلادته وقال: "البسي الخرزة في رقبتك، ومن اليوم وطالع إسمك "ستّ الكلّ وزهرة البيت".

المغرب رجع زوج كَنفوشة من الشغل وكان تعبان، فنادى على كَنفوشة: "يا كَنفوشة، يا كَنفوشة." كَنفوشة ما ردّت. ومرة ثانية نادى "كَنفوشة، كَنفوشة"، ما فيه جواب. دخل البيت وصاح:

- وين انت يا كَنفوشة؟ ليش ما بتردّي؟

-قول كَنفوشة تا تموت، اسمي ستّ الكلّ وزهرة البيت، مش كَنفوشة.

-من وين جبت هالإسم؟

- اشتريته من بياع الأسامي.

-بقدّيش اشتريتيه؟

-بعشر دنانير.

-الله يسامحك، العشر دنانير اللي ما في بيتنا غيرهم أعطيتيهم لبياع الأسامي؟

-وليش لأ؟ اسمي الجديد مش عاجبك؟

مسكين زوج كَنفوشة، شو يعمل؟ فكّر شويّة وقال:

-وين راح بياع الأسامي؟

-من هذه الطريق.

-شوفي يا كنفوشة، أنا رايح. اذا لاقيت حدا غبي مثلك بارجع، وإذا ما لاقيت حدا مثلك مش رايح أرجع أبداً.

تمارين شفهية

١. كان يعرف.

الأستاذ	هي
الطالب	كانت تعرِف.
الأستاذ	احنا
الطالب	كنا نعرف.

هم، هو، انتَ، انتِ، انتو، أنا، الجيران، أبوي، كنفوشة، زوج كنفوشة

٢. العشر دنانير اللي ما في بيتنا غيرهم

الأستاذ السيارة/عندي

الطالب السيارة اللي ما عندي غيرها

الكتاب/معي، البيت/عنده، الساعة/في بيتنا، التلفزيون/عندنا، الولد/عندي، البنت/عند أحمد

٣. مش رايح أرجع أبداً.

الأستاذ هي

الطالب مش رايحة ترجع أبداً.

الأستاذ انتو

الطالب مش رايحين ترجعوا أبداً.

هو، هم، انتَ، انتِ، انتو، الرئيس، أبو سمرة، زوج كنفوشة، مرة جحا، اولاد جارنا

الدرس رقم ١٩

اسمع: ستّ الكلّ وزهرة البيت-٢

زوج كنفوشة مشى يوم، يومين، ثلاثة، وهو يفتّش على بيّاع الأسامي، حتى مرّ من جنب بيت، فشافته ستّ وسألته:

-من وين انت يا عمّي؟

كان زوج كَنفوشة تعبان وزعلان، فقال:

-من جهنم.

-شفت أبوي وأمي هناك؟

-طبعاً، شفتهم.

-كيف همّ؟

-زفت، ما عندهم لا أكل ولا ملابس ولا مصاري.

-انت رايح ترجع هناك؟

-طبعاً، رايح أرجع.

-طيب، ممكن تعمل معروف وتاخذ لهم هديّة منّي؟

-شو بدّك تعطيهم؟

-ملابس وأكل ومصاري.

زوج كَنفوشة أخذ الملابس والأكل والمصاري ومشى في طريقه.

زوج الستّ رجع من الشغل فحكت له مرته عن الراجل اللي أجا من جهنّم، فقال:

-يا مجنونة، يا بنت الملعونة، كيف بتعطي ملابس وأكل ومصاري لواحد كذّاب حتى ياخذهم لجهنم؟

-انت المجنون ابن الملعون، أبوي وامي بيتعذبوا في جهنم وما بدك تعطيهم شيء؟ كم مرّة أكلت في بيتهم؟ كم مرّة أعطوك مصاري لما كانوا عايشين؟

مسكين، شو يعمل؟ فكّر شويّة وقال:

-وين راح الزلمة اللي أجا من جهنّم؟

-من هذه الطريق.

تمارين شفهية

١. كان تعبان وزعلان.

الأستاذ	هيّ
الطالب	كانت تعبانة وزعلانة.
الأستاذ	احنا
الطالب	كنا تعبانين وزعلانين.

هو، انتِ، انتو، انتَ، أنا، همّ، الأولاد، الطلاب، الموظّفات، جارنا

٢. مشى في طريقه.

الأستاذ	همّ
الطالب	مشوا في طريقهم.

هو، هي، انتَ، انتِ، انتو، أنا، احنا، جحا، الحرامي، سائق السيارة الثانية

٣. اعمل معي معروف!

الأستاذ	همّ
الطالب	اعمل معهم معروف.
الأستاذ	أبو علي
الطالب	اعمل معه معروف.

احنا، هي، هم، هو، الجيران، طلاب الصف، أهل البلد، أنا

حوار: استنّى لبعد بكرة، على ايش مستعجِل؟

موظفة شركة الطيران	نعم.
مسعود	فيه عندي مشكلة.
موظفة شركة الطيران	بسيطة ان شاء الله، كل مشكلة الها حلّ. ايش مشكلتك؟
مسعود	أنا كنت مسافر على طيارة اول مبارح للكويت، لكن أخذوا جواز سفري وقالوا لازم اروح للمخابرات، وهلأ جيت من المخابرات.
موظفة شركة الطيران	يعني انت مسافر للكويت؟
مسعود	ايوا.
موظفة شركة الطيران	شوف النصيب، طيارة الكويت طارت قبل نص ساعة.
مسعود	الله وكيلك، نصيب زيّ الزفت.
موظفة شركة الطيران	ولا يهمّك، اصبر شوية... طيارة بكرة مليانة. بعد بكرة، بعد بكرة، طيارة بعد بكرة فيها محل.
مسعود	بعد بكرة؟ طيب وين أروح اليوم وبكرة؟ كل ملابسي راحوا على الطيارة، وأخوي بيستنّى في الكويت.
موظفة شركة الطيران	طيّب شو أعمل؟ طيارة اليوم راحت وطيارة بكرة مليانة، روح لفندق وبعد بكرة بتسافر.
مسعود	لكن مين رايح يدفع فاتورة الفندق؟
موظفة شركة الطيران	هذا مش شغلي، روح احكي مع المخابرات.
مسعود	يا بنت الحلال، اعملي معروف، ما فيه طيارة للقاهرة او جدّة أو بغداد، ومنها للكويت؟
موظفة شركة الطيران	طيب، تفضل استريح، خليني أشوف...فيه طيارة لكراتشي، بتطير بعد ساعتين، بتوصل كراتشي الساعة سبعة المغرب، لكن لازم تستنى في كراتشي أربعة وعشرين ساعة.
مسعود	أطير من هون للباكستان ومن الباكستان للكويت؟ مش معقول.
موظفة شركة الطيران	اذن لازم تستنى لبعد بكرة.
مسعود	إنا لله وإنا اليه راجعون، يا ريت لو ما اشتريت هالقميص وهالبنطلون، كان ما تأخّرت. وبعدين شو العمل؟

...

رجل	انت وين رايح؟
مسعود	للكويت.
رجل	ما فيه طيارة للكويت؟
مسعود	لا، لازم أستنى لبعد بكرة.
رجل	استنى لبعد بكرة، على ايش مستعجل؟
مسعود	كيف استنّى لبعد بكرة؟ كل ملابسي راحوا على الطيّارة، والفنادق غالية، أقلّ شيء الليلة بثلاثين دينار، وأخوي بيستنّى في الكويت، والمدرسة رايحة تفتح بعد اسبوع.
رجل	ليش ما تروح بالسيارة؟
مسعود	كم ساعة بتاخد السيارة؟
رجل	حوالي عشرين ساعة.
مسعود	عشرين ساعة بالسيارة؟ تعب ووسخ وبهدلة. أستنى لبعد بكرة أحسن. إنّ الله مع الصابرين...تكسي...

تمارين شفهية

١. قالوا لازم أروح للمخابرات.

الأستاذ	هي
الطالب	قالت لازم أروح للمخابرات.
الأستاذ	الشرطي
الطالب	الشرطي (هو) قال لازم أروح للمخابرات.

هم، انتو، هو، أحمد، انتِ، مسعود، أم شريف، انت

٢. مين رايح يدفع فاتورة الفندق؟

الأستاذ	ثمن الكتاب
الطالب	مين رايح يدفع ثمن الكتاب؟

أجرة التاكسي، أجرة الشقة، فاتورة المطعم، فاتورة المستشفى، ثمن الكتاب، فاتورة الدكتور، تكاليف تصليح السيارة.

٣. يا ريت لو ما اشتريت القميص والبنطلون!

الأستاذ	راح معهم
الطالب	يا ريت لو ما رحت معهم.

اشترى كتاب الفرنسي، استأجر هذه الشقّة، سافر بالباص، راح للجامعة اليوم، أكل في هذا المطعم

٤. استنّى لبعد بكرة، على ايش مستعجل؟

الأستاذ	الأسبوع الجاي
الطالب	استنى للأسبوع الجاي، على ايش مستعجل؟

بعد شهر، الشهر الجاي، السنة الجاية، بكرة، حتى يرجع، حتى تطلع الشمس، لما ييجي الصيف

الدرس رقم ٢٠

اسمع: ستّ الكلّ وزهرة البيت–٣

الراجل ركب فرسه وراح يفتش على زوج كَنفوشة اللي أخذ الملابس والأكل والمصاري.

ركب ساعة ساعتين، حتى شاف راجل ماشي في الطريق، كان هذا الراجل زوج كَنفوشة. زوج كَنفوشة شافه قبل ما وصل، فخبّى الملابس والأكل والمصاري، وقعد جنب الطريق. لما الراجل وصل، سأل زوج كَنفوشة:

-شفت زلمة معه ملابس ومصاري وأكل؟

-أيوا، شفته، مرّ من هون.

-مرّ من زمان؟ ممكن ألحقه؟

-مر قبل شوية بسّ، طبعاً ممكن تلحقه. لكن انزل عن الفرس وامشي أحسن، الفرس عندها أربع ارجل، وبتاخذ وقت طويل حتى تحرّكهم، لكن انت عندك رجلين بسّ، خلّي الفرس هون وامشي بتلحقه بسرعة. كمان اشلح كندرتك وامشي حافي أحسن، لأن الكندرة بتعمل صوت، وممكن الحرامي يسمعك ويهرب.

الراجل شلح كندرته وخلاها وخلى فرسه عند زوج كَنفوشة ومشى. زوج كَنفوشة أخذ الملابس والأكل والكندرة، وركب الفرس ورجع لبيته. ولما وصل نادى بصوت عالي: "يا ست الكل وزهرة الست، هيّني رجعت."

تمرينين شفهيين

١. الراجل ركب فرسه.

الأستاذ	أنا
الطالب	أنا ركبت فرسي.
الأستاذ	جارتنا
الطالب	هي ركبت فرسها.

انتَ، الملك، الملكة، صاحبي، هو، انتَ، الشرطي، زوج كنفوشة، زوج الست، كَنفوشة، الستّ

٢. تكلّم

أ. يُطلب من الطلاب كتابة وتمثيل مسرحية قصيرة مبنيّة على قصّة "ست الكل وزهرة البيت"، يتكوّن أشخاصها من: كَنفوشة، بياع الأسامي، زوج كَنفوشة، المرأة الثانية، وزوجها.

املأ الفراغات

يعتقد كثير من العرب أنّ اللهجات العربية خطر على الوحدة العربية، وأنّه يجب على كل العرب أن يتكلموا اللغة الفصحى. فاللهجات العربية كثيرة، وليس لكل دولة لهجة واحدة فحسب، بل هناك لهجات كثيرة حتى في الدولة الواحدة. فبالإضافة الى اختلاف اللهجة المصرية عن اللهجة العراقية واللهجة المغربية وغيرها، هناك اختلافات كثيرة بين لهجات المدن ولهجات القرى. لكنّ الفصحى واحدة في كل البلاد العربية. وهي أيضاً واحدة عبر العصور، لأنها لم تتغيّر الا قليلاً منذ مئات السنين، ولا يُتوقّع أن تتغيّر لأنها لغة القرآن والتراث العربي الإسلامي.

إن الذين يدعون الى أن يتكلّم كل العرب اللغة الفصحى فى حياتهم اليومية يجهلون أو يتجاهلون عدة أمور منها: أولاً، منذ قديم الزمن يتكلّم العرب لهجات مختلفة في حياتهم اليومية ويستعملون الفصحى للقراءة والكتابة والمناسبات الرسمية. ثانياً، لو أصبحت الفصحى لغة كلام لتغيّرت مع الزمن كما تتغير كل اللغات، لأن التغيّر في طبيعة اللغة. إنّ الفصحى لم تتغيّر عبر العصور لأنها لغة مكتوبة وليست لغة محكيّة.

الدرس رقم ٢١

اسمع: ابن آدم–١

كان فيه جزيرة في وسط البحر، وفيها كل أنواع الطيور والحيوانات والأشجار. كانت حياة الطيور في الجزيرة أجمل حياة: كان فيه أكل كثير، وميّة كثيرة، وابن آدم ما وصلها.

كان من بين الطيور بطّة، وكانت تسبح في أنهار الجزيرة وبُحيراتها وتاكل من ثمرها وتشرب من ميّتها النظيفة الحلوة.

في ليلة من الليالي، حلمت البطّة انها في بلاد جميلة كثير، أجمل من الجزيرة اللي كانت تعيش فيها. ولما صحيت من النوم ما كان في فكرها الا البلاد اللي حلمت فيها، فقرّرت تفتّش عليها.

سبحت البطّة ومشت وطارت أيام وليالي طويلة، ولما وصلت البلاد اللي شافتها في الحلم كانت تعبانة كثير، فنامت. وفي نومها سمعت صوت بيقول: "مسكينة يا بطّة، انتِ وصلتِ البلاد اللي كنت تحلمي فيها، صحيح هي حلوة وفيها كل شيء، لكن لا تنسي انّه ابن آدم بيعيش فيها. ديري بالك من ابن آدم، لأنّه ذكي وغدّار!"

فتحت البطّة عيونها، وتطلّعت حواليها فشافت جبل بعيد فمشت له.

تمرينين شفهيين

١. كانت تسبَح.

الأستاذ	هو
الطالب	كان يسبَح.
الأستاذ	أولادي
الطالب	كانوا يسبحوا.

هي، هم، انتَ، انتِ، البطّة، الكلب، انتو، أنا، احنا

٢. قرّرَت تفتّش عليها.

الأستاذ	هو
الطالب	قرّر يفتّش عليها.
الأستاذ	احنا
الطالب	قرّرنا نفتش عليها.

حوار: كان وأخواتها

دان: الطيّارة تأخّرت، وكل الناس زعلانين الا انتَ باين عليك مبسوط، شو القصّة؟

مسعود: والله يا أخي تبهدلت في آخر كم يوم، وما صدّقت وأنا أطلع.

دان: ليش؟ شو صار؟

مسعود: كان لازم أسافر يوم الخميس اللي مضى، وحطّوا شُنطي على الصيّارة، لكن موظّف الجوازات قال لازم أروح للمخابرات، رحت للفندق قالوا مش ممكن نعطيك غرفة بدون جواز سفر، وجواز السفر في المخابرات.

دان: طيّب، ما بتعرف حد في عمّان؟

مسعود: لا، أنا من نابلس في الضفّة الغربية، وكل أهلي هناك.

دان: بعدين شو صار؟

مسعود: لما كنت نايم في الشارع مرّت سيارة شرطة وكانوا بدهم ياخذوني لمركز الشرطة، لكن طلع الشرطي من قرايبنا. أخذني لبيتهم وحلقت وأخذت دُشّ، ونمت، وثاني يوم حكى مع المخابرات. كان فيه غلط في الإسم، وقالوا تعال خذ الجواز.

دان: وما اعتذروا لك وما ساعدوك؟

مسعود: انت بتفكّر هذه أمريكا ولا أوروبا؟ المهمّ انتهت قصّة جواز السفر والمخابرات وبعد ساعة بنكون في الكويت.

دان: على فكرة، أنا اسمي دان. اسم الكريم؟

مسعود: مسعود.

دان: أهلاً مسعود.

مسعود: من وين الأخ دان؟

دان: من أمريكا.

مسعود: من وين في أمريكا؟

دان: من نيو يورك.

مسعود: مدينة نيويورك كبيرة طبعاً.

دان: أيوا. لكن أنا مش من مدينة نيويورك، أنا من مدينة صغيرة اسمها اثاكا في ولاية نيويورك.

مسعود: انتَ بتحكي عربي كويّس، وين تعلّمت عربي؟

دان: أوّل شيء درست عربي في أمريكا، لكن كان كلّه قواعد: كان وأخواتها، وإنّ وأخواتها، والجملة الإسمية والجملة الفعلية والممنوع من الصرف. كنت أعرف قواعد كويّس، لكن ما كنت أعرف أحكي. جيت للأردن ودرست في الجامعة الأردنية وصرت أحكي كويّس.

مسعود: أنا كمان درست في الجامعة الأردنيّة.

دان: بالله؟ أيش درست؟

مسعود: عربي.

دان: وهلأ، ايش رايح تعمل في الكويت؟

مسعود: ان شاء الله رايح أعلّم.

دان: ايش رايح تعلّم؟

مسعود: لغة عربية. وأنتَ رايح زيارة ولا شغل؟

دان: زيارة. أختي ساكنة في الكويت مع زوجها ورايح أزورهم.

مسعود: زوج أختك كويتي؟

دان	لأ، أمريكي، لكن بيشتغل في الكويت.
مسعود	شو بيشتغل؟
دان	مهندس في شركة النفط الوطنيّة الكويتيّة.
مسعود	رايح تطوّل في الكويت؟
دان	أسبوع.
مسعود	اسمع: هذا رقم تلفون أخوي في الكويت، احكي معي وخلّينا نلتقي مرّة ثانية.
دان	كويّس، وهذا رقم بيت أختي. اذا أنا ما حكيت معك، انتَ احكي معي.
مسعود	ممتاز.

تمارين شفهية

١. ما صدّقت وأنا أطلع.

الأستاذ	خلّص الرسالة
الطالب	ما صدّقت وأنا أخلّص الرسالة.

أوصل البيت، أخلّص الشغل، أكمّل الدرس، أرجع للبيت، أطلع من المستشفى

٢. كان لازم أسافر يوم الخميس.

الأستاذ	هو
الطالب	كان لازم يسافر يوم الخميس.
الأستاذ	انتو
الطالب	كان لازم تسافروا يوم الخميس.

هي، هم، انتَ، انتِ، أنا، احنا، مسعود، دان، أم شريف

٣. طلع الشرطي من قرايبنا.

الأستاذ	المعلّمة
الطالب	طلعت المعلّمة من قرايبنا.
الأستاذ	هم
الطالب	طلعوا من قرايبنا.

هو، هي، هم، انتَ، انتِ، انتو، مرة الشرطي، أبو حسن، أم حسن

٤. انت بتفكر هذه أمريكا؟

الأستاذ	هو

الطالب	هو بيفكّر هذه أمريكا؟

هي، هم، الطلاب، جارنا، المهندس، رئيس الشركة، اخته، انتَ، انتِ، انتو

٥. انتَ بتحكي عربي كويّس، وين تعلّمت عربي؟

الأستاذ	هم

الطالب	همّ بيحكوا عربي كويّس، وين تعلّموا عربي؟

هو، هي، انتِ، انتو، احنا، انتَ، جحا، زوجة جحا، قراقوش

٦. (أنا) رايح أزورهم.

الأستاذ	هي

الطالب	رايحة تزورهم.

هو، انتَ، انتِ، انتو، أنا، احنا، أبو علي، أبو رائد، أم رائد، استاذتنا

الدرس رقم ٢٢

اسمع: ابن آدم–٢

لما البطّة وصلت الجبل شافت شبل قاعد على صخرة بيتشمّس. البطّة تطلّعت على الشبل، والشبل تطلّع على البطّة، فقال الشبل: "ايش انتِ ومن أيّ عائلة في المخلوقات ؟" قالت البطّة: "أنا بطّة، وأنا من عائلة الطيور." قال الشبل: "انتِ جيتِ من مكان بعيد؟" فحكت له البطّة قصّتها وقصّة حلمها. الشبل فتح ثمّه الكبير وبيّن انيابه الضخمة، وقال: "أنا رايح أقتل ابن آدم، تعالي معي وشوفي."

البطّة انبسطت، وراح عنها الخوف لما سمعت كلام الشبل. ومشت معه حتى يفتّشوا على ابن آدم. مشوا، أيام وليالي، وقطعوا صحاري وجبال وسهول، لكن ما وجدوه. فجأة شافوا زوبعة في مكان بعيد، فمشوا حتى يشوفوا شو فيه. ولمّا وصلوا مكان الزوبعة شافوا حيوان كبير آذانه ضخمة. الشبل سأله: "مين انتَ، ومن وين انتَ جاي؟" قال الحيوان: "أنا حمار، وأنا هارب من ابن آدم."

تمارين شفهية

١. حكت له قصّتها.

الأستاذ هو
الطالب حكى له قصّته.
الأستاذ احنا
الطالب حكينا له قصّتنا.

انتَ، انتِ، انتو، الأسد، الحمار، الفرس، أنا، احنا

٢. نعيش بسلام.

الأستاذ همّ.
الطالب يعيشوا بسلام.
الأستاذ أنا.
الطالب أعيش بسلام.

جارنا، هي، انتَ، انتو، العرب، اليهود، أهل افغانستان، أم العبد، انتِ

٣. مشوا حتى يشوفوا.

الأستاذ انتو
الطالب مشيتوا حتى تشوفوا.
الأستاذ هو
الطالب مشى حتى يشوف.

همّ، هي، انتَ، انتِ، الحمار، الأسد، الشبل، البطّة، انتو، احنا، أنا، الفَرَس

الدرس رقم ٢٣

اسمع: ابن آدم–٣

قال الشبل للحمار: "لا تخاف! تعال معنا وأنا باحميك من ابن آدم." ومشى الشبل والحمار والبطّة.

بعد شويّة شافوا زوبعة ثانية، ولمّا قرّبوا عليها شافوا حيوان جميل، رجليه طوال وآذانه قصار. فسأله الشبل: "مين انتَ، ومِن وين انتَ جاي؟" قال الحيوان: "أنا حصان، وأنا هارب من ابن آدم." قال الشبل: "انتَ كمان خايف من ابن آدم؟ تعال معنا وأنا باحميك منّه." ومشى الشبل والحصان والحمار والبطّة.

بعد شويّة شافوا زوبعة ثالثة، ولمّا قرّبوا شافوا حيوان ضخم بيركض، فسأله الشبل: "مين انتَ ومِن وين انتَ جاي؟" قال الحيوان: "أنا جمل، وأنا هارب من ابن آدم." قال الشبل: "تعال معنا، وأنا باحميك منّه." ومشى الشبل ومعه الجمل والحصان والحمار والبطّة.

بعد شويّة شافوا راجل عجوز على كتفه ألواح خشب وفي ايده عدّة نجّار. وقف الشبل وأصحابه، وتطلّعوا على الراجل، وكان الراجل يرجف من الخوف، فقال الشبل: "مين انتَ، ومِن مين انتَ خايف؟" قال الراجل: "أنا نجّار، وأنا خايف من ابن آدم."

زأر الشبل بصوت عالي وفتح ثمّه الكبير وبيّن أنيابه الضخمة وقال: "أنا رايح أقتل ابن آدم، تعال معنا ولا تخاف! لكن انتَ وين رايح؟" قال النجّار: "أنا رايح للفهد وزير أبوك ملك الحيوانات. هو سمع انّه ابن آدم وصل لهذه البلاد وطلب منّي أبني له بيت حتى يحمي نفسه."

تمارين شفهية

١. أنا باحميك من ابن آدم.

الأستاذ	انتِ.
الطالب	أنا باحميكِ من ابن آدم.
الأستاذ	الكلب.
الطالب	أنا باحميه من ابن آدم.

القطّة، الأسد، الجمل، انتَ، الحصان، الحمار، همّ، انتو

٢. كان الراجل يرجف.

الأستاذ	البنت
الطالب	كانت (البنت) ترجف.
الأستاذ	هم
الطالب	كانوا يرجفوا.

انتَ، هو، انتو، الأستاذ، موظّف الجوازات، مدير المكتب، أمّي، الملك، البطّة، النجار

٣. من مين انتَ خايف؟

الأستاذ	انتِ
الطالب	من مين انتِ خايفة؟
الأستاذ	هم
الطالب	من مين هم خايفين؟

هو، هي، انتو، أنا، احنا، الأولاد، الطلاب، سائق السيارة، الملك، الرئيس، وزيرة الخارجية

حوار: اللي بيصدّق الناس بيموت من الجوع.

الجرسون: كيف كان الأكل؟

مسعود: ممتاز. يسلموا ايديك.

الجرسون: تفضل، هذه الفاتورة.

مسعود: شكراً.. (يفتّش جيوبه) بتعرف؟ يبدو نسيت المحفظة في السيارة.

الجرسون: سيارتك هون؟

مسعود: آ، قدام المطعم. دقيقة وبارجع.

الجرسون: تفضّل.

...

مسعود: غريب! مش بالسيّارة. والله ما باعرف وين راحت. أكيد نسيتها في الفندق.

الجرسون: ما معك فلوس أبداً؟

مسعود: ما معي الا دينار و ٢٠ قرش بسّ، والفاتورة بتسع دنانير.

الجرسون: تفضل استريح، خليني أشوف المدير.

مسعود: (لنفسه) ان شاء الله يكون المدير ابن حلال، وما يعمل مشكلة.

...

الجرسون: المدير بيقول لازم تدفع هلأ.

مسعود: لكن من وين أجيب فلوس؟

الجرسون: قال هذا مش شغله. بتعرف حد هون في إربد؟

مسعود: لا، ما باعرف حد. يا أخي خذ جواز سفري، خذ رخصة السواقة، ساعة بس وباجيب الفلوس.

الجرسون: ايش أعمل بجواز السفر وبرخصة السواقة؟ صاحب المطعم قال لا ترجع بدون ال ٩ دنانير.

مسعود: بعدين؟ شو الحل؟

الجرسون: الحل عندك مش عندي.

مسعود: يا أخي انتو ما عندكم ثقة بالناس أبداً؟

الجرسون: المدير دائماً بيقول اللي بيصدّق الناس بيموت من الجوع.

مسعود: يا أخي مين هو هدا المدير؟ ممكن أشوفه؟

الجرسون: تفضل، تعال معي.

...

المدير: تفضّل. شو المشكلة؟

مسعود: وصلت من الكويت مبارح بالليل ونزلت في فندق فلسطين، وجيت أكلت في مطعمكم، ويبدو نسيت المحفظة في الفندق. يا أخي خذ جواز السفر، خذ رخصة السواقة، نص ساعة، ساعة الا ربع باكون هون ومعي المصاري.

المدير: اي فندق قلت؟

مسعود: فندق فلسطين.

المدير: خليني أحكي مع الفندق. الإسم الكريم لو سمحت؟

مسعود: مسعود أبو العدس.

المدير: انت من بيت ابو العدس؟

مسعود: أيوا. بتعرف حد من بيت ابو العدس؟

المدير: طبعاً، كانوا جيراننا الحيط بالحيط. سليم وكامل ومحمود وعبدالله وشعبان.

مسعود	أنا ابن شعبان أبو العدس.
المدير	مش معقول، ما بتذكرني؟
مسعود	لا والله، مين حضرتك؟
المدير	أنا أبو شريف، علي سمارة.
مسعود	انت أبو شريف؟ لما انتَ طلعت من نابلس أنا كنت ولد صغير.
المدير	سبحان الله، كان عمرك ست أو سبع سنين بس، وهلأ شوف صرت زلمة. طيّب، وين انتَ؟ وشو بتشتغل؟
مسعود	في الكويت، باشتغل معلّم. وانتَ شو أخبارك؟
المدير	أنا قصتي طويلة، لكن أول شيء لازم نقعد ونشرب شاي.
مسعود	طيّب خليني أروح للفندق أجيب الفلوس.
المدير	ولو! مش عيب يا راجل. تفضل، تفضل، أقعد... اثنين شاي يا ولد.
الجرسون	حاضر.

تمارين شفهيّة

١. ما باعرف وين راحت.

الأستاذ	هو
الطالب	ما باعرف وين راح.

هم، انتَ، انتِ، انتو، أخوي، جارتي، ابن عمي، هي

٢. المدير بيقول لازم تدفع هلأ!

الأستاذ	راح
الطالب	لازم تروح هلأ!

كتب الرسالة، خلّص الامتحان (test)، طلع برّة، سكّر الباب، حكى تلفون، حكى مع الشرطة، راح للسفارة

٣. لا ترجع بدون ال ٩ دنانير.

الأستاذ	الكتاب
الطالب	لا ترجع بدون الكتاب!

أخوك، الدفتر، الكمبيوتر، السيارة القديمة، التلفون الجديد، الفواكه، دليل التلفون، المصاري

٤. الحلّ عندك مش عندي!

الأستاذ	هو/هي
الطالب	الحلّ عنده مش عندها.

هو/أنا، أنا/أبوي، انتَ/أنا، انتو/احنا، هم/احنا، انتِ/امّك

٥. اللي بيصدّق الناس بيموت من الجوع.

الأستاذ	راح هناك/شافه
الطالب	اللي بيروح هناك بيشوفه.

راح/اشتغل، اشتغل/صار معه مصاري، درس/نجح في الامتحان، راح هناك/تعلّم عربي، سكن في فرنسا/حكى فرنسي، زار مكّة/صار حجّ، طلع برّة/برَد

٦. لما انتَ طلعت من نابلس، أنا كُنت ولد صغير.

الأستاذ	هو
الطالب	لما (هو) طلع من نابلس (أنا) كنت ولد صغير.

هي، هم، انتِ، انتو، احنا، جيراننا، جارتنا، أبو شريف، أم شريف

املأ الفراغات

يقول المؤرخون إن الخليفة عمر ابن الخطّاب جاء بنفسه لتسلّم مدينة القدس من البيزنطيين عندما فتحها المسلمون في سنة ٦٣٧، وزار المكان المعروف الآن بالحرم الشريف، وكان ذلك المكان خراباً، فأمر بتنظيفه وساعد في ذلك بنفسه، ثمّ صلّى هو وأتباعه فيه. وبعد ذلك بأربع وخمسين سنة، أي في سنة ٦٩١، بنى المهندسون والبنّاؤون الشاميّون في نفس المكان أوّل أعجوبة هندسية إسلامية، وهي قبّة الصخرة، وكان ذلك في زمن الخليفة الأموي عبد الملك ابن مروان. وفي زمن ابنه الوليد، الذي حكم من سنة ٧٠٥ الى سنة ٧١٥ ميلادية، تمّ بناء المسجد الثاني في الحرم وهو المسجد الأقصى.

الدرس رقم ٢٤

اسمع: ابن آدم–٤

زعل الشبل لما سمع كلام النجّار وقال: "لازم تبني لي بيت قبل ما تبني بيت للفهد." قال النجّار: "لكن مش ممكن يا ابن الملك، أنا وعدت الفهد."

زأر الشبل مرّة ثانية وضرب النجّار ضربة خفيفة فوقع النجّار على الأرض، وقال للشبل: "ما أقواك يا ابن الملك!" وقال الشبل: "وما أضعفك يا نجّار! يا الله، ابني لي بيت!"

النجّار عمل قَفَص من ألواح الخشب اللي معه وخلّى بابه مفتوح، وقال للشبل: أدخل البيت حتى أشوف اذا هو مُناسب." دخل الشبل للقفص، فسكّره النجّار وسمّره بسرعة.

صاح الشبل من داخل القفص: "افتح الباب يا نجّار، هذا بيت صغير." ضحك النجّار وقال: "انتَ وقعت في قفص ابن آدم، ومش رايح تطلع منه."

لمّا الجمل والحصان والحمار شافوا الشبل في قفص ابن ادم قالوا: "اذا ابن آدم ممكن يحطّ ابن ملكنا في قفص، ايش احنا ممكن نعمل؟" ومشوا وراء النجّار وأطاعوه. لكن البطّة طارت بدون ما يشوفها النجّار، ورجعت للجزيرة اللي ما وصلها ابن آدم وعاشت فيها حتى نهاية حياتها.

تمارين شفهية

١. لازم تبني لي بيت.

الأستاذ	هو
الطالب	لازم تبني له بيت.
الأستاذ	أولادي
الطالب	لازم تبني لهم بيت.

احنا، هم، هي، أنا، كَنفوشة وزوجها، هو، الشبل، شريف، سُعاد

٢. ما أضعف النجّار!

الأستاذ	صغير/البيت
الطالب	ما أصغر البيت!

رخيص/السيارة، كبير/الشقّة، بعيد/بيتَك، قريب/السوق، غبي/الشرطي، شاطر (clever) /الولد، غالي/كتاب الفيزياء، عالي/السدّ

٣. مش رايح تطلع منه.

الأستاذ	هو
الطالب	مش رايح يطلع منه.
الأستاذ	الأولاد
الطالب	مش رايحين يطلعوا منه.

اختي، أخوي، هي، هم، انتَ، انتِ، احنا، انتو، مسعود، مسعود وأخوه، صاحب المطعم

•

٤. تكلّم

أ. يُطلب من الطلاب كتابة وتمثيل مسرحية قصيرة مبنيّة على قصّة ابن آدم، تتكون شخصياتها من البطّة، الشبل، الحمار، الحصان، الجمل، والنجار. يمكنهم التوسّع بالقصّة وتعديلها كيفما أرادوا.

الدرس رقم ٢٥

اسمع: بنت الحدّاد ولا بنت القاضي؟-١

كان فيه تاجر عنده دكّان، وكان مكتوب على باب دكانه "ذكاء الرجال أعظم من حِيل النساء". في يوم من الأيام مرت بنت الحداد من باب الدكان وشافت اللي مكتوب عليه وزعلت. وكانت بنت حلوة كثير وذكية، وقررت تعلّم التاجر درس ما ينساه.

ثاني يوم الصبح لبست أحسن ملابسها وراحت لدكان التاجر. سلمت عليه، وبدت تبكي.

التاجر سألها:

-ليش بتبكي، ايش المشكلة؟

-ايش رايك في عيوني؟

-عيونك أجمل من عيون الغزال.

-ايش رأيك في ايديّ؟

-في حياتي ما شفت أجمل منهم.

-ايش رايك في رجليّ؟

-ما فيه أجمل من رجليك أبداً.

-ايش رايك في شعري؟

-أجمل من الحرير.

-طيّب، خليني أحكي لك قصّتي. أنا بنت القاضي، وكل ما أجا شاب حتى يخطبني أبوي بيقول له "بنتي مكرسحة وحولاء وما فيه على راسها شعر" ومين ممكن يتزوج بنت مكرسحة وحولاء وما عندها شعر؟ طبعاً كل شاب بيسمع هذا الكلام بيرجع لبيته. وانت بتعرف انه كل بنت بتحب تتزوج، وأنا مش عارفة شو أعمل."

تمارين شفهية

١. قرّرت تعلّم التاجر درس ما ينساه.

الأستاذ	هم
الطالب	قرروا يعلموا التاجر درس ما ينساه.
الأستاذ	أنا
الطالب	قررت أعلّم التاجر درس ما ينساه.

انتَ، انتِ، انتو، هو، هي، هم، بنت الحدّاد، جارنا، أم العبد، أبو العبد

٢. ايش رأيك في شعري؟

الأستاذ	انتِ/الملك؟
الطالب	ايش رأيِك في الملك؟
الأستاذ	انتو/السيارة الجديدة
الطالب	ايش رأيكم في السيارة الجديدة؟

انتَ/الرئيس، هم/الملكة، انتو/قصة سندباد، انتِ/الشقة، هو/الغلاء، انتِ/الطقس في نيويورك

٣. ما فيه أجمل منّه!

الأستاذ　　　كبير

الطالب　　　ما فيه أكبر منّه.

صغير، كويّس (أحسن)، بارد، حامي، نظيف، وسخ، غالي، رخيص، عالي، واطي

حوار: بيك وبلاك متعشّيين

أبو شريف	من زمان انتَ في الكويت؟

مسعود	صار لي سنتين.

أبو شريف	وكيف الشغل هناك؟

مسعود	الحمدلله، مش بطّال.

أبو شريف	وهلأ عندك إجازة؟

مسعود	أيوا، أبوي وامّي جايين من نابلس، وجيت اشوفهم.

أبو شريف	امتى جايين؟

مسعود	يوم الثلاثاء الجاي.

أبو شريف	وهلأ انت وين ساكن؟

مسعود	في فندق فلسطين.

أبو شريف	ولو! ساكن في فندق؟ مش عيب تسكن في فندق؟ وبيتنا يا راجل؟ تعال اسكن عندنا.

مسعود	شكراً يا أبو شريف، بتعرف امي وأبوي جايين، وكمان بافكّر اتجوّز.

أبو شريف	بتفكّر تتجوّز؟ مبروك! لقيتوا عروس ولا لسّه؟

مسعود	لا والله لسّه، لكن امي بتفتش وعماتي وخالاتي وجاراتنا.

أبو شريف	طيّب، اسمع. المطعم بيسكّر الساعة خمسة المغرب، بتروح معي للبيت وبتشوف ام شريف، وبتتعشّى عندنا.

مسعود	شكراً، يا أبو شريف باتشرّف، لكن عشاء مش ضروري، بلاش أغلّبكم.

أبو شريف	بلا غلبة بلا بطّيخ، بيك وبلاك متعشّيين. بنتعشى مع بعض، خلص.

مسعود	طيّب، هلأ الساعة ثنتين ونصّ، بدّي أرجع للاوتيل، والساعة خمسة باشوفك هون.

أبو شريف	ممتاز، باشوفك الساعة خمسة.

...

أبو شريف	ام شريف؟

أم شريف	أهلاً وسهلاً، تفضلوا، تفضلوا.

أبو شريف	بتعرفي مين هذا الشاب؟

أم شريف	لا، والله، عدم المؤاخذة.

أبو شريف	هذا مسعود أبو العدس.

أم شريف	مسعود؟ ابن نزميّة؟ ما شاء الله! آخر مرة شفتك كنت ولد في المدرسة. كيف حال امك وأبوك وأخوتك وخواتك؟

مسعود	الحمدلله كلهم بخير ومبسوطين. امي وأبوي رايحين ييجوا من البلَد يوم الثلاثاء الجاي.

أم شريف	بالله؟ أول ما ييجوا لازم تجيبهم هون.

مسعود	ان شاء الله، ولا يهمك.

أم شريف	وهلا انت بتدرس ولا بتشتغل؟

مسعود	باشتغل.

أم شريف	وين؟

مسعود	في الكويت.

أم شريف	شو بتشتغل؟

مسعود	معلم في مدرسة ثانوية.
أبو شريف	مسعود بيقول جاي من الكويت حتى يتجوّز.
أم شريف	مبروك، مبروك. بنت مين؟
مسعود	والله الكل بيفتش، امي وخالاتي وعمّاتي وجاراتنا.

...

أبو شريف	هذه بنتنا سعاد.
مسعود	هذه سعاد؟ مش معقول! آخر مرة شفتها كانت بنت صغيرة في الصف السادس. ما شاء الله! هي صارت عروس.
أبو شريف	ا. خلّصت توجيهي من سنتين ونجحت، وبتفكّر تروح عند أخوها شريف في أمريكا. قلنا لها أمريكا بعيدة وغالية وصعبة على البنات. تدرس هون في كلّية أو في جامعة أحسن، لكن ما بدها الا أمريكا.
أم شريف	قصّة سعاد طويلة. تفضل، تفضّل اقعد. أهلاً وسهلاً فيك.
مسعود	أهلاً فيك يا ام شريف.

تمارين شفهيّة

١. من زمان انتَ في الكويت؟

الأستاذ	هم.
الطالب	من زمان همّ في الكويت؟

هو، هي، أبوك، ابن عمّك، بنت خالك، انتِ، انتو

٢. صارلي سنتين.

الأستاذ	انتو.
الطالب	صار لكم سنتين.

هو، هي، هم، انتَ، انتِ، انتو، أنا، احنا، مسعود، خالتي

٣. بيك وبلاك متعشّيين.

الأستاذ	رايح
الطالب	بيك وبلاك رايحين.

مفطِر، متغدّي، مسافر، رايح بالسيارة، نايم هون، مستأجر بيت

٤. أوّل ما ييجوا لازم تجيبهم هون.

الأستاذ	هي
الطالب	أوّل ما تيجي لازم تجيبها هون.
الأستاذ	أخوك
الطالب	أول ما ييجي لازم تجيبه هون.

أبوك، جارتكم، أبوك وأمّك، هو، اخوتك

٥. آخر مرّة شفتها كانت بنت صغيرة.

الأستاذ	هو/في المدرسة
الطالب	آخر مرّة شفته كان في المدرسة.

هي/عمرها ١٠ سنوات، هو/في الصفّ الأول، هم/في عمّان، جحا/راكب حمار، هي/مع أمها، هم/عند الجامع

املأ الفراغات

وُلدت الملكة نور للسيد نجيب حلبي، وهو من أسرة عربية أمريكية، في الثالث والعشرين من آب عام ١٩٥١ في مدينة واشنطن. وتلقّت تعليمها في عدد من مدارس كاليفورنيا وواشنطن ونيويورك وماساشوتس.

وفي عام ١٩٧٤ حصلت على درجة البكالوريوس من جامعة "برنستون" في الهندسة المعمارية والتخطيط الحضري، ثم شاركت في عدد من المشاريع الدوليّة في الولايات المتحدة وأستراليا وايران والأردن. وفي عام ١٩٧٧ انضمّت الى مؤسسة عالية-الخطوط الجوية الملكية الأردنية.

تزوّج الملك حسين الملكة نور في عمان في الخامس عشر من شهر حزيران عام ١٩٧٨. وقد أنجبت ولدين هما حمزه الذي وُلد في التاسع والعشرين من آذار عام ١٩٨٠، وهاشم الذي وُلد في العاشر من حزيران عام ١٩٨١، وابنة هي ايمان التي وُلدت في الرابع والعشرين من نيسان عام ١٩٨٣.

الدرس رقم ٢٦

اسمع: بنت الحدّاد ولا بنت القاضي؟-٢

قال التاجر: "إن شاء الله بكرة باجي لبيتكم وباطلب ايدك من أبوك، واذا قال مكرسة وحولاء وما عندها شعر، رايح أقول مش مهمّ. لا تزعلي ولا تبكي وارجعي لبيت أبوك." والبنت بطّلت تبكي وطلعت من الدكّان.

في هذاك اليوم التاجر سكّر دكانه بدري، وطول الليل كان يفكر بالبنت اللي أجت لدكانه وبجمالها. وثاني يوم الصبح بدري لبس أحسن ملابسه وراح لبيت القاضي، وبعد ما سلّم عليه وقعد شويّة قال له:

-أنا جاي حتى أخطب بنتك.

-لكن بنتي حولاء.

-مش مهم، باتزوجها.

-هي كمان مكرسحة، ما بتقدر توقف على رجليها.

-مش مهم.

-ما فيه على راسها شعر.

-مش مهم.

-طيب مهرها عشر آلاف دينار.

-مش مُهمّ.

واتفقوا على الخطبة والزواج.

تمارين شفهية

١. رايح أقول مش مهم.

الأستاذ	هو
الطالب	رايح يقول مش مهم.
الأستاذ	انتو
الطالب	رايحين يقولوا مش مهم.

هي، هم، انتَ، انتِ، بنت الحداد، كَنفوشة، الشرطي، المدير، السكرتيرة، النجّار

٢. سكّر دكّانه بدري.

الأستاذ	هم
الطالب	سكّروا دكانهم بدري.

هي، انتَ، انتِ، انتو، أنا، احنا، التاجر، جارنا

٣. كان يفكّر بالبنت.

الأستاذ هُمّ

الطالب كانوا يفكّروا بالبنت.

أنا، احنا، جارنا، جيراننا، هو، التاجر، مسعود، أم مسعود

الدرس رقم ٢٧

اسمع: بنت الحدّاد ولا بنت القاضي؟-٣

التاجر عمل حفلة عرس كبيرة ودعا الناس فأجوا وغنّوا. وفي ليلة الدخلة، أجا حمّال وعلى راسه سلة كبيرة. حطّ السلّة في غرفة العريس وراح. العريس فتح السلة فشاف فيها بنت حولاء ومكرسحة وما فيه على راسها شعر. فسألها:

-مين انت؟

أنا عروستك بنت القاضي.

-كيف انت عروستي؟ لما جيت لدكاني كنت أحلى من القمر؟

مسكين التاجر قعد على سريره، وقال في نفسه: "بنت الحرام اللي أجت لدكاني كذبت علي، ووقعتني في هذه المصيبة."

طبعاً ما نام الليل وهو يفكر كيف يتخلص من مصيبته، وثاني يوم راح لدكانه وقعد.

مرّت بنت الحداد وسلمت عليه، فقال: "يا ملعونة يا بنت الملعون، شو أنا عملت حتى وقعتيني في هذه المصيبة وخربتِ بيتي؟" البنت أشّرت على الباب وقالت: "اقرا، مين في رأيك أذكى النساء ولا الرجال؟ اذا بدك أخلصك من مصيبتك غيّر اللي مكتوب على الباب." وراحت.

التاجر قام ومحى اللي مكتوب، وكتب بدله: "حيل النساء أعظم من ذكاء الرجال." ثاني يوم مرت بنت الحداد فشافت اللي مكتوب على باب التاجر وانبسطت، وقالت له: "هلأ ممكن اساعدك".

تمارين شفهية

١. سألها: مين انتِ؟

الأستاذ	انتَ.
الطالب	سألَك: مين انتَ؟
الأستاذ	هم
الطالب	سألهم: مين انتو؟

هي، هو، اختك، أخوك، بنت القاضي، أصحابي

٢. كذبتِ عليّ.

الأستاذ	هم
الطالب	كذبوا عليّ.

هو، انتو، بنت الحداد، التاجر، القاضي، الملك، انتَ، انتِ، الرئيس، هي، هم

٣. هلأ ممكن أساعدَك.

الأستاذ	هو
الطالب	هلأ ممكن أساعده.
الطالب	انتو
الطالب	هلأ ممكن اساعدكم.

هي، أبوها، انتَ، الطالبة، الأستاذ، الوزير، هم، هو، سائق السيارة، مديرة البنك

حوار: كان في المستشفى وعملوا له عملية.

أبو شريف   ايش رايك نروح نزور أبو جَمال؟ ذاكر أبو جَمال علي الحمدان؟

مسعود   آ، طبعاً؟ هو اللي ساعدني بالتأشيرة للكويت.

أبو شريف   كان في المستشفى وعملوا له عملية.

مسعود   بالله؟ عملية ايش؟

أبو شريف   عملية في المعدة.

مسعود   كان في المستشفى من زمان؟

أبو شريف   طلع قبل يومين، والله ما باعرف قدّيش قعد في المستشفى.

مسعود   شفته بعد ما طلع من المستشفى؟

أبو شريف   لا والله ما شفته، كنت رايح أشوفه الليلة، اذا بدّك بنروح مع بعض.

مسعود   مليح، خلينا نروح.

أبو شريف   يا الله، تفضّل.

...

أبو شريف   السلام عليكم.

أبو جَمال   وعليكم السلام. أهلاً، أهلاً شرفتونا.

أبو شريف   الحمدلله على السلامة.

مسعود   الحمدلله على سلامتك.

أبو جَمال   الله يسلمكم... تفضّلوا، أهلاً وسهلاً.

أبو شريف   عارف مين هذا الشاب يا حجّ؟

أبو جَمال   لا والله، عدم المؤاخذة، ابن مين؟

أبو شريف   هذا مسعود ابن شعبان أبو العدس.

أبو جَمال   بالله؟ الله يرضى عليك يا عمّي. انتَ وين بتشتغل؟

مسعود   بالكويت.

أبو جَمال   شو بتشتغل؟

مسعود   معلّم.

أبو جَمال   أهلاً وسهلاً. أهلاً وسهلاً.

أبو شريف   وكيف صحتك هلأ يا حجّ؟

أبو جَمال   الحمدلله، كل يوم أحسن من اللي قبله.

أبو شريف   كم يوم قعدت في المستشفى؟

أبو جَمال   ٥ أيام.

أبو شريف   في أي مستشفى كنت؟

أبو جَمال   في مستشفى الجامعة. أنظف وأحسن مستشفى.

أبو شريف   وكيف كانت العملية؟

أبو جَمال   ما حسّيتش فيها أبداً، بيقولوا أخذت حوالي ساعتين.

أبو شريف   وهسّه فيه وجع؟

أبو جَمال   مش كثير، لكن المعدة كويسة، الحمدلله.

أبو شريف   بتاكل وبتشرب كويس؟

أبو جَمال   كل شيء مثل ما كان، الحمد لله، صحّة مثل الحديد.

تمارين شفهيّة

١. هو اللي ساعدني.

الأستاذ　　هم.

الطالب　　همّ اللي ساعدوني.

هي، أبوك، أبو شريف، انتَ، انتِ، انتو، أبو جمال، أم حسن، الشرطي، موظّفة الشركة

٢. كنت رايح اشوفه.

الأستاذ　　انتو.

الطالب　　كنتوا رايحين تشوفوه.

هي، هو، هم، انتَ، انتِ، أبوي، سليم، أبو رائد، الملكة، فيروز، أستاذ الفرنسي

٣. اذا بدّك، بنروح مع بعض.

الأستاذ　　أكل

الطالب　　اذا بدّك بناكل مع بعض.

شرب، سافر، درس، ركب الباص، رجع، زار جحا، شاف قراقوش

٤. كل يوم أحسن من اللي قبله.

الأستاذ　　سنة/بعد

الطالب　　كل سنة أحسن من اللي بعدها.

شهر/قبل، أسبوع/بعد، ساعة/قبل، يوم/بعد، دقيقة/قبل، صيف/قبل

الدرس رقم ٢٨

اسمع: بنت الحدّاد ولا بنت القاضي؟–٤

البنت قالت للتاجر: "روح للغجر اللي جنب المدينة وادعي عشرين غجري لبيتك، وقول لهم انها هذه حفلة عرسك، ولازم يغنوا ويرقصوا، ولما يحكوا معك يقولوا لك "ابن عمي". وكمان ادعي القاضي حتى يكون ضيف الشرف. ولما يسألك مين هذول، قول هذول اولاد عمي، أنا أصلي غجري، لكن الله أكرمني حتى انت صرت نسيبي."

التاجر عمل مثل ما قالت بنت الحداد، ودعا الغجر. الغجر أجوا، وعانقوه، وهنّوه بالزواج، وغنوا ورقصوا، وطول الوقت كانوا يقولوا له "ابن عمي."

القاضي سأل التاجر عنهم فقال له: "هذول أولاد عمّي، أجوا حتى يهنوني بالزواج وبنسبك." قال القاضي: "وليش ما قلت انك غجري قبل الزواج؟ لازم تطلق بنتي فوراً، مش ممكن بنتي تتزوج غجري." قال التاجر: "لكن انت ما سألتني عن أصلي. أنا ما بدي طلاق." قال القاضي: "بارجّع لك المهر وبادفع كل تكاليف الزواج." لكن التاجر رفض حتى القاضي دفع ضعف المهر وتكاليف الزواج. وطلّق البنت ورجعت لبيت ابوها.

تمارين شفهية

١. لازم تطلّق بنتي!

الأستاذ	هم
الطالب	لازم تطلّق بنتهم.
الأستاذ	هي
الطالب	لازم تطلّق بنتها.

هو، أنا، احنا، جارنا، أبو شريف، جارتنا، معروف، القاضي

٢. انتَ ما سألتني عن أصلي.

الأستاذ	هو
الطالب	انتَ ما سألته عن أصله.

هي، أنا، احنا، هم، التاجر، القاضي، النوَر، الموظّفين، الطالبة الجديدة، البنت العراقية، الشاب السوري

٣. رجعت لبيت أبوها.

الأستاذ	هو
الطالب	رجع لبيت ابوه.
الأستاذ	احنا
الطالب	رجعنا لبيت ابونا.

هم، هي، انتَ، انتِ، انتو، احنا، أنا وأخوي، أنا وأختي، هي وأخوها، مدير المدرسة، موظف البنك

٤. تكلّم

يُطلب من الطلاب كتابة وتمثيل مسرحية قصيرة مبنيّة على قصّة بنت الحدّاد، تتكون شخصياتها من بنت الحداد، التاجر، القاضي، بنت القاضي، وبعض الغجر.

الدرس رقم ٢٩

اسمع: معروف-١

... معروف رجع لدكانه وكان مثل السكران. وقبل ما قعد أجا راجل وقال له: "يا معروف، زوجتك شكتك للقاضي مرّة ثانية، والشرطة رايحين ييجوا بعد شوية." فقام معروف وسكر الدكان وهرب. كانت شتاء وكان فيه مطر كثير، فدخل بيت قديم مهجور، وبكى من شدة مصيبته، وقال: "وين أروح من هذه الملعونة؟ يا ربّ خذني لمكان بعيد حتى ما أشوفها طول حياتي."

قبل ما خلص كلامه انفتح الحيط وطلع منه جنّي طويل ومخيف مثل العملاق، فقال لمعروف: "ليش بتبكي؟" فقال له معروف عن قصته مع زوجته. فقال الجني: "بدك آخذك لمكان مش ممكن زوجتك توصله؟" قال معروف: "أيوا." قال الجني: "إركب على ظهري،" ركب معروف، وطار الجني يوم وليلة، وحطّ معروف على جبل.

كان الجبل قريب من مدينة، وفي الصباح نزل معروف من الجبل وراح للمدينة. ولما الناس شافوه وشافوا ملابسه الغريبة تجمعوا عليه وسألوه من وين هو، فقال: "أنا من مصر". سألوه: "امتى كنت في مصر؟"، قال: "مبارح." الناس ضحكوا، وقالوا: "انت مجنون؟ مصر بعيدة من هون مسافة سنة."

مر تاجر وشاف الناس متجمعين وبيضحكوا على معروف، فطردهم وأخذ معروف لبيته وكان عنده بيت كبير وجميل وخدّام كثار.

تمارين شفهية

١. بكى من شدّة مصيبته.

الأستاذ	هي
الطالب	بكت من شدّة مصيبتها.
الأستاذ	انتو
الطالب	بكيتوا من شدة مصيبتكم.

هو، أنا، احنا، هم، قراقوش، فيروز، الأستاذ، انتِ، انتَ

٢. لما الناس شافوه، تجمّعوا عليه.

الأستاذ	هي
الطالب	لما الناس شافوها تجمّعوا عليها.
الأستاذ	انتو
الطالب	لما الناس شافوكم تجمّعوا عليكم.

انتَ، انتِ، هو، هي، هم، معروف، سندباد، زوج كَنفوشة، كَنفوشة، الشيخ، الملكة، زوجة الرئيس، الحمار، الأسد

٣. كانوا يضحكوا عليه.

الأستاذ	هي
الطالب	كانوا يضحكوا عليها.
الأستاذ	انت
الطالب	كانوا يضحكوا عليك.

أنا، هم، احنا، هو، انتِ، انتَ، انتو، جحا، معروف، أم معروف، هي، هم، انتو

حوار: لو باتديّن مصاري رايح أعلّم عبدالله

مسعود	كم ولد عندك يا أبو شريف؟
أبو شريف	خمسة: بنتين وثلاث أولاد. الأولاد كلّهم برّة: شريف وعبدالله في أمريكا، وأيمن في السعودية. والبنات، واحدة تجوّزت وساكنة هون في إربد، وسعاد اللي شفتها.
مسعود	اللي في أمريكا بيدرسوا طبعاً.
أبو شريف	شريف بيدرس ماجستير هندسة، بعد سنة بيخلّص. وعبدالله بيدرس لغة.
مسعود	عبدالله شو ناوي يدرس بعد اللغة؟
أبو شريف	يا سيدي بدّه يدرس إدارة أعمال.
مسعود	الدراسة في أمريكا غالية؟
أبو شريف	والله غالية يا أخ مسعود. لكن شريف عنده بعثة من الحكومة. الحمد لله فلوس البعثة بتكفّيه. لكن عبدالله بيكلّف كثير، حوالي ألف دولار في الشهر.
مسعود	ألف دولار في الشهر؟ كثير والله.
أبو شريف	كثير، لكن لو باتديّن مصاري رايح أعلّمه. هو من زمان بدّه يدرس في أمريكا. فيه اله أصحاب هناك كانوا يبعثوا رسائل ويقولوا تعال اشتغل وادرس، قلنا له توكّل على الله وروح.
مسعود	مافيه شُغُل هناك؟
أبو شريف	فيه شغل، لكن كلّه تهريب. غسيل صحون في المطاعم. قلت له لا تشتغل! أدرس وانجح والباقي عليّ. أخوه أيمن اللي في السعودية بيساعده كمان.
مسعود	شو بيقولوا عن الحياة في أمريكا؟
أبو شريف	بيقولوا بلاد كبيرة وغنيّة، لكن فيها مشاكل كثير. فيه مناطق بيخافوا الناس يدخلوها في الليل. وممكن تشتري السلاح مثل ما بتشتري الملابس والأكل. وطبعاً حرّيّة في كل شيء. بيقولوا البنت لما يصير عمرها ١٨ سنة بتطلع من بيت أبوها وبتسكن لوحدها.
مسعود	ما بتخافوش على شريف وعبدالله؟
أبو شريف	والله ام شريف ايدها على قلبها، خايفة يتجوّزوا أمريكيات. ما هي مصدّقة وهمّ يخلّصوا ويرجعوا.
مسعود	وانت مش خايف عليهم؟
أبو شريف	وليش أخاف عليهم؟ زلام بيعرفوا مصلحتهم.

تمارين شفهيّة

١. شو ناوي يدرس؟

الأستاذ	هم
الطالب	شو ناويين يدرسوا؟

هي، انتَ، انتِ، انتو، أبو جمال، المديرة، أخوك، عبدالله، شريف، سُعاد، أولادَك

٢. لو باتديّن مصاري، رايح أعلّمه.

الأستاذ سافر لفرنسا.

الطالب لو باتديّن مصاري، رايح أسافر لفرنسا.

اشترى سيارة الڤولڤو، أكل في هذا المطعم، درس طِبّ، سافر لمصر، تعلّم لغة روسية، اشترى هذا الكتاب

٣. من زمان بدّه يدرس في أمريكا.

الأستاذ سكن هون

الطالب من زمان بدّه يسكن هون.

درس في الجامعة الأمريكية، تزوّج هذه البنت، راح معي للسوق، درس لغة عبرية، سافر للشرق الأوسط، تعلّم كمبيوتر

٤. ايدها على قلبها.

الأستاذ هم

الطالب ايدهم على قلبهم.

هي، هو، أنا، انتَ، انتِ، انتو، أم شريف، أبو مسعود، المدير، أم مسعود، سائق السيارة

الدرس رقم ٣٠

اسمع: معروف–٢

بعد ما معروف أكل واستراح، التاجر سأله عن اسمه ومن وين هو، فقال معروف:

-اسمي معروف، وأنا من مصر.

-من أي حارة في مصر؟

-من الدرب الأحمر.

-بتعرف الشيخ أحمد العطار؟

-ايوا، هو جاري.

-كم ولد كان عند أحمد العطار؟

-ثلاثة: مصطفى ومحمد وعلي.

-وين مصطفى ومحمد وعلي؟

-مصطفى ومحمد في مصر، لكن علي هرب من بيت أبوه لما كان صغير وما رجع.

-انت كنت تعرف علي؟

-طبعاً، كنا دائماً نلعب مع بعض.

-أنا علي ابن أحمد العطار، وانت صاحبي يا معروف.

علي سأل معروف ليش أجا لهذه المدينة، فحكى له معروف عن قصته مع زوجته، وعن الجني اللي حمله للمدينة. وعلي حكى لمعروف قصته لما أجا للمدينة وكيف صار تاجر غني.

بعدين علي قال لمعروف: "اذا حد سألك ايش بتعمل وليش جيت لهذه المدينة لا تقول أنا اسكافي وفقير وهربت من زوجتي، الناس بيضحكوا عليك. بكرة أنا باعطيك ألف دينار وفرس. اركب الفرس لسوق التجار، في السوق سلّم على التجار وأنا باكون معهم، ولما أشوفك باسلم عليك وبابوس ايدك، ولما أسألك اذا عندك نوع من البضاعة قول 'كثير'، واذا التجار سألوني عنك، أنا باقول انت تاجر مشهور وكريم، واذا شحّاد طلب منك فلوس اعطيه.

تمارين شفهية

١. سأله عن اسمه.

الأستاذ	هي
الطالب	سألها عن اسمها.
الأستاذ	احنا
الطالب	سألنا عن اسامينا.

هم، هو، أنا، انتَ، انتِ، انتو، الطلاب، الأولاد، البنات، معروف

٢. هرب من بيت أبوه.

الأستاذ	هي
الطالب	هربت من بيت أبوها.
الأستاذ	احنا
الطالب	هربنا من بيت أبونا.

هو، هم، انتَ، انتِ، انتو، أولاد الجيران، فيروز، كَنفوشة، معروف، علي، ابن الملك ، بنت الملك

٣. كنت تعرف علي؟

الأستاذ	هي
الطالب	كانت تعرف علي؟

هو، هم، [illegible]، زوجك، [illegible]، أنا، [illegible]

٤. اذا طلب منك فلوس، اعطيه.

الأستاذ	هي.
الطالب	اذا طلبت منك فلوس اعطيها.

هم، هو، أنا، احنا، هي، بنتك، ابنك الكبير، مدير البنك، مديرة المدرسة، زوجة جحا

الدرس رقم ٣١

اسمع: معروف-٣

في الصباح علي أعطى معروف ١٠٠٠ دينار، وأعطاه ملابس جديدة، وركّبه على فرس، ومعروف راح للسوق. لما وصل، علي سلم عليه وباس ايده، وقدّمه للتجار الثانيين، وقال لهم انّه تاجر مشهور وغني. وبعد ما قعدوا شوية علي سأل معروف: "عندك قماش من النوع الفلاني؟" ومعروف قال: "كثير"، وعلي سأله عن أنواع قماش كثيرة، ومعروف كان يقول "كثير". بعدين التجار الثانين سألوا معروف عن أنواع من القماش ومعروف قال عنده منها كثير.

خلال الحديث أجا شحّاد، فبعض التجار أعطوه نص درهم وبعضهم أعطوه ربع درهم وبعضهم ما أعطاه شيء، لكن معروف ملا ايده ذهب وأعطى الشحّاد.

الشحّاد حكى للشحّادين الثانيين، فأجوا، ومعروف ملا ايده ذهب وأعطاهم، والتجار تعجبوا من كرمه. بعد شوية صاح بصوت عالي: "لو كنت أعرف انه كل الناس في هالمدينة فقراء، كان جبت معي ذهب أكثر حتى أعطيهم. هلأ ايش رايح أعمل اذا شحّاد طلب مني فلوس؟" فقال واحد من التجار: "أنا باعطيك الف دينار." ومعروف أخذ الالف دينار وأعطاها للشحّادين، والتجار يتفرّجوا. وفي هذاك اليوم أعطى الشحّادين ٥ آلاف دينار، وكل ما أخذ فلوس من تاجر كان يقول: "باعطيك فلوسك لما بضاعتي توصل، اذا بدك ذهب خذ ذهب، واذا بدك قماش خذ قماش."

تمارين شفهية

١. أنا باعطيك ألف دينار.

الأستاذ	أنا/انتَ
الطالب	أنا باعطيك ألف دينار.
الأستاذ	هو/هي
الطالب	هو بيعطيها الف دينار.

هو/أنا، هي/أنا، أنا/هي، انت/أنا، مسعود/انتَ، أبو شريف/دان، جحا/الحاكم، الرئيس/مرته

٢. ملا ايده ذهب.

الأستاذ	هو
الطالب	ملا ايده ذهب.
الأستاذ	الستات
الطالب	ملوا ايديهم ذهب.

أنا، انتَ، انتِ، انتو، هي، جارتنا، هم، احنا، جحا، كنفوشة

٣. اذا بدّك ذهب، خُذ ذهب! اذا بدّه ذهب، اعطيه ذهب! (خذ، اعطي)

الأستاذ	انتِ
الطالب	اذا بدِّك ذهب، خُذي ذهب.
الأستاذ	هي
الطالب	اذا بدها ذهب، اعطيها ذهب.

انتَ، هو، انتو، هم، انتِ، التاجر، هي، أبو العبد، أم العبد، كَنفوشة وزوجها

حوار: ستّة وعشرين سنة ومش متجوّز؟

أبو شريف	هذه امّي الحجّة أم خالد، بتذكّرها؟
مسعود	ولو! طبعاً باذكرها. بسّ هي يمكن نسيتني؟
الحجّة أم خالد	والله أنا بانسى كثير هالأيام. اليوم مش مثل ايّام زمان. خلص عجّزت...كيف حالك يا حبيبي؟
مسعود	الحمد لله، كيف حالك انت؟
الحجّة أم خالد	الحمد لله، مثل ما انت شايِف. بعد الثمانين سنة ما ظلّش عُمُر.
أبو شريف	احنا دايماً بنقول الحجة أقوى منّا، بس هي مش مصدّقة.
الحجّة أم خالد	الحمد لله. الله اللي بيعطي والله اللي بياخذ... سمعت انّك بتشتغل بالكويت، كيف شُغلك؟
مسعود	الحمد لله مليح.
الحجّة أم خالد	وكيف حال مرتك واولادك؟
مسعود	بعدني مش متجوّز يا حجّة.
الحجّة أم خالد	مش متجوّز؟ قدّيش عمرك؟
مسعود	ستّة وعشرين سنة.
الحجّة أم خالد	ستّة وعشرين سنة ومش متجوّز؟ مش معقول! لازم اشوف لك بنت قبل ما ترجع للكويت.
أبو شريف	مسعود بيقول جاي من الكويت حتى يتجوّز.
الحجّة أم خالد	لقيتوا عروس ولا بعدكم؟
مسعود	لا والله بعدنا.
الحجّة أم خالد	طيّب، اسمع منّي، وليش تدوّروا وتغلّبوا حالكم؟ هذه سُعاد بنت أبو شريف، حلوة ومتعلّمة وبنت بَلَدك. شو رايك فيها؟
مسعود	وليش لأ؟ مين أحسن من سعاد وأهل سعاد؟
الحجّة أم خالد	ايش رايك يا أبو شريف؟
أبو شريف	يا ستي مبروكة. يعني احنا رايحين نلاقي أحسن من مسعود؟ شاب متعلم وابن ناس وعنده وظيفة محترمة.

...

أبو شريف	قديش إجارتك؟
مسعود	باقي شهر.
أبو شريف	يا سيدي الأسبوع الجاي بتخطب وبتكتب الكتاب والأسبوع اللي بعده بتتجوز وبتسافر انت والعروس للكويت.
مسعود	لكن لازم جواز سفر وتأشيرة.
أبو شريف	مش ممكن تتأخر أسبوع أسبوعين حتى نطلّع جواز سفر وناخذ تأشيرة من السفارة؟
مسعود	لا، مش ممكن. المدرسة بتفتح بعشرين الشهر ولازم أكون هناك لما تفتح.
أبو شريف	طيّب بتخطب وبتكتب الكتاب وبتسافر، ولما سعاد تاخذ جواز السفر والتأشيرة بتيجي بالطيارة للكويت.
مسعود	ممتاز. لما يطلع جواز السفر والتأشيرة احكوا معي تلفون وأنا باستنّاها في مطار الكويت.
أبو شريف	خلص، اتفقنا. مبروك.
مسعود	الله يبارك فيك.

تمارين شفهيّة

١. سمعت انّك بتشتغل في الكويت.

الأستاذ	أبوك
الطالب	سمعت انّه بيشتغل في الكويت.

هي، انتَ، انتِ، انتو، أبو جمال، مرة أبو جمال، اخته، هم، أيمن

٢. بعدني مش متجوّز.

الأستاذ	هم
الطالب	بعدهم مش متجوزين.

هو، هي، انتَ، انتو، انتِ، الحجة فاطمة، ياسر عرفات، الرئيس الجديد، معلّمة الألماني

٣. لازم أكون هناك لما تفتح.

الأستاذ	هم
الطالب	لازم يكونوا هناك لما تفتح.

هو، هي، انتَ، انتِ، انتو، المدير، احنا، معروف، مسعود، اختي

٤. باستنّاها في المطار.

الأستاذ	مسعود واخوه
الطالب	باستناهم في المطار.

هو، هي، همّ، انتَ، انتِ، انتو، أخوي، بنت عمي، طلاب الصفّ

الدرس رقم ٣٢

اسمع: معروف-٤

في الليل التاجر علي دعا مَعروف لبيته، ودعا التجار وكان الكلام كله عن القماش والذهب والفلوس، وكل ما ذكروا اسم قماش معروف كان يقول "عندي منه كثير".

استمر معروف يروح للسوق وياخذ فلوس من التجار ويعطيها للفقراء، حتى أخذ ٦٠ الف دينار. التجار بدوا يسألوا بعضهم: "امتى رايحة توصل بضاعة معروف؟ هو بياخذ فلوسنا وبيعطيها للفقراء." وقالوا لعلي: "وين بضاعة معروف يا علي؟ قال علي: "اصبروا، البضاعة رايحة توصل بعد كم يوم." بعدين علي راح لمعروف وقال له:

-يا معروف شو قاعد بتعمل؟ التجّار قالوا لي انت أخذت منهم ٦٠ الف دينار، من وين رايح تعطيهم فلوسهم، وانت مش تاجر وما معك حتى فلس واحد؟

-ايش الستين الف دينار؟ لما بضاعتي توصل باعطيهم فلوسهم، اذا بدهم ذهب ياخذوا ذهب، واذا بدهم بضاعة ياخذوا بضاعة.

-الله أكبر! انت تاجر وعندك بضاعة يا معروف؟

-كثير.

-مش أنا اللي علّمتك هذا الكلام حتى تقوله للتجار؟ أنا رايح أقول لهم انت كذاب.

-انتَ الكذّاب! عندي بضاعة كثيرة ممكن توصل في اي يوم.

-يا قليل الأدب، أنا رايح أفضحك بين التجار.

لكن علي فكر وقال في نفسه: "أنا قلت انه غني وعنده بضاعة، فكيف أقول للناس انه فقير وكذاب؟ رايحين يقولوا أنا كذاب." فما قال شيء للتجار.

تمارين شفهية

١. لما بضاعتي توصل باعطيهم فلوسهم.

الأستاذ	هو
الطالب	لما بضاعتي توصل، باعطيه فلوسه.
الأستاذ	انتِ
الطالب	لما بضاعتي توصل باعطيك فلوسِك.

هم، هي، انتَ، انتِ، انتو، التاجر، جحا، أبو شريف، جاركم، جارتنا، صاحب المحلّ، التجّار

٢. أنا اللي علّمتك هذا الكلام.

الأستاذ	هوَ
الطالب	هو اللي علمك هذا الكلام.
الأستاذ	علي ومعروف.
الطالب	هم اللي علموك هذا الكلام.

هي، زوجها، جحا ومرته، أنا، احنا، علي ومعروف، أنا وأخوي

٣. رايحين يقولوا.

الأستاذ	هو
الطالب	رايح يقول.

هي، هم، انتَ، انتِ، انتو، أنا، احنا، هو، الطلاب، المدير، المهندس، الطبيب، جلالة الملك، سيادة الرئيس

٤. تكلّم

أ. يُطلب من الطلاب كتابة وتمثيل مسرحية قصيرة مبنيّة على قصّة معروف، تتكون شخصياتها من معروف، الجنّي، علي، وبعض التجّار. يمكنهم التوسّع بالقصّة وتعديلها كيفما أرادوا.

املأ الفراغات

وُلد الكاتب والشاعر اللبناني المشهور "ميخائيل نعيمة" في قرية "بسكنتا" في لبنان سنة ١٨٨٩. وقد هاجر أبوه الى أمريكا وهو في السنة الأولى من حياته، وغاب ست سنوات.

درس ميخائيل في مدرسة القرية، ثم حصل على بعثة للدراسة في مدينة الناصرة في فلسطين، وبعد ذلك في روسيا. وبعد إكمال دراسته في روسيا هاجر الى أمريكا. وعندما قامت الحرب العالمية الأولى انضمّ الى الجيش الأمريكي وحارب ضد الألمان في فرنسا.

بعد انتهاء الحرب رجع ميخائيل نعيمة الى أمريكا، وعاش وعمل وكتب فيها حتى وصل سنّ الثالثة والأربعين، حينما قرّر العودة الى بسكنتا ليعيش حياة هادئة بسيطة بين أهله وأقاربه، وظلّ فيها حتى وافاه الأجل عن عُمر يناهز التسعين. وقد كتب كتباً كثيرة، من أشهرها سيرة حياته بعنوان "سبعون"، التي نُشرت عندما أكمل السبعين من عمره.

ملحق د

قائمة الكلمات

APPENDIX D
ARABIC-ENGLISH GLOSSARY

This glossary includes all the words listed under كلمات جديدة in the listening and reading selections and the dialogues, with the exception of words in the word study (دراسة الكلمات) exercises in which students are asked to predict the meaning or to look up words in the dictionary.

As was mentioned in the *Introduction,* this book, like *Elementary Arabic: An Integrated Approach,* introduces spoken Levantine Arabic and Modern Standard Arabic (MSA) simultaneously; spoken Levantine for speaking and listening to informal speech and MSA for reading and writing. The rationale for this approach is based on two main points: first, this is the way Arabic is used in real life in the Arab world, and second, Levantine and MSA are two varieties of the same language, and consequently share a great number of linguistic features that do not need to be taught twice independently of each other. The overwhelming majority of words and major aspects of the phonology, morphology, and syntax are identical in the two language varieties. Furthermore, in many cases in which words in Levantine and MSA look or sound different, the difference might be bridged by a simple rule. A number of these rules are discussed in Appendix B. The following seven rules will help you improve your skill in relating forms of one variety to their equivalents in the other.

1. *Loss of* همزة *in Levantine*

In general, همزة is retained in Levantine in words that are derived from همزة-initial roots, in the word سأل and its derivatives, and in words that are clearly borrowed from MSA, such as proper names. It is dropped at the end of a word, and replaced by ي or by a lengthening of a neighboring vowel inside a word.

	MSA	Levantine	
	مُؤسّسة	مُؤسّسة	establishment, corporation (from أسّ)
	تسأل	تسأل	she asks
	مَسؤول	مَسؤول	responsible, person in charge (from سأل)
	نائلة	نائلة	proper name (a borrowing from MSA)
but,	سماء	سما	sky
	بئر	بير	well
	رأس	راس	head
	خائف	خايف	afraid

2. *The Vowel of* التاء المربوطة

This vowel is pronounced *a* in MSA but *a* or *i* in Levantine. The rule here is simply that the vowel of التاء المربوطة is pronounced *a* after consonants with a back articulation; ح، خ، ص، ض، ط، ظ، ع، غ، ق، هـ; otherwise it is pronounced *i*. After ر it is pronounced *a* unless ر is preceded by ي or كسرة.

	MSA	Levantine	
ساعة	saaʕa	saaʕa	watch, hour
محطّة	maħaṭṭa	maħaṭṭa	station
مدرسة	madrasa	madrasi	school
غرفة	ɣurfa	ɣurfi	room
سيارة كبيرة	sayyaara kabiira	sayyaara kbiiri	big car

3. *Lame Roots*

Whereas MSA has both و and ي in the third consonant position of lame verbs, Levantine has only ي.

MSA	Levantine	
بكى-يبكي	بكى-يبكي	to cry
دعا-يدعو	دعا-يدعي	to invite
شكى-يشكو	شكا-يشكي	to complain

4. *Vowel Melodies in Perfect Verbs*

MSA verbs in the perfect have one of three vowel melodies ـَـَ, ـَـِ, or ـَـُ; Levantine verbs have only two: ـَـَ and ـِـِ. Levantine ـِـِ corresponds to both ـَـِ, and ـَـُ in MSA.

MSA	Levantine
كَتَب، فَتَح	كَتَب، فَتَح
شَرِب، سَمِع	شِرِب، سِمِع
كَبُر، قَصُر	كِبِر، قِصِر

5. *Retention of* و *of Assimilated Verbs in Levantine*

The و of assimilated verbs is dropped in the imperfect of Form I in MSA but retained in Levantine:

MSA	Levantine	
وَصَل-يَصِل	وِصِل-يوصَل	to arrive
وَرِث-يَرِث	وِرِث-يِورَث	to inherit

6. *The Vowel of the Form IV Prefix*

This vowel is pronounced ـُ in MSA but ـِ in Levantine:

MSA	Levantine	
يُسلِم	يِسلِم	to become Muslim
يُعطي	يِعطي	to give

7. *Loss of the Vowel Following the* ت *Prefix in Forms V and VI in Levantine*

In verbs as well as in active and passive participles derived from them, the vowel that accompanies the ت in MSA is replaced by a ـْ (سُكون) in Levantine.

MSA	Levantine	
تَعَلَّم	تْعَلَّم	to learn
تَزَوَّج	تْزَوَّج (or تْجَوَّز)	to get married
تَجاوَز	تْجاوَز	to exceed
مُتَعَلِّم	مِتْعَلِّم	educated
مُتَزَوِّج	مِتْزَوِّج (or مِتجَوِّز)	married

Keep these rules in mind as you use this glossary. You should also remember that the lines are often difficult to draw between spoken Arabic and MSA; the two varieties constantly borrow from and influence each other. Arabic linguists prefer to describe the Arabic language situation in terms of a continuum, with spoken Arabic at one end and MSA at the other. The more formal the speaking situation

is, the more MSA features are observed, and vice versa. *But under no circumstances is MSA used, with its lexical, morphological, and syntactic system, for ordinary oral communication by any group of Arabic speakers.*

In the glossary, the symbols # and * are used to indicate whether a certain word is generally restricted to MSA (in the first case) or Levantine (in the second). These items can be viewed as occupying the two opposite ends of the MSA-dialect continuum. Unmarked entries occur in both varieties, with the predictable differences discussed above.

Finally, the following abbreviations are used in the glossary:

ج. جمع (plural)
م. مؤنّث (feminine)
f. feminine
m. masculine
s. singular
lit. literally

أ

yes-no question particle		أ
at all, never		أبداً
teacher (f.)		أبلة
the Son of Adam; man		ابن آدم
to refuse	أبى-يأبى#	أبي
to come	أتى-يأتي#	أتي
coming, next	آتِي	
influence	تأثير	أثر
(see وحد)		آحاد
brother		أخ (ج. أخوة)
to be taken aback	أُخِذ#	أخذ
to take a shower	أخذ-ياخُذ دُشّ	
to be late	V	أخر
arts, literature	آداب	أدب
they turned out to be		اذا همّ
ear	أُذُن#، ذان* (ج. آذان)	أذن
historian	مُؤرِّخ	أرخ
family ،عائلة	أسرة	أسر
captive	أسير	
shoemaker		اسكافي
to point to, indicate	أشّر-يؤشِّر	أشر
referring	إشارة	
traffic sign	إشارة (مرور)	
visa	تأشيرة	
origin		أصْل
regional		اقليمي
to make sure	V (تأكّد-يتأكّد)	أكد
certainly	أكيد	

don't, doesn't		ألا
God is great! (used here to show disbelief)	الله أكبر!	الله
God is your witness	الله وكيلك	
May God protect you!	الله يخلّيك!*	
May God be pleased with you!	الله يرضى عليك!	
May God forgive you!	الله يسامحِك!	
May God put an end to you!	الله يقطعك!	
God is with those who are patient.	انّ الله مع الصابرين.	
We are from God and to Him we return. (expression implying resignation)	إنّا للّه وإنّا اليه راجِعون	
Depend on God.	توكّل على الله.	
May God be exalted!	سُبحان الله!	
There is no power except in God. (an expression implying resignation)	لا حَول ولا قوّة الا بالله.	
or		أَمْ#
of, characterized by		أُمّ
illiterate	أُمّي	
as for. . .	أمّا . . . فـ. . .#	
your order, as you say	أمرك	أمر
Prince of the Faithful	أمير المؤمنين	
security	أمْن	أمن
to believe	IV (آمن-يؤمِن)	
insurance	تأمين	
Umayyad		أُمَوي
if		إنْ
human being	إنسان	أنس
nose		أنْف#
oh		أوّاه#
(see يد)		ايد
wherever		أينَما#

ب

بابا		daddy
بَحْث (ج. أبحاث)		research
بحر	بُحَيرة	lake
بَخشيش		tip
بدّ	لا بُدّ	it is inevitable
بدأ	ابتدائي	elementary
بدر	III	to initiate
بَدَل		instead of
بدو	يبدو	it seems
برّ	بَرّة	outside
برج	بُرج مُراقَبة	watchtower
برز	مُبارَزة (شيش)	fencing
برك	مَبروك	congratulations
بسط	بَسيطة	simple, unimportant
بسم	VIII	to smile
بَشَر		people, humankind
بضع	بِضاعة	merchandise
بَطّة		duck
بطل	II	to stop
بعث	بَعَث-يبعَث	to send
	بِعثة	scholarship
	بَعْث	resurrection
بعد	بَعْدُ#	yet
	بعدني*	I am still
	بَعدُه	next
بعض	بعضها ببعض	with one another
	بعضهُم	one another
	مع بَعَض	together

	مع بَعضهم البَعض	together, with one another
بقل	بَقّالة	grocery shop
بقي	باقي	remaining, what's left
بكي	بَكى-يبْكي	to cry
بَل		but
بلد	بلاد الحبشة	Ethiopia
	بلاد الشام	Greater Syria
بَلاش*		without, let's do without
بلغ	مَبلَغ	amount
بما فيه، بما فيها#		including
بنت	بِنت الحرام	mischievous woman
بني	مَبْني	built, based
بهدل	تبهدَل-يتبَهدَل	to be treated badly
	بَهدَلة	bad treatment
بوس	باس-يبوس	to kiss
بيض	أبيض (ج. بيض)	white
بيع	باع-يبيع	to sell
	بائع مُتجوِّل	vendor
	بَيّاع	seller
	بَيع	selling
بيك وبلاك*		with and without you
بين	II (بَيّن-يبيِّن)	to show

ت

تا*		until
تبع	III	to continue
تِبن		hay
تثاءب		(see ثأب)
تجر	تاجِر (ج. تُجّار)	merchant

تَحت		under
تحف	مَتحَف (ج. متاحف)	museum
ترجم	تُرجِم	was (were) translated
ترك	تَرَك-يترُك	to leave
	تُرِك-يُترَك#	to be left
تَعال!		Come!
تلو	تالي#	following
تمّ	تَمام	fine, perfect
توأم		twin
تير	تَيّار	current

ث

ثأب	VI (تثاءَب-يتثاءَب)	to yawn
ثِقة		(see وثق)
ثَمّ*		mouth
ثَمَر		fruit
ثَمَن		price
ثني	استِثناء#	exception
	ثاني	second, other
	ثُنائي#	bilateral
ثوب		*thobe*, man's flowing robe
ثور	ثور	bull, ox
	ثَورة	revolt

ج

جاي		(see جيء)
جِبريل		Gabriel
جبل	مَجْبول	mixed
جدّ	أجداد	ancestors

anew, again	من جديد	
braid	جَديلة	جدل
woven	مَجْدول	
table		جدوَل
to pull	جَرّ–يجُرّ	جرّ
experience	تَجرُبة	جرب
newspaper	جريدة	جرد
bell		جَرَس
crime	جَريمة	جرم
to run, pass quickly	جَرى–يَجري	جري
measures, procedures	إجراءات	
island	جزيرة	جزر
making		جَعْل#
dry	جافّ	جفّ
dryness	جَفاف	
to dry	II	جفّ
skin, hide		جِلد
regency council	مَجلِس وِصاية	جلس
society	مُجتَمع	جمع
group	مجموعة	
beauty	جَمال	جمل
sentence	جُملة	
How beautiful!	ما أجمل!	
to go crazy, be enraged	جُنّ جُنونه#	جنّ
heaven	جَنّة	
jinni (demon)	جِنّي	
foreign	أجنبي	جنب
next to, beside	إلى جانب#	
Avoid!	تجَنَّب!	

side	جانِب	
the two sides of	جانِبَي	
side by side	جنباً الى جنب#	
soldier	جُندي (ج. جُنود)	جند
ethnic groups	أجناس	جنس
homogeneity	تجانُس#	
to frown	تَجَهّم-يتجهّم#	جهم
hell		جَهَنّم
inside	جُوّة*	جوّ
answer	جَواب	جوب
to exceed, go beyond	VI (تجاوَز-يتجاوَز)	جوز
vacation, leave	إجازة	
coming	جاي*	جيء
Bring. . . !	جيب. . .!*	جيب
pocket	جيب (جُيوب)	
army	(ج. جُيوش)	جيش

ح

loved one	حَبيب (ج. حبايب)	حبّ
rope		حَبل
even if		حتّى لو
protest	احتجاج	حجّ
room		حُجرة#
size		حَجم
severely	بحدّة*	حدّ
blacksmith	حَدّاد	
iron	حَديد	
to happen	حَدَث-يحدُث*	حدث
conversation	حَديث	

speaker	مُتَحَدّث	
caution	حَذَر	حذر
cautious	حذِر	
freedom	حُرّيّة	حرّ
liberal	مُتَحرِّر	
silk	حَرير	
to fight	III	حرب
to plow	حرَث-يحرُث	حرث
plowman	حَرّاث	
guard	حارِس (ج. حُرّاس)	حرس
letter (of the alphabet)		حَرف (ج. حُروف)
fire, burning	حَريق	حرق
to move (something), steer	II	حرك
to move	V	
movement	حَرَكة	
thief	حَرامي	حرم
respected	مُحْتَرَم	
to be sad	حزِن-يحزَن	حزن
sad	مَحزون#	
arithmetic, calculating	حِساب	حسب
to feel		حَسّ-يحِسّ
horse, stallion	حِصان	حصن
strong, fortified	حَصين	
statistic(s)	إحْصاء	حصو
to attend	حَضَر-يحضُر	حضر
present (time), presently, right away	حاضِر	
lecture	مُحاضَرة	
to put	حَطّ-يحُطّ*	حطّ
sheep pen	حَظيرة غنَم	حظر

حفد	حفيد (ج. أحفاد)*	grandchild, descendant
حفر	حفَر-يحفِر	to dig
حفظ	III	to preserve
	مُحافِظ	conservative
	مَحفظة	wallet
حفل	حَفلة عُرس	wedding party
حفي	حافي	barefoot
حقّ	حَقّ	truly
	حقيقة (ج. حقائق)	truth
	الحقّ عليه	it's his fault
	الحق معُه	he is right
حَقل		field
حكم	حَكَم-يحكُم	to rule
	مَحكَمة	court
حكي	مَحكي	spoken
حلّ	حَلّ-يحِلّ مَحَلّ	to replace
	مَحَلّ	place, store, shop
حلَب-يحْلِب		to milk
حلف	حَليف	ally
حلق	حَلَق-يحلِق	shave
حلم	حلِم-يحلَم	to dream
حلو	أحلى	sweeter, more beautiful
حمّ	حَمام	pigeons
حمل	حمل-يحمِل	to carry
	حَمّال	porter
	حَمْلة	campaign
حمو	حمِي-يحمَى	to become hot
حمي	حَمَى-يحْمي	to protect
	مَحمي	protected

protection	حِماية	
to need	VIII (احتاج-يحتاج)	حوج
need	حاجة	
neighborhood	حارة	حور
wall	حيط*	حوط
next door, wall-against-wall	الحيط بالحيط*	
Wailing Wall	حائط المبكى	
to change, transform	II (حَوّل-يحوِّل)	حول
to change	V (تحوّل-يتحوّل)	
to try	III (حاوَل-يحاوِل)	
situation	حال (ج. أحوال)	
in any case	على كلّ حال	
around me	حوالَيّ*	
around	حَوْل#	
cross-eyed	حولاء	
trick	حيلة (ج. حِيَل)	
to contain	VIII (احتَوى-يحْتَوي)	حوي
biology	أحْياء	حيّ
quarter	حَيّ (ج. أحياء)	
snake	حَيّة	
animal	حَيَوان	
where, in which		حَيثُ#
puzzled	في حيرة#	حير

خ

place (as in place value)		خانة
to hide	II (خَبّا-يخبّي)	خبأ
to hide	V (تخبّى-يتخبّى)	
to inform	IV (أخبر-يُخبِر)#	خبر

	أخبار	news
	مُخابَرات	intelligence service
	مُختَبَر	laboratory
خبز	خَبز-يخْبِز	to bake
ختم	خاتِم	ring, stamp
خدم	خادِم (ج. خُدّام)	servant
	خادم الحرَمين الشريفين	Servant of the Two Holy Shrines
	خَدَمات	services
	خدمة عَسْكرية	military service
خرب	II (خرّب-يخرِّب) بيت*	to get someone into trouble (lit. to ruin someone's house)
خرج	استَخراج	extracting
	V	to graduate
خَرَز		beads
خرع	اختِراع	invention
خشي-يخْشى#		to be afraid of
خصّ	تَخَصُّص	specialization, major
خضر	أخضر	green
خطّ	خَطّ-خُطوط	line
	خَطّي	written
خطأ	IV (أخطأ-يُخطِئ)	to make a mistake
خطب	خَطَب-يخطُب	to ask for the hand in marriage, get engaged
	خُطبة	engagement
	خُطْبة (ج. خُطَب)	speech
	خَطْب (ج. خُطوب)#	trouble
خطر	خَطَر	danger
	على خاطرك*	as you wish
خطو	خَطَوات	steps

خفّ	خفيف	light (noun)
خفق	خَفْقة#	beat, sound
خفي	VIII(اختفى-يختفي)	to disappear
خلّ	خِلال	during
خلص	V (تخلّص-يتخلّص) من	to get out of
خلف	خليفة (ج. خلفاء)	caliph
	الخُلفاء الراشدين	the Rightly-guided Caliphs
	خِلافة	caliphate
	خِلاف#	dispute
	مُختلِف	different
خلق	خالِق	creator
	مَخلوق	creature
خلو	II (خَلّى-يخَلّي)*	to let, leave
	خلّيها عليّ*	leave it to me (let me pay)
	خالي	empty
خَمر		wine
خنق	مُختنِق#	suffocating
	مُخيف	frightening
خير	VIII (اختار-اختار)	to choose
	خير، ان شاء الله!	I hope it's okay!

د

دبر	II (دبّر-يدبّر) حال*	to manage
دخل	لا دَخْل له#	it is not related
	ليلة الدَخْلة	wedding night
دَرْب		way
درج	درَج-يدرُج	to walk
دري	III (دارى-يُداري)#	to hide
دَعم		support

to invite	دَعا–يدعو، يدعي	دعو
call, invitation	دَعوة	
to pay	دفَع–يدفَع	دفع
defense	دِفاع	
to be pushed	دُفع يدفَع	
to reveal, deliver	IV (أدْلى–يُدلي)#	دلو
blood		دَمْ
to destroy	II	دمر
doll		دُمْية#
time		دَهْر
to look for	II (دوَّر–يدوِّر)	دور
business administration	إدارة أعمال	
administrative	إداري	
house	دار	
opera house	دار للاوبرا	
as long as	ما دام	دوم
turkey		ديك رومي
to borrow	V (تديّن–يتديّن)	دين
religion	دين (ج. أديان)	
civil	مَدَني	

ذ

that		ذاك#
(see أذن)		ذان
to slaughter		ذبح–يذبَح
to mention; to remember	ذَكَر–يذكُر	ذكر
to remember	V	
clever	ذَكِي	ذكي
cleverness	ذَكاء	

ذلك	كذلك#	also
ذهب	ذَهَبي	golden
ذوق (ج. أذواق)		taste

ر

راس	على الراس والعين	very willingly
راسمال		capital, cost
رأي	رأى-يرى#	to see
	رُؤية#	seeing
ربط	رَبط-يربُط	to tie, connect
	مَربوط	tied
ربع	مَربوع	square, round (for a face)
ربي	II (رَبّى-يُرَبّي)	to raise
	تَربية	education
رجَف-يرجِف		to shiver
رجل	رَجُل#، راجِل* (ج. رِجال)	man
	رِجل (ج. ارجُل#)	leg
رحم	بلا رَحْمة	without mercy
رخص	رُخصة (ج. رُخَص) سواقة	driver's license
رخي	VIII (ارتَخى-يرتخي)	to relax
ردّ	رَدّ-يرُدّ (السلام)	to answer (the greeting)
رسب	راسِب	settled
رسل	رسول	prophet, messenger
رضي	إرضاء#	pleasing
	رِضاء	contentment
رعد	رَعْد (ج. رُعود)	thunder
رعي	III (راعى-يراعي)	to give a good deal to
رغم	على الرَغم مِن#	in spite of
رَفَض-يرفُض		to refuse
رفع	رفَع-يرفَع	to raise

	VIII (ارْتَفَع-يرتفِع)	to go up
	رفع قضيّة	to sue
رقب	رَقبة	neck
رقص	رقَص-يرقُص	to dance
	رَقْص	dancing
ركب	II	to make someone ride
رُكن		corner
رمد	رَمادي	gray
رَمْز (ج. رُموز)		symbol
رمل	أرمَل	widower
	أرملة	widow
رمي	رمى-يرمي	to throw
رهب	إرهاب	terror
روح	III (تَراوَح-يتَراوَح)	to range
	VIII (ارتاح-يرتاح)، X (استراح-يستريح)	to rest
	راحة	rest (noun)
	مُريح	comfortable
	ريح	wind
روض	رياضة مائية	water sport
روع	II (روّع-يروِّع)	to frighten
ريد	إرادة الهية	divine will

ز

زأر-يزأر		to roar
زَحَف-يزحَف		to crawl, creep
زحم	مُزْدَحِم#	crowded
زرع	زِراعة	agriculture
زرق	أزرق	color
	زرقاء	blue (f.)

زعم	زُعَماء	leaders
زِفت*		terrible (lit. tar, like tar)
زلم	زَلَمة*	man
زمن	مِن زمان	for a long time
زنبق	زَنْبَقة	lily
زهر	VIII (ازدهر-يزدهِر)#	to prosper
	زَهْرة	flower
زوبع	زوبَعة	dust cloud
زور	زائر	visitor
	زِيارة	visit
زَيّ*		like
زيد	زيادة	increase

س

سأل	سأل-يسأل	to ask
	مَسؤول	person in charge, responsible
سبّ	V (تَسبّب-يتسبَّب)	to cause
	سَبَب (ج. أسباب)	reason
سَبح-يسبَح		to swim
ستجد		(see وجد)
ستر	يا ساتِر.	I hope it's okay.
سجل	تَسجيل	registering, registration
سجن	سِجن	prison
سَحَب-يسحَب		to pull
سَحَر		early morning
سَخِر-يسخَر		to make fun of
	سُخْرِية#	sarcasm
سَدّ-يسِدّ		to close
سدس	مُسَدّس	revolver
سرج	سِراج	candle

to wander	سَرَح-يسرَح	سرح
theater, battleground	مَسرَح (ج. مسارِح)	
to hurry	IV	سرع
to steal	سَرَق-يسرِق	سرق
to steal (a glance)	VIII	
theft	سَرِقة	
thief	سارِق	
stolen	مَسروق	
Syriac		سِرياني
roof		سَطح
to help	III	سعد
lower, bottom	أسفَل#	سفل
ship	سَفينة (ج. سُفُن)	سفن
roof, ceiling		سَقف
Shut up!	اسكُت!	سكت
to get drunk	سكِر-يسكَر	سكر
drunk	سَكران	
basket	سَلّة	سلّ
weapon(s)	سلاح	سلح
to skin		سَلَخ-يسْلَخ
chain, series	سلسلة	سلسل
authority	سُلطَة	سلط
transit authority	سُلطة نَقل	
to receive	VIII	سلم
Thanks.	تسلَم!	سلم
tolerance	تَسامُح#	سمح
dark brown	أسْمر (م. سمراء، ج. سُمر)	سمر
to put nails in	II	سمر
agent	سِمْسار	سمسر

سمك	سَمَكة	fish
سمو	سامي	Semitic
	سماء	sky
سمي	II (سَمّى-يسَمّي)	to call, name
سنّ	مَسنون	sharp
سهر	سَهران	awake at night
سهل	تَسهيل	facilitating
	سُهول	plains, meadows
سوح	سائح (ج. سُوّاح)	tourist
سود	ساد-يسود#	to prevail
	أسوَد (ج. سود)	black
	اِسْودّت الدنيا في وَجهي	the world darkened in my face (I became depressed)
سور	سور (ج. أسوار)	wall
سوس	سِياسة	politics
سوف	مسافة	distance
سوق	تَسَوُّق#	shopping
سوق	ساق-يسوق	to drive
	سِواقة	driving
سوي	مُستَوى	level
سير	سار-يسير#	to walk
	سائِر#	going
	سيرة حياة	biography

ش

شاة		(see شوء)
شبك	شُبّاك	window
شبه	IV (أشْبه-يُشبِه)	to resemble

	شِبْه جَزيرة	peninsula
شجع	II	to encourage
شحد	شَحّاد	beggar
شدّ	شَدّ–يشِدّ	to squeeze
	شِدّة	intensity
	شَديد#	intense
شرّ	شَرّ (ج. شُرور)	evil
شرح	شَرْح	explaining
شَرَر		sparks
شرط	شُرطَة	police
شرك	اشتِراك	sharing, participating
	شركة النفط الوطنية	national oil company
	مُشتَرَك	common
شطأ	شاطئ	shore, beach
شطر	شاطِر	clever
شعّ	شُعاع	ray
شعب	شَعب (ج. شُعوب)	people
شعر	شَعَر–يشعُر	to feel
	شَعر	hair
	شِعر	poetry
	شاعِر (ج. شُعَراء)	poet
	شَعير	barley
شغف	شَغوف#	avid
شقّ	مُشْتَق#	derived
شقر	أشقَر (ج. شُقر)	blond
شقي	شَقِي–يشْقَى	to strive
	شقا(ء)	wretchedness
	شَقِي	troublemaker
شَكّ		doubt

شكل	شُكِّل	was formed
	بشكل رسمي	officially
شكو	شكا-يشكي، يشكو	to complain
شلّ	شَلل	paralysis
شلَح-يشلَح*		to take off (clothes)
شَمّ-يشمّ		to smell
شمس	V	to sun himself
شَنّ-يشُنّ		to wage (war)
شَنَق-يشنُق		to hang (execute)
شهد	III	to watch
	شَهادة	certificate
	شهادة ميلاد	birth certificate
شوء	شاة#	sheep
شور	IV (أشار-يشير)#	to point out, signal
	مُستَشار	adviser
شوف	اللي بتشوفه*	whatever you think, see
شيأ	شاء-يشاء#	to want
شيخ (ج. شُيوخ)		old man

ص

صبح	إصباح#	morning
صبر	صبَر -يصبُر	to be patient
	اصبر!	Be patient!
صبغ	صَبغ-يصبُغ	to dye
	صَبّاغ	dyer
صحّ	II (صَحّح-يصحّح)	to correct
	صَحيح	correct
صحب	VIII (اِصطَحَب-يصْطَحِب)#	to accompany
صحر	صَحاري	deserts

newspaper	صَحيفة (ج. صُحُف)	صحف
noisy	صاخِب#	صخب
rock	صَخرة (ج. صُخور)	صخر
source	مَصدَر	صدر
to believe	II	صدق
He couldn’t wait to get out.	ما صدّق وهو يطلع.*	
He cannot wait . . .	ما هو مصدّق. . .*	
money exchanger	صَرّاف	صرف
to climb, go up		صَعَد-يصعَد
lowest (f.)	صُغرى#	صغر
class, grade		صَفّ
yellow	أصفر	صفر
Sicily		صِقِلْية
crucifixion	صَلْب	صلب
the Crusaders	الصليبيين	
interest, what is good for	مَصْلَحة	صلح
Peace be upon him.	صلّى الله عليه وسلم.	صلو
to be silent		صمَت-يصمِت#
to make		صَنَع-يصنَع#
type, kind		صِنف (ج. صُنوف)
idol		صَنَم (ج. أصنام)
to hit, be correct	IV (أصاب-يُصيب)#	صوب
disaster	مُصيبة	
sound, noise		صَوت
to imagine	V (تَصوّر-يتصوَّر)	صور
to shout	صاح-يصيح	صيح
to happen	صار-يصير	صير
maintenance	صِيانة	صين

ض

feeble, tiny	ضئيل#	ضأل
officer	ضابِط	ضبط
to be bored	ضجِر-يضْجَر	ضجر#
boredom	ضَجَر	
to laugh	ضحِك-يضحَك	ضحك
laugh	ضِحكَة	
victim, sacrifice	ضحيّة (ج. أضاحي)	ضحي
huge		ضَخم#
harm	ضَرَر	ضرّ
necessary, must	ضَروري	
to hit		ضرَب-يضرُب
tomb	ضريح (ج. أضرِحة)	ضرح
double, twice as much	ضِعْف	ضعف
weak	ضَعيف	
How weak you are!	ما أضعَفَك!	
guest	ضيف	ضيف
guest of honor	ضيف الشرف	
to add	IV (أضاف-يُضيف)#	
in addition to	بالإضافة الى#	
narrow	ضَيِّق	ضيق

ط

character	طابِع	طبع
printing press	مَطبَعة	
floor, story	طابِق	طبق
(social) class	طَبَقة	
fez		طَربوش

طرح	طرَح-يطرَح	to push down
طرد	طرَد-يطرُد	to drive away
	طرْد (ج. طرُود)	package
طرز	تَطريز	embroidering, embroidery
	طِراز	model
طرَف		end, side
طرق	طَريق	road
طغي	طاغي#	oppressive, unjust
طفأ	VII (انطفأ-ينطفِئ)	to be extinguished
طفل	أطفال	children
طَلّ		dew
طلب	طَلب-يطلُب ايد*	to ask for the hand in marriage
	طَلَب	request, application
	مَطلوب	wanted
طلع	طِلِع-يطلَع	to turn out to be
	II	to get (something) out
	V	to look
	طلُوع الشمس	sunrise
	مُستَطلِعاً#	scouting, looking for
طلق	II	to divorce
	IV (أطلق-يطلِق) النار	to fire
	طَلاق	divorce
	طليق#	free
طور	تطوير	developing
طوع	IV (أطاع-يطيع)	to obey
	X (استْطاع-يستَطيع)#	to be able to
طوف	طائفة (ج. طوائف)	sect
طوق	أطيق-يُطاق#	to be born, tolerated
طول	II (طوّل-يطوّل)	to take, stay a long time

Round Table	الطاوِلة المستديرة	
to contain	VII (انطَوى-ينطوي)#	طوي
bird	طير	طير
the Roc bird	طير الرُخّ	
made of mud	طيني	طين

ظ

to stay, remain	ظَلّ-يظَلّ	ظلّ
shade	ظِلّ	
unjust, despotic	ظالِم	ظلم
darkness	ظَلام	
to think		ظنّ-يظُنّ
to appear	ظَهر-يظهَر	ظهر
back	ظَهْر	

ع

to worship	عبد-يعبُد	عبد
worship	عِبادة	
to consider	VIII	عبر
is considered	يُعتَبَر#	
expressing	تعبير	
Abbasid	عَبّاسي	عبس
was, were impressed	أُعْجِب#	عجب
to wonder	V	
pleasing	عاجِب*	
to become old	II	عجز
old (person)	عَجوز	
hurrying, in a hurry	مستَعجِل	عجل
dough	عَجْنة	عجن

tools	عِدّة	عدّ
upside-down justice	عدل مقلوب	عدل
moderate	مُعتَدِل	
no offense, blame		عدم المؤاخذة
minerals	مَعادِن	عدن
except	عَدا	عدو
to be tortured	V	عذب
torture	عَذاب	
to apologize	VIII	عذر
cart, compartment		عَرَبة#
wedding		عُرس
bride	عَروس (ة)	
to oppose	III	عرض
defining	تعريف	عرف
battle	مَعركة (ج. مَعارِك)	عرك
dear	عزيز	عزّ
military		عَسكري
camp, encampment	مُعسكَر	
weedy	أعشَب#	عشب
eating supper	متعَشّي	عشي
era, period		عَصر
to blow in a storm		عَصَف-يعصِف
coat	معطف	عطف
I gave it (f.) to him.	أعطيته ايّاها.	عطي
great	عَظيم	عظم
greatness	عَظَمة	
exemption	إعفاء	عفو
in the wake of		عقِب#
to believe	VIII	عقد

	عقد عمل	work contract
عقل	#VIII	to arrest
علج	عِلاج	(medical) treatment
علق	II	to hang, suspend
	V	to be related to
	عَلاقة	relationship
علم	علِم-يعلَم#	to know, learn
	عُلوم	sciences, scholarship
	تعليمات	instructions
	عالمياً#	internationally
	علامة استفهام	question mark
	مَعلومات	information
علن	IV	to announce
على...		must
عمّ	عامّ	general
	عَمامة	turban
عمد	عَمود (ج. أعمِدة)	column
عمر	استِعْمار	colonialism
عمق	أعماق	depths
	عَميق*	deep
عمل	عمِل-يعمَل	to do, act, act as, be like
	اعمَل حالك!*	Pretend!
	إعمَل معروف	do a favor
	عمِل-يعمَل عمليّة	to perform an operation
	X	to use
عِملاق		giant
عمي	عَمى	blindness
عِنَب		grapes
عنق	III	to embrace

bottleneck	عُنق زجاجة#	
title		عُنوان
to look after	VIII (اعتنى-يعتني)	عني
care	عِناية	
to return	عاد-يعود#	عود
custom, practice	عادة	
return	عَودة#	
for shame	يا عيب الشوم*	عيب
living, alive	عايِش	عيش

غ

twilight		غَبَش
stupid		غَبي
gypsies		غَجَر
to depart, leave	III	غدر
treacherous	غَدّار	
exile	غُربة	غرب
strange	غريب	
sunset	مَغرِب	غرب
to drown	غرِق-يغرَق	غرق
gazelle	غزال	غزل
washing dishes	غَسيل صحون	غسل
to be covered	V (تغطّى-يتغطّى)	غطي
sleep, nap	غَفْوة	غفو
to dominate, overcome	غلَب-يغلِب	غلب
to trouble	II	
trouble, bother	غَلَبة*	
mistake		غَلَط
vague	غامِض	غمض
He fainted.	أُغْمي عليه.#	غمي

غني	II (غنّى-يغنّي)	to sing
غور	غار-يغور	to go deep into
	مَغارة	cave
غيب	غاب-يغيب	to go down (the sun)
غير	غير مكتوب#	not written
	غير ذلك#	and others, and so on
غَيْم (ج. غُيوم)		cloud

ف

فاتورة		bill
فأس		axe
فتح	فتَح-يفتَح بيت	to start a family
	فتحة تَهوية	vent
فَتْرة		period
فجأ	فَجأة	suddenly
فَرْخ		baby bird
فَرَس		horse
فرش	مَفْرش	bedspread
فرعوني		Pharaonic
فرق	فِرقة (ج. فِرَق)	group, troupe
فُسْتان		dress
فسح	فُسْحة	recess
فصح	فُصْحى	Classical Arabic, Modern Standard Arabic (MSA)
فصل	فصَل-يفصِل	to separate
	فَصل	season; classroom
فضح	فَضَح-يفضَح	to expose
فضل	II	to prefer
	أفضل	the best
فضو	فاضي	empty

فَكّ-يفِكّ		to untie
فكر	بيفكّر حاله*	he thinks that he
	على فِكرة	by the way
فكه	فواكه	fruit
فلح	فَلاّح	peasant
فَلسَفة		philosophy
فُلاني		so and so
فَم#		mouth
فنّ	فَنّي	artistic
فَهد		leopard
فهم	VI	to communicate
فهم	تفهَمين#	you (f.s.) understand
	مَفهوم	concept
فور	فوراً	immediately
فوض	فَوضى	chaos
فيد	فائدة	use, benefit

ق

قبّ	قُبّة	dome
	قُبّة الصخرة	Dome of the Rock
قبح#	قَبيح	ugly
قِبْطي		Coptic
قبل	III	to correspond to
	قِبلة	direction of prayer
	قبيلة (ج. قبائل)	tribe
	مُستقبَل	future
	مُقابِل	in return for
	مُقابَلة	interview
قتل	قتَل-يقتُل	to kill

the killing of, death	مَقتَل	
to strike fire		قدَح-يقدَح
to be able	قدِر-يقدر	قدر
to estimate	II	
estimate	تقدير (ج. تَقادير)	
ability	قُدرة	
to introduce	II	قدم
feet	قدَم (ج. أقدام)	
advance	تَقدُّم#	
dirty, filthy		قَذِر#
to decide	II	قرّ
bottle	قارورة (ج. قوارير)#	
to get close	II, VIII	قرب
relative	قَريب (ج. أقارب، قَرايِب)	
boat	قارِب (ج. قوارِب)	
was divided	قُسِّم#	قسم
to be divided	VII	
features	قَسَمات	
story	قِصّة	قصّ
economic	اقتِصادي	قصد
palace	قَصر	قصر
to rumble		قَصَف-يقصِف
judge	قاضي	قضي
fate and divine decree	قَضاء وقَدَر	
to frown	II	قطب
to cut up	II	قطع
piece of wood	قِطعة خشب	
chunk of meat	قِطعة لحم	
to pick		قَطف-يقطِف

pumpkin, gourd	يَقطين	قطن
to stay in the hospital	قعَد-يقعُد في المستشفى*	قعد
in the process of doing	قاعِد بيعمل*	
cage		قَفَص
to carry (airplane, bus, etc.)	IV (أقَلّ يُقِلّ)	قلّ
scarcity, small number	قِلّة	
lack of sleep	قِلّة النوم	
person with no manners	قَليل أدب	
necklace	قلادة	قلد
departure	إقلاع	قلع
peak	قِمّة	قمّ
moon		قَمَر
cloth	قِماش	قمش
law, law, regulation	قانون (ج. قوانين)	قنّ
bottle	قَنّينة	
candle, light		قَنْديل
mask	قِناع	قنع
to lead, steer, drive	قاد-يقود	قود
driving, leadership	قِيادة	
(person who is) led, follower	مَقود#	
to break out	قام-يقوم	قوم
to undertake	قام-يقوم ب	
Get up!	قوم!*	
to set up	IV (أقام-يُقيم)#	
residence	إقامة	
ethnic group	قَوْميّة	
resistance	مُقاوَمة	
to become strong	قَوي-يقوى	قوي
strong	قويّ	

How strong you are!	ما أقْواك!	
chain		قيد (ج. قُيود)
value	قِيمة	قيم

ك

as		كَ
as if		كَأنّ
highest (f.)	كُبْرى#	كبر
to write a marriage contract	كتَب-يكتُب الكتاب	كتب
shoulder		كَتْف (ج. أكتاف)
grief, worry		كَدَر#
to lie	II	كذب
liar	كَذّاب	
crippled	مكَرْسَح	كرسح
to be generous with	IV	كرم
to hate		كرِه-يكرَه
to win	كَسِب-يكسَب	كسب
to acquire	VIII	
to break, be broken	VII	كسر
broken	مَكسور	
to discover	VIII	كشف
not to believe in	كفر-يكفُر	كفر
to be enough, to have enough	كَفَي-يكْفي، II	كفي
enough	كافي	
the two of us	كِلانا#	كل
not at all		كَلاّ#
to cost	II	كلف
costs	تكاليف	
empty talk, nonsense	كَلام فاضي	كلم
a few days		كم يوم

one with ruffled hair	كنفوشة*	كنفش
curly, ruffled	مُكنفِش*	
I would have brought	كان جِبتْ*	كون
there was, were	كان هناك#	
you will have finished	بِتكون خلّصت*	
to be formed	V#	
population makeup	تكوين سُكّاني	
your being	كوْنُكِ#	
status	مَكانة	
in order to		كَي#
bag		كِيس
how, manner	كيفيّة#	كيف

ل

ham radio, wireless		لاسلكي
still, didn't stop	ما لبث#	لبث
underclothes	ملابس داخلية	لبس
refugee	لاجِئ	لجأ
to notice	لحِظ-يلحَظ#	لحظ
moment	لَحظَة	
to catch up with	لحِق-يلحَق	لحق
to enroll at, attend	VIII	
butcher	لَحّام	لحم
to be needed for	لَزِم-يلزَم	لزم
(see ليس)		لست
thief		لِصّ
to stick	VIII	لصق
nice	لَطيف	لطف
to play		لعب-يلعَب

Root	Form	English
لعن	لَعنة	curse
	مَلعون	cursed, damned
	ملعون ابن حرام	mischievous rascal
لفّ	لفّ-يلِفّ	to wrap around
	مَلَفّ	(file) folder
لفت	VIII#	to face, look at
لقي	لقي-يلقَى	to find
	V (تَلَقّى-يتلقّى)#	to receive
	VIII (التقى-يلتقي)	to meet
لِمَ#		why
لهج	لَهْجة	dialect
لو كنت أعرف		if I had known
لوح (ج. ألواح)		board
لون (ج. ألوان)		color
ليسَ#		not, negative particle (see *Negation* in Appendix B)

م

Root	Form	English
ما لا نهاية#		without end
ماس		diamond
متع	V	to enjoy
مثل	مَثيل	equal, similar
	مُمَثّل	actor
	مثل ما انت شايف*	as you see
مَحى-يمحَى		to erase
مدّ	مَدّ-يمِدّ	to stretch out
	VIII (امتَدّ-يمتَدّ)	to extend
	X (استمدّ-يستمِدّ)	to draw, derive
	مادّة (ج. موادّ)	subject, course
مَدَني		(see دين)
مدي	مَدى	degree, range

مرّ	مَرّ-يمُرّ	to pass
	X (استمرّ-يستمرّ)	to continue
	مُرور	passing, traffic
مزق	#V	to be torn
	مُمَزّق#	torn
مسافة		(see سوف)
مَسَك-يمسِك		to catch, grab
مشي	ماشي (ج. مُشاة)	pedestrian
مَصاري*		money
مضي	اللي مَضى	last (which passed)
مع	مَعاً#	together
مع أنّ		although
معد	مِعْدة	stomach
معز	ماعِز	goats
مكن	V	to be able to
ملأ	مَلا-يملا	to fill
	مليان	full
ملح		good, well
ملك	مَلاك	angel
	مُلك	kingship
ملو	مَليّاً#	fully
من	مِمَّن#	of whom
منّ	مَنون#	destiny, death
مَنَح-يمنَح		to grant
منخ	مناخي	climatic
منع	ممنوع	prohibited
	مَمنوع من الصَرف	diptotes, nouns not inflected for the three cases
مني	V (تمنّى-يتمنّى)	to wish for

مَهر		dowry
مهل	على مَهلَك	take your time
موج	موجة (ج. أمواج)	wave
موسيقي		musician
موضة		fashion
مول	مال	money
ميز	V (تميّز-يَتَميّز)	to be distinguished, characterized by
	تَمييز	distinguishing

ن

نبو	نَبيّ (ج. أنبياء)	prophet
نتج	نَتَج-ينتُج	to result
	IV	to produce
	نتيجة	result
نجب	IV	to have (children)
نجح	نَجَح-ينجَح	to pass an exam, succeed
	ناجِح	successful
نجر	نَجّار	carpenter
نَجم (ج. نُجوم)		star
نحب	#VIII	to wail, cry
نحر	VIII	to commit suicide
نَحس		ill-omened
نحف	نَحيف	thin
نحو	ناحية	side
	من الناحية	from the viewpoint
نَدِم-ينَدَم		to be sorry
ندو	III (نادى-ينادي)	to call
ندي	مُندّى	covered with dew
نزف-ينزِف		to bleed

to put down	II	نزل
(see نسو)		نساء
ratio, percentage	نِسْبة	نسب
relative to	بالنسبة لـ	
suitable	مُناسِب	
occasion	مُناسَبة	
being an in-law	نسب	
in-law	نَسيب	
women	نِساء#	نسو
to forget	نسي-ينسى	نسي
forgotten	مَنسي	
to spread	VIII	نشر
was published	نُشِر#	
(wide)spread	مُنتَشِر	
diligence, hard work	نَشاط	نشط
the middle of the street		نُصّ الشارع
share, allotment, luck	نَصيب	نصب
to recommend	نَصَح-ينصَح	نصح
advice	نَصيحة	
to be victorious	VIII	نصر
pronunciation		نُطق
in the eyes of	في نظر	نظر
(eye)glasses	نَظّارة	
system, order	نِظام (ج. أنظمة)	نظم
creating, composing (poetry)	نَظم	
sleepy	نَعْسان	نعس
refreshing	مُنْعِش	نعش
soft	ناعِم	نعم
loss of patience	نفاذ الصبر#	نفذ

نفس	تَنافُس#	competition
نقد	VIII	to criticize
نقد	نُقود#	money, cash
نقَر-ينقُر		to peck
نقل	VIII	to move, be moved
	مُتنقّل	moving, nomadic
نُمرة		size (number)
نمو	نما-ينمو#	to grow
نمي	VIII (انتَمى-ينتمي)	to belong
نهد	V	to sigh
نهر	نَهَر-ينهَر	to scold
نهي	VIII (انتهى-ينتهي)	to end
نوب	نائِب	deputy
نور	نار	fire
نوع	نوع (ج. أنواع)	kind, type
	نوعاً ما#	somewhat
نوي	ناوي	intending
نيب	أنياب	fangs

هـ

هبط-يهبِط#		to go down
هتف-يهتِف		to shout, call out
هجأ	هِجائي	alphabetic
هجر	III	to emigrate
	مَهجور	abandoned
هدأ	هادِئ	quiet
	هُدوء	quietness
هدن	هُدنة	truce
هدي	هديّة	present, gift

هذول*		these
هرب	هَرَب-يهرُب	to run away
	تَهريب	smuggling, illegal
هرم	هَرِم-يهرَم	to become old
هَسّة*		now
هَطَل-يهطُل		to fall heavily
همّ	أهمّيّة	importance
	هامّ#	important
	هَمّ (ج. هموم)	worry, concern, strong interest in
	ولا يهمّك!*	Don't worry!
هَمَس-يهمِس		to whisper
همك	VII	to become absorbed
هنأ	II (هنّا-يهنّي)	to congratulate
	هنيئاً لك!	How lucky you are!
هوي	هواء	air
	هِواية	hobby
	هَويّة مدنيّة	civil ID
هَيّني*		here I am

و

وحد	آحاد	ones, units
وثق	ثِقة	trust, confidence
وجب	واجِب	homework
	يَجِب أن#	should, must
وجد	توجَد#	is, are found
	ستَجِد#	you will find
	وُجود	existence
وجع	VI (أوجع-يوجِع)	to hurt
	وَجَع	pain

face	وَجه	وجه
to face	V (تَوَجّه-يتوجّه)	
direction	جِهة	
heading for	مُتّجِه#	
to destroy	IV (أوْدى-يودي)#	ودي
valley	وادي	
hereditary	وِراثي	ورث
papers	أوراق	ورق
to show	II (ورّى-يورّي)*	وري
ministry of the interior	وَزارة الداخليّة	وزر
minister, assistant	وزير (ج. وُزراء)	
dirt	وَسَخ	وسخ
dirty	وسِخ	
average	مُتوَسِّط	وسط
expansion	تَوَسُّع#	وسع
patient	واسع الصدر#	
means of transport	وسيلة (ج. وسائل) نَقل	وسل
to take to, give a ride to	II (وصّل-يوصِّل)	وصل
to deliver	(أوصَل-يوصِل)	IV
transportation	مُواصَلات	
subject	مَوضوع	وضع
situation, position	وَضْع	
employee	مُوَظَّف	وظف
to promise	وعَد-يوعِد	وعد
available	مُتَوفِّر	وفر
to agree	VIII (اتّفَق-يتّفِق)	وفق
to die, pass away	تُوُفّي#	وفي
death, passing away	وَفاة	
to fall	وقَع-يوقَع	وقع

	II (وقّع-يوقّع)	to make someone fall
	توقّع!	Expect!
	مُتَوقّع	expected
وقف	وقَف مع	to stand with, support
	ايقاف#	stopping
ولد	وُلِدَ#	was born
وهم	VIII (اتّهم-يتّهِم)	to accuse

ي

يا ريت لو		I wish
يد	يَدَوي	manual
	ايدها على قَلبها*	she is worried, scared
يقطين		(see قطن)
يوم	من اليوم وطالع*	from now on